U0759538

教育部人文社会科学重点研究基地
兰州大学敦煌学研究所

兰州大学“敦煌丝路文明与西北民族社会”双一流学科群建设项目
教育部人文社会科学重点研究基地兰州大学敦煌学研究所项目

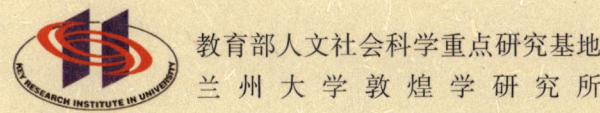

国际敦煌学研究文库

敦煌

日本卷 5

郑炳林 高田时雄……主编

甘肃教育出版社

图书在版编目（CIP）数据

国际敦煌学研究文库．日本卷．5：日文 / 郑炳林，（日）高田时雄主编．-- 兰州：甘肃教育出版社，2018.11
ISBN 978-7-5423-4533-2

Ⅰ．①国… Ⅱ．①郑… ②高… Ⅲ．①敦煌学—文集—日文 Ⅳ．①K870.6-53

中国版本图书馆CIP数据核字（2018）第265407号

国际敦煌学研究文库·日本卷5
郑炳林　高田时雄　主编

出版人　马建东
项目策划　王光辉　薛英昭
项目负责　孙宝岩　董宏强
责任编辑　李慧娟
特约编审　范亚秋
书籍设计　张小乐

出　版　甘肃教育出版社
社　址　兰州市读者大道568号　730030
网　址　www.gseph.cn　E-mail　gseph@duzhe.cn
电　话　0931-8773145（编辑部）　0931-8435009（发行部）
传　真　0931-8773056
淘宝官方旗舰店　http://shop111038270.taobao.com

发　行　甘肃教育出版社　印　刷　兰州新华印刷厂
开　本　787毫米×1092毫米　1/16　印　张　20.25　插　页　2　字　数　304千
版　次　2019年5月第1版
印　次　2019年5月第1次印刷
印　数　1~2 000
书　号　ISBN 978-7-5423-4533-2　定　价　88.00元

《国际敦煌学研究文库》的缘起

郑炳林

敦煌藏经洞文物有近50000件，自发现以来，就开始向外流散，大半流散于世界各地的各大博物馆、图书馆以及私人手中，保存在国内博物馆与图书馆中的只有一小部分，还有一部分则下落不明。收藏于国外博物馆、图书馆的，如英国国家图书馆计有汉文写本和少量印本13677件，英国国家博物馆计有80余件绢画等；法国国家图书馆计有4000余件汉文文献，法国集美博物馆计有220余幅各类绘画品等；俄罗斯圣彼得堡东方学研究所有近20000件汉文残件、130余件绢纸绘画品等，国立艾尔米塔什博物馆计有壁画残片、绢画、麻布画、纸本画、雕塑品等350余件；印度国立博物馆计有500余件美术品和2件写本，印度事务部图书馆约有1500号藏文、梵文和于阗文写本。除此之外，日本、美国、德国、丹麦、瑞典、芬兰、韩国、土耳其等均有收藏。保留在中国的敦煌写经主要收藏在中国国家图书馆。中国台湾『中央研究院』傅斯年图书馆、台湾『故宫博物院』、台北图书馆以及敦煌研究院、甘肃省图书馆、甘肃省博物馆、湖北省图书馆、南京博物院、上海图书馆、天津艺术博物馆、北京大学图书馆等机构也收藏有部分零散敦煌文献。由于敦煌文献流散、收藏于世界各地，敦煌学的研究也因此而具有了国际性。

国内敦煌学的研究在王国维、罗振玉、蒋斧、曹元忠等人的推动下发展起来。国外敦煌学的研究同样成果卓著。20世纪，进行相关研究的日本研究机构主要有东洋文库和东京大学东洋文化研究所等，著名学者则有内腾虎次郎、高楠顺次郎、中村不折、铃木大拙、大谷光瑞、羽田亨、石滨纯太郎、那波利贞、神田喜一郎、仁井田陞、矢吹庆辉、有夏一雄、藤枝晃、秋山光和、田中良召、上山大峻、土肥义和、池田温、高田时雄、森安孝夫等。法国开展相关研究的著名学者有戴密微、戴仁、侯锦郎、马克、拉露等，他们的研究重心在胡语文献、藏文文献及汉文文献，主要是伯希和的收集品。英国国家图书馆藏有大量的、珍贵的敦煌文献，为开展相关研究提供了良好的条件。托马斯、翟理斯、小翟理斯、贝利、吴方斯、韦陀等在这方面都有着突出的贡献。俄国的相关研究者主要有俄国科学院圣彼得堡分院东方学研究所的弗鲁格、丘古耶夫斯基和孟列夫、波波娃等。随着敦煌学的发展，几乎世界各国都有从事敦煌学研究的专家学者，敦煌学研究在国内外如火如荼地开展起来。

当然敦煌学的研究也面临诸多问题，首先是学术研究成果和学术研究动态的掌握。中国包括内地和港台地区敦煌学的研究成果，郑阿财、李国、杨富学等都做过相关成果目录，我们可以通过这些目录了解相关研究动向、研究水平及热点问题。鉴于港台学者的论著查找困难，我们同台湾南华大学敦煌学研究中心合作，编辑出版了《港台百年敦煌学文库》，用100册的规模将

20世纪初以来港台敦煌学近百年研究的成果结集，在甘肃人民出版社出版，目前这一工作基本接近尾声。在编辑《港台百年敦煌学文库》的同时，我们有了将相关工作扩展到了整个学术界的想法——编辑出版百年国际敦煌学研究文库。之所以选择从『日本卷』开始主要基于以下原因：第一，日本的敦煌学研究开始时间最早，早在敦煌文献发现初期，日本就开始了敦煌学研究，就是『敦煌学』一词也是日本人最早提出来的；第二，日本学者对前期敦煌学的研究贡献很大，在20世纪初，日本涌现出了一批非常著名的敦煌学研究专家和研究机构，影响最大的像东洋文库和东京大学东洋文化研究所，其很多著作特别是前期的研究成果是我们研究敦煌学必须参考的资料；第三，敦煌学研究从一开始就是一门国际性的学科，随着时间的推移，很多前期的研究成果越来越难查寻，所以将这批成果结集出版，供学术界研究参考，非常必要。最初我们想将上述成果翻译出版，后来我们改变了想法，第一是人力方面的原因；第二是翻译准确性的问题，如果翻译不能达到相当的水准，还不如原文影印出版。日本百年敦煌学文库的入选目录主要由高田时雄负责筛选，山本孝子负责文章顺序的具体编排及排版清样的校对，兰州大学敦煌学研究所负责文章的最终审订及图书出版事宜。

兰州大学敦煌学研究从1979年开始整整走过40年的路程。40年中兰州大学的敦煌学研究从无到有，从弱到强，逐渐发展起来。1979年是兰州大学敦煌学研究的起步之年，当初成立了敦煌学研究小组，成员也就两个人。1983年中国敦煌吐鲁番学会在兰州成立，兰州大学敦煌学研究的队伍增加到10余人，成立敦煌学研究室，《敦煌学辑刊》也正式创刊并对外发行。1984年又获得历史文献学硕士学位授予权点。而后经过将近10余年的萧条期，人员走的走、散的散，到1994年初，只剩下四五个人。1995年在学校的大力支持下，兰州大学成立了敦煌学研究所，敦煌学研究逐渐恢复生气。1998年兰州大学敦煌学获得博士学位授予权点并成为甘肃省重点学科，次年开始招收博士研究生。1999年敦煌学研究所成为教育部首批人文社会科学重点研究基地，并被纳入兰州大学『211工程』建设项目。2003年兰州大学获批设立历史学博士后科研流动站并开始招生；同年敦煌学哲学社会科学创新基地入选兰州大学『985工程』项目。2007年敦煌学成为国家重点建设学科。2017年与北京坦博艺苑达成成立贝叶经研究院合作意向。目前兰州大学敦煌学研究所有专职研究人员20余人，其中教授10人、副教授10人，研究方向分为敦煌文献与西域史地、敦煌石窟艺术与考古、胡语文献等；有兼职科研人员20余人，分布在国内外大学和科研院所。教师队伍中有长江学者特聘教授、长江学者讲座教授、全国百篇优秀博士学位论文指导教师、甘肃省优秀博士学位论文指导教师、甘肃省教学名师、甘肃省优秀专家、全国教育系统职业道德建设标兵、甘肃省领军人才等，是一支研究方向明晰、年龄结构合理、学术素养较高的学术队伍，不仅能够开设敦煌文献、西域历史地理和石窟艺术与考古方面的课程，还能开设回鹘文、突厥文、梵文和藏文等胡语文献研究系列课程。

兰州大学敦煌学研究所经过20多年的基础建设，研究资料得到很大的充实，现有资料11万册，学校还在『双一流』建设经费中拨付200余万元进行西域史地和胡语文献研究资料建设，进一步促进了兰州大学敦煌学和胡语文献研究的发展。在人才培养上，经过20多年的努力，先后有100多名博士顺利毕业，并成为国内外各个大学的敦煌学研究的学术骨干，如西北大学历史学院副院长李军教授、陕西师范大学丝绸之路历史文化中心主任沙武田教授、浙江大学文学院许建平教授、南京师范大学陆离教授、天水师范学院历史文学院院长陈于柱教授等等，都在该领域做出了突出贡献；留在兰州大学工作的王晶波、魏文斌、魏迎春、敏春芳、张善庆等，以及博士后出站的四川成都考古研究院的雷玉华研究员、内蒙古大学的包文胜教授等也都在自己的领域撑起了一方天地……兰州大学敦煌学研究所自2000年以来非常注重开展对外学术交流，其中，对港、对台方面每年一度的师生学术考察活动已经进行40余批次；对日交流项目进行了10余批次，有30余名博士、硕士来兰州大学研修敦煌学；其次还有美国、韩国及我国港台地区的学生来研究所攻读学位。

兰州大学敦煌学研究所自成立以来，承担了一批国家社科项目以及教育部、科技部、国家文物局等文化支撑项目，其中重大、重点项目有140余项，陆续出版了《敦煌学博士文库》《敦煌学研究文库》《敦煌吐蕃文献丛书》《敦煌丝绸之路石窟艺术丛书》《敦煌与丝绸之路研究丛书》《丝绸之路石窟艺术研究文库》《西北史地文化研究丛书》《法国汉学精粹》《当代敦煌学者自选集》

《敦煌讲座书系》《港台敦煌学文库》等一大批具有原创性的科研成果，近期即将完成出版的还有《敦煌通史》等项目。兰州大学敦煌学研究的发展得到了中国敦煌吐鲁番学术界的支持，这些成果也是他们支持的结果，希望百年国际敦煌学研究文库的出版继续得到敦煌学界的支持。

《國際敦煌學研究文庫・日本卷》前言

高田時雄

敦煌學は日本の中國學、更にはより廣く東方學の分野において、一種特別な研究領域を形成してきた歴史がある。それは敦煌學がしばしば國際顯學と稱されるような側面と不可分であるといえよう。

日本において敦煌遺書に對する興味關心は非常に早い時期からあった。新疆の踏査を終え一旦ハノイに歸ったペリオが、一九〇九年再び中國に來たり、北京で中國の學者たちに所獲寫本の一部を披露した時、その情報は、羅振玉や田中慶太郎からすぐさま日本の學者たちに傳わった。內藤湖南はいち早くその概報を朝日新聞紙上に載せ、敦煌寫本への注意を喚起した。翌一九一〇年、敦煌藏經洞に殘った寫本がすべて北京の學部に運ばれたという知らせに接するや、新興の京都文科大學ではいち早く、內藤をはじめ狩野直喜、小川琢治など五名の教官を北京に派遣し、その調査に當たらせた。同じ頃、西本願寺の派遣した第二次大谷探檢隊の新疆發見物が京都に到着したことも、この新しい領域に對する更なる熱狂を後押しした。さらに中國で辛亥革命が起こると、羅振玉、王國維が難を避けて京都に移住して來たことにより、日中學者の協同による敦煌學が初期の發展を遂げることになる。

このように日本における敦煌學の興起はすこぶる早いと言ってよいが、日本國内には肝腎の敦煌寫本の實物がほとんどなかった。いかにも大谷探検隊は、敦煌をはじめ吐魯番など中央アジア各地の遺跡から、文物寫本を將來し、これらの所獲品は初期の段階では京都大學の學者たちの研究に供されたこともあったが、その後の複雑な歴史的經緯に災いされ、保存と研究が必ずしも圓滑に行われなかった。そのためほとんどが利用されないままに終わった。またこれまで日本國内に傳承されてきた敦煌寫本なるものは、そのほとんどが中國から書籍商などの手を經て購入されたもので、英佛の所藏のように直接莫高窟から持ち歸ったものとは撰を異にしていた。さらに多くが佛教典籍であり、收集家の賞翫の對象でしかなかった。學術的研究資料となり得るものは、極めて僅かしかなかったのである。しかしこの國内における敦煌寫本の貧弱さが、却って日本敦煌學の初期の研究動向を決定づけることになった。すなわちヨーロッパへの訪書行である。

日本學者が英佛に渡航して敦煌遺書の研究を行ったのは、一九一二年の狩野直喜を始めとして、矢吹慶輝、羽田亨などその後に續いた。日本敦煌學にとってヨーロッパ渡航は一つの傳統となった感がある。日本學者が本格的に敦煌遺書を研究しようとすればどうしてもヨーロッパに赴く必要があったのである。

日本學者がヨーロッパで敦煌遺書の調査を行うに際しては、當然ながら現地の學者との協力のもとに進める必要があった。實際の作業においては、考え方も習慣も異なり、時として困難に直面することがなかったわけではない。しかしこれらの人々は惡條件にめげることなく、少なからざる數量の敦煌遺書を、筆録により、或いは寫眞に撮影して日本に持ち歸った。初期の日本敦煌學の業績はこれらの學者の手になるか、またはこれらの學者の將來した鈔本、寫眞を資料として行われたのである。とりわけ未傳佛教文獻の將來に關しては、矢吹慶輝の貢獻がすこぶる大きい。上記三名に續いては、一九二四年の夏から半年の間、内藤湖南が石濱純太郎等を引き連れてヨーロッパ各地で調査を行い、その後も小島祐馬、大谷勝眞、那波利貞、重松俊章、神田喜一郎、玉井是博、久野芳隆などによる訪書行が、戰爭により中斷を餘儀なくされるまで續いた。こういった訪書を基礎とする研究が日本敦煌學の特質の一つであることは注意されてよい。

また典籍や文書のみが研究の對照であったわけではない。狩野がロンドンを訪れた頃、偶々考古學の研究のためロンドンに滯在していた京都大學の濱田耕作は、狩野の歸國後も大英博物館でスタインの齎した遺物につき調査し、その報告を公表しているが、そこには寫本についての言及もある。繪畫などの美術品については、東京大學の瀧精一が早くからヨーロッパに渡って精力的に調査を行い、スタイン・ペリオの齎した美術品の解説研究を行ったほか、一九二〇年には啓明會の助成によって二名の畫家がロンドンに派遣され、スタイン將來繪畫の模寫を行った。ついで京都大學の澤村専太郎が一九二三年十月からヨーロッパに渡航し、敦煌繪畫を含む中央アジア發見繪畫の模寫の選定監督に當たっている。

第二次大戰以前の日本敦煌學の研究は、主としてこうしたヨーロッパ訪書行による成果の上に築かれていたが、戰爭中には新しい材料の供給が停止したために、研究はこれまでに將來された資料のみを用いて進めるしかなかった。しかし日本國内にはすでに相當な規模の敦煌寫本の録文や寫眞が存在していたために、社會經濟史における那波利貞、法制史における仁井田陞の研究など、それらを用いた研究成果には見るべきものが少なくない。

日本敦煌學にとって畫期的と云える出來事が、戰後の一九五〇年代に相次いで起こった。それは英藏敦煌遺書のマイクロフィルムの將來である。先ず一九五二年には、東京大學の山本達郎によって印度省圖書館のスタイン藏文文獻がもたらされ、次いで同じく東京大學の榎一雄が大英圖書館當局と交渉の末、同館所藏のスタイン漢文寫本全部の寫眞撮影に成功し、一九五四年に東洋文庫に收藏された。英藏敦煌寫本のマイクロフィルム到來をきっかけとして、敦煌文獻運營委員會という全國組織が誕生することになり、文部省に對して補助金の申請が行われた。マイクロフィルムの燒き付けは二部作成され、一部は東洋文庫に置かれ、もう一部は京都大學人文科學研究所に送られた。かくして一九五七、五八年度の文部省の研究費助成金による共同研究「スタイン將來敦煌文獻の調査研究」が、東京・京都の協同によって行われることになった。これまで個人的な研究に止まっていた日本の敦煌研究が、共同研究という新たな枠組みのもとで行われるようになったことは、日本敦煌學の新たな轉換點を示すものであった。その後、東京では東洋文庫を、京都では京大人文研を中心にした研究班がそれぞれ共同研究の成果を世に問うことになる。

英藏敦煌遺書についでセンセーションを巻き起こしたのは、俄藏敦煌寫本の存在が明らかになったことである。一九六〇年に國際東洋學者會議がモスクワで開催されたが、その日程中にレニングラードへのエクスカーションが組まれていた。その際、俄藏敦煌寫本の一部がはじめて西側の學者たちに公開されたのである。オルデンブルグの將來した敦煌寫本がロシアに存在することについては、早く矢吹慶輝により報道がなされ、石濱純太郎によっても確認されていたが、多くの日本學者にとっては全く新しい知見であり、驚きであった。六〇年代には、メンシコフ等の編になる二冊本の目録も相繼いで出版され、その全貌も知られるようになった。かくしてレニングラードが日本學者による新たな訪書の目的地となり、敦煌學への注目も一層喚起されることになった。

北京の敦煌寫經は六〇年代から七〇年代にかけて、インド及び中國から二種のマイクロフィルムが發賣され、日本の研究機關ではその利用が可能となっていた。ペリオ寫本については、個人研究者が持ち歸った部分的なフィルムを合わせればかなりな分量が備わっていたが、やはり全部の寫眞が待ち望まれていた。それも七〇年代の末頃からマイクロフィルム全部の購入が可能となり、八〇年代にはいると日本國内の幾つかの大學研究所等でこれを購置するようになった。また八〇年代には台灣から『敦煌寶藏』が陸續として出版され、多くの研究者が敦煌寫本を利用できるようになった。

研究成果の公刊という點では、『講座敦煌』全九巻の刊行が一九八〇年にはじまったことは特筆されてよい。この企劃は必ずしも當時の日本の敦煌學者すべてを動員して行われたものとは云えないが、戰後日本の敦煌學の到達した水準を示すものであった。八〇年代以降には、世界に散在する敦煌遺書のすべてを何らかのかたちで利用することが出來るようになり、これまでとは異なる網羅的な研究も試みられるようになってくる。またこういった好條件を背景にしつつ、國際的な視野を有する若い世代の研究者も成長してくるようになった。

英佛などヨーロッパでは、所藏される敦煌遺書の目録作成が一段落したことから、敦煌研究そのものからは次第に遠ざかる傾向が見られるようになるが、日本ではもともと組織的な所藏を持たなかったためか、また社會一般に敦煌や西域に對する關心がすこぶる高いことも追い風となって、ヨーロッパに於けるほどの落ち込みは觀察されない。むしろこの時期から目覺ましい發展を遂げるようになる中國學界との連攜に主軸が移っていくようになる。その傾向は今日に於ても變わらず、むしろ一層強化されつつあると云えよう。

では日本敦煌學のこれまでに爲し遂げた業績についてどうであろうか。また日本敦煌學の特質はどこにあるといえるであろうか。以下、幾つかの研究領域について概觀してみよう。

敦煌遺書の大部分が佛教文獻乃至佛教と關わる文獻群であることはいうまでもない。そして佛教學が日本のもっとも傳統を有する領域であることからすれば、日本の敦煌學がまず佛教研究において業績を示したことは不思議ではない。

松本文三郎による「敦煌石室古寫經の研究」(一九一一)を始めとする數篇の論文は非常に早い時期の產物として注目されるが、その後は上掲の矢吹慶輝による貢獻が最も重要である。矢吹の『三階教の研究』(一九二七)は中國佛教史研究に新しい領域を切り開いたものとして畫期的であり、『鳴沙餘韻』(一九三〇)及び『同解說』(一九三三)は、佛教研究に新しい豐富な材料を提供した點で、極めて貢獻度が高い。敦煌からは初期禪宗のテキストが豐富に發見されているが、この方面でも日本學者による研究は盛んであった。戰前すでに鈴木大拙によって先鞭を着けられたが、戰後には柳田聖山や田中良昭などによる精細な研究が現れるようになる。注意すべきはチベット語で書かれた禪宗文獻の研究が、七、八〇年代以降に日本の研究者によって進められた點であって、これは日本敦煌學の極めて特色ある研究と云うことが出來る。また牧田諦亮が『疑經研究』(一九七六)によって開拓した民間佛教の研究は、後年盛んになる疑僞經典研究の嚆矢をなすものであった。

また佛教文學についても着實な研究があり、狩野直喜によって先鞭を着けられた俗文學方面の研究は、青木正兒、倉石武四郎により繼承され、戰後は入矢義高、川口久雄、西野貞治、金岡照光などがこの方面の研究に從事した。今日でもその衣鉢を繼ぐ研究者が少なからず存在する。

佛教研究は傳統的に日本の強みでもあるが、一方道教に關してはやや手薄な感を否めない。戰前すでに福井康順や吉岡義豐が道教文獻を扱っていたが、戰後には楠山春樹、秋月觀暎、尾崎正治、石井昌子等が敦煌道教文獻の研究に手を染めた。なかでも大淵忍爾が敦煌道教の整理と研究に果たした役割は大きいものがある。

法制史はやはり日本の研究者が強みを發揮してきた分野である。仁井田陞の一連の研究はすでに定評があるが、畫期的な業績とされる『唐令拾遺』(一九三三)の復元作業には敦煌資料も用いられ、また仁井田の『唐宋法律文書の研究』(一九三七)には敦煌吐魯番發見の法制文書が詳しく研究されている。前者については、後に池田温によって『唐令拾遺補』(一九九七)

が刊行された。

社會經濟史の分野では、先ず那波利貞の名を擧げねばならない。一九三〇年代初頭に足かけ三年をパリで過ごした那波は、フランス國立圖書館所藏文書を大量に筆寫して歸り、それらを利用して長大な論考を數多く執筆した。那波はまた同館の敦煌遺書の内、ペリオによって目録化されていなかった部分の目録を作成したが、それは新しい目録が作成されるまで閲覽室に備え付けられ、一般の利用に供されていた。

これらの方面については、敦煌吐魯番の法制及び社會經濟文書などが、東洋文庫から英文の資料集『敦煌吐魯番社會經濟文書』Tun-huang and Turfan documents（四巻及び補遺の全五巻）として刊行されていることを附記する必要があろう。その刊行は一九七八年から二〇〇一年までの長期にわたっているが、編者として山本達郎、池田温、土肥義和、岡野誠、石田勇作、氣賀澤保規の名が擧げられている。それぞれ敦煌學の各分野で貢獻をした人々である。特に池田の『中國古代籍帳研究』（一九七九）や、『中國古代寫本識語集録』（一九九〇）は極めて有用な工具書として評價が高い。土肥もまた近年『燉煌氏族人名集成』（本篇及び索引篇、二〇一五～一六）を公刊した。これらは東洋文庫を中心とする東京方面の成果と云うことが出來る。

一方京都方面では、人文科學研究所の藤枝晃が第二次大戰中から敦煌の地方史に關する研究を進め、歸義軍時期について一連の注目すべき論文を發表していた。五〇年代末に東京・京都の學界が協同してスタイン寫本の研究を行ったことは上述したが、實質的に京都側の事務全般を擔當したのが藤枝であった。六〇年代に入ると、藤枝は人文研で研究班を組織し積極的に敦煌寫本の研究に取り組み、一九七五年の退職に及んだ。この研究班の班員には、牧田諦亮、入矢義高、竺沙雅章、上山大峻などがあり、それぞれの分野ですぐれた論考を發表した。研究班の報告としては『敦煌研究』(『東方學報・京都』第三十五册、一九六四)がある。藤枝はしばしばヨーロッパに渡航して寫本原本の調査に從事した結果、寫本學的研究の必要性を提倡し、『墨美』雜誌に圖版を多用した一連の論文を發表した。また晩年には寫本の眞僞問題を提倡したことで耳目を集めたこともあった。

敦煌遺書中には漢文のみならず、チベット語、ウイグル語、ソグド語、コータン語、西夏語などいわゆる胡語文獻が多數存在することは周知の事實である。チベット語は佛教との關係で、もともと日本には研究者が少なくなかったが、チベット文獻を用いた本格的な歷史研究は六、七〇年代以降の山口瑞鳳に始まると言ってよい。近年チベット學の國際的發展に伴って、日本にも若い世代の擡頭が著しい。ウイグル語文獻の研究は、羽田亨によって早くに開拓されたが、日本國內ではその後も繼續して少なからぬ研究者を輩出している。ただウイグル語文獻は敦煌よりもむしろ吐魯番發見資料の比重が高いために、もっぱら敦煌文獻のみを研究する學者は決して多くない。

ソグド語、コータン語はともに中期イラン語に屬し、かつてそれらの研究はヨーロッパ學者の獨壇場であったが、八〇年代以降、日本にも第一線の研究者を輩出するようになった。西夏語は、戰前期に石濱純太郎が當時大阪に居住していたネフスキーと共同して研究を進めたことで、西夏語研究の基礎を築いた經緯がある。その後日本の西夏語研究は西田龍雄を經て、何人かの若い世代に受け繼がれている。

美術史の方面では、初期の瀧精一による研究を承けて、戰前すでに松本榮一が多彩な研究を行い、その成果は『敦煌畫の研究』（一九三七）の大著となって結實した。また戰後では秋山光和等の研究が注目されるほか、近年でも佛教美術を中心に研究者の數は少なくない。

書法史に關しては、中村不折の名を佚することができない。西洋畫家として出發した中村は、一九〇五年フランスから歸國後、次第に書法の研究に打ち込むようになった。實作の參考資料として西域出土の古物や古寫本を大量に蒐集するとともに、それらの研究を精力的に發表した。『禹域出土墨寶源流考』三卷（一九二七）は所藏寫卷の解題目録だが、筆者による中國書法史の試みとして見ることも可能で、収められた大量の圖版と詳細な解説は高い評價を得ている。彼は晩年所藏品を展示保存するために書道博物館を開設したが、現在それは東京都の臺東區立書道博物館として運營されている。神田喜一郎や中田勇次郎、西川寧などが書法史に關連する論考を發表しているが、若い世代の研究者にも敦煌寫本を書法史の資料として取り上げる人々は少なくない。

以上、これまで日本敦煌學が各分野で達成した成果につきごく簡單に觀察した。その特徵として擧げられるのは、積極的な資料採訪と細心な整理、それに基づく多彩かつ斬新な研究と云えるであろうか。また分野によって多寡と深淺にかなり差異があるとは云え、網羅的に研究者を輩出してきたという實績がある。同時に日本敦煌學がこれまで長期にわたり持續的に發展してきた點も評價されねばならない。日本敦煌學はいまや百年を超える長い期間にわたり多くの業績を積み重ねてきた。この『國際敦煌學研究文庫・日本巻』は、これら日本敦煌學の全貌を主として初出の雜誌論文によって網羅的に收録し、中國學界に提供しようとするものである。全巻完結まで繼續して刊行できるよう、大方のご支援を頂戴できれば幸いである。

二〇一八年九月於上海

出版说明

敦煌学经过百余年的发展，早已成为一门国际显学。特别是中国敦煌学，进入21世纪后，在多个研究领域都取得了长足进步，硕果累累。然而敦煌学越是发展，『题目越来越小，视野越来越窄』的问题也越发突出。一些学者往往只注重追求新材料，缺乏对相关问题更深、更广的思考。资深敦煌学家池田温先生2000年在编辑《亚洲学刊》第78号『敦煌吐鲁番研究』专辑时就曾说，『现在专门从事敦煌吐鲁番研究的日本学者，对于敦煌当地的事情甚至比中国的学者更富有广博的知识，同时他们对相关的西文论著也了如指掌』。虽然近20年已经过去了，但这句话对中国学者的警醒意义并不过时。因此，一定要将眼界从汉文文献圈子的局限中跳脱出来，学习、吸收国外同行的优秀研究成果，这样才有助于推动敦煌学向更深更广的方向发展。

随着时间的推移，很多早期的尤其是国外的研究成果难以查找，特别是20世纪前期的研究成果，查找起来就更加困难，所以将国际上这些早期的敦煌学研究成果进行整理、结集出版，对于学界来说已成为一件必要而迫切的事。正是出于这样的考虑，我们与兰州大学敦煌学研究所共同策划了《国际敦煌学研究文库》项目，拟以国家分卷，将敦煌学研究主要国家的主要作者的研究成果分批整理出版。文库辑录的原则是只收单篇论文而不收录专著，不少论文后来收录于论文集或学者的全集等，但一概保留第一次发表时的原文，亦不翻译成中文，而以原貌影印出版，以免带来技术上的困难。

日本敦煌学研究起步早、水平高、成果丰富，所以我们将『日本卷』作为『国际敦煌学研究文库』的第一辑整理、出版。《国际敦煌学研究文库·日本卷》主要收录二战以前日本学者关于敦煌学研究的成果。特别需要说明的是，由于时代的特殊性，其中个别篇章存在有『支那』等不恰当的表述，鉴于文献整理和学术研究的需要，也为了保持文献的原貌，在原文影印中不对该类表述做挖改和涂抹处理。还有个别篇章存在行列模糊不清、难以识别的情况，但不影响整体阅读和学术参考，对此我们也作了保留。

丛书主编郑炳林先生和高田时雄先生分别以中文、日文作序，目录为中日文对照，以利于更多学者了解和利用。

目录

中央亞細亞發掘の古寫經に就いて

松本文三郎（1869—1944）

《藝文》2-1，1911

中央亞細亞發掘の古寫經に就いて

松本文三郎

昨年本派本願寺法主大谷伯爵は中央亞細亞吐魯蕃(高昌)幷びに其附近の地方から、幾多の經卷や佛像や古器物や古錢や其他諸種の物品を發掘將來せられた。其中に本卷挿入の寫眞版に示した樣な年代字數を明記した奥書のある經卷の斷片がある、是れは羅布泊(Lobnor)北方のクムトラ地方から發掘されたものといふ。經名は斷片中に顯はれて居ないが、是れは明かに西晉法護譯の諸佛要集經(縮刷藏經では黄帙十卷に收めてある)下卷の末文である。本文に於ては今本と大した相違もない、寫本中阿須倫の倫を輪倫と書いてあるのは始め輪と書誤つたから、其下へ直ちに倫と書直したのであらう)が唯元明以來の大藏には此經の終りに稽首作禮(縮刷には「禮佛」に作る)の四字があるが、此寫本にはなく、宋藏にも缺いてある所を以て見ると、宋藏の方が正しく此寫本に近いものと思れる。

が吾人の此經卷に就いて最も興味を感ずるのは即ち其奥書である。奥書には次の如くある。

□康二年正月□《廿》二日月支菩薩法護手執□□□授聶承遠和上弟子沙門竺法首筆□□今此經布流十方戴佩弘化速成□《道》

元康六年三月十八日寫已

凡三萬十二單合一萬九千五百九十六字

奥書の最初の康の字は極めて薄く見えるが、其康たるとは疑ない、唯其上の一字が不幸にして缺けて居るから「元」らしくも思はれるが、何とも確定し難いのは吾人の最も殘念とする所である。出三藏記集二卷(結一、六紙左)には法護が西晉の武帝太始中から懷帝の永嘉二年以前に出した經名を列記してあり、其中要集經も載つて居る。又歷代三寶記六卷(致六、四十三紙左)にも法護が武帝の世、太始元年から懷帝の世永嘉二年に至る間、諸經律の飜譯に從事したことを書いてある。而して三寶記には隨分詳しく諸經飜譯の年代迄も記入してあるが、要集經の下には之を欠いて居る。だから何れの經錄を見ても要集經飜譯の年代は明かならぬ。且つ折惡しく此寫經の出來た元康以前には武帝の世にも太康といふ年號があるのであるから、此奥書の最初の欠字は太か元か何れかでなければならぬ、けれども其何れであるかゞ決せられぬが爲めに、吾人が此に此經飜譯の年代を確定し、古來經錄の欠を補ふことの出來ないのは實に遺憾の至りである。が此寫經は元康六年(西暦二九六年)に出來たものであるから、法護の飜譯を去ること四年か若しくは十五年で、今を距ること少くとも千六百十四年以前であるから、恐らく寫經中最古のものの一であらうと思ふ、而して是れは實に百濟の王仁が論語千字文を我邦に將來した十一年目である)。

奥書に「月支菩薩」とあるのは即ち法護のことで梁の高僧傳一卷(致二、四紙右)には

竺曇摩羅刹(Dharmarakṣa)此云法護、其先月支人、本姓支支(三寶記には本姓支とある)世居燉煌郡

とあり、又

護世居燉煌而化道周給、時人咸謂燉煌菩薩也、

ともあるから、此奥書に月支菩薩といふのは當然である。又聶承遠といふのは、俗人であるが篤く佛法を信じ、其子道眞や法護の弟子法首等と共に飜譯の業を助け、其文章を修飾したものである。梁高僧傳(同上)にも明かに次の如くいつてある。

時有淸信士聶承遠、明解有才、篤志務法、護公出經多參正文句、中畧承遠子有道眞、亦善梵學、

此君父子比辭雅便、無累於古、又有竺法首陳士倫孫伯虎虞世雅等、皆共承護旨執筆詳校、安公云、護公所出、若審得此公手目、綱領必正、尙ほ出三藏記集十三卷(結一、七十九紙左)等にも之と同樣なことが出て居る。此等は何れも奥書と全然符合する。

奥書の最後に「凡三萬十二〔言〕」とあるのは要集經の字數ではない、思ふに此寫經の前部には何等か他の經が書寫されて居つたのであらう、而して其字數を彼此通算すると三萬十二言となつたのに相違ない。「單合」とあるのは即ち要集經のみの字數を計算したのである。して見ると當時の要集經の字數は一萬九千五百九十六字であつたことは疑ない。所が縮刷藏經に收むる要集經の字數を通算すると、一萬九千五百三十七字で、彼よりは五十九字少い。尙ほ此古寫本では最後の「稽首禮佛」の四字がないから、之を除けば此には六十三字少いことゝなる、是れは果して如何なる理由に基づくのであらうか。一體此經中には文殊菩薩の名が屢顯はれ來るのであるが、縮刷本には或は「文殊師利」とあり、或は單に「文殊」とのみあるが、宋本には常に「文殊師利」と出て居る。一經の內文殊師利と書いたり文殊と書いたりするのは、體裁に於て既に統一を欠いて居るから、宋本の方が正しいものかと思ふ。元康の此古寫本には最終の「稽首作禮」とか「禮佛」とかいふ四字の無い點が既に元明藏と違ひ、宋藏と同じいのであるから、恐らく此古寫本に於ても常に文殊師利とあつたであらうと推測する。而して縮刷本に文殊とのみあつて、師利の字の欠けて居る處は約三十一二箇處あるやうであるから、之を補ふと經末の四字を減じても約六十字增加する筈である。尙ほ宋藏本と縮刷本との間には、彼此一二の出入する所があるから、縮刷本は(此等の誤寫を除けば)大體に於て此古寫經と同

一であると見て差支なからうと思ふ。然るに彼静泰等の衆經目錄一卷(結二、二紙左)には

諸佛要集經二卷四十二紙晉世法護譯

とあり、又武周刊定衆經目錄四卷(結三、十七紙右)には

諸佛要集經一部二卷亦云要集經 四十九紙 右晉世法護譯

とある。四十二紙と四十九紙では既に七紙の差違がある。若し今金剛般若後序の說によつて、一紙二十五行、一行十七字の割として計算すれば、此兩者の差は二千九百七十五字である。是れは唯「師利」を畧したり、其他一二の字數の出入位では、到底說明が付き兼ねる。且つ四十二紙とすれば總計一萬七千八百五十字を得、此古寫本に比し千七百四十六字不足となり、四十九紙とすれば合計二萬八百二十五字であるから、千二百二十九字多い譯である。固より最後の一紙は一行か二行で終つて居るかも判らぬ、けれども一紙の字數四百二十五字より減ずることはない。だから今假りに其最大限を取つて四百二十五字だけ少いものと勘定しても、尙ほ前者は八百四字多く、後者は二千百七十一字不足することゝなる。若し此等の經錄に於ける紙數が確實であるとすれば、衆經目錄本と刊定目錄本とは異本であり、而して此等兩者は共に又縮刷本や之と大體同一なる此古寫本とも違つたものといはなければならぬ。所が何れの經錄に於ても、法護譯の要集經が失はれたといふことは見えぬ。のみならず現在の縮刷本は其本文に於て、將た字數に於て晉代の古寫經と同一であるとすれば、中間隋唐に異本が傳はつて、今日又古本に複したといふのは、吾人の最も想像し難い所である。吾人は寧ろ之に由つて衆經目錄や刊定目錄の紙數に、後世誤寫を生じたものと斷言するのが穩當ではなからうか。即ち此晉代寫經の字數を彼二十五行十七字に換算して見れば、四十六紙と三行とな

る、即ち四十七紙である。だから此七の字が衆經目錄では二と誤まり、刊定目錄では九と誤つたのであらう。若し然うであるとすれば、此等經錄に於ける紙數も、現在の本では必らずしも確實信ずべきものでないことが判る。

併しながら尙ほ此に一の解決を要する問題がある、即ち要集經なるものは本來二種あつたものではなからうか。武周刊定目錄四卷（前同卷十七紙右)にはいふ

諸佛要集經一部二卷亦云要集經 右西晋法護譯

諸佛要集經一部二卷　右西晋惠帝太康年聶道眞譯　已上二經同本別譯

是れで見ると明かに要集經にも法護譯と道眞譯との二種あつたこと、思はれる、而して刊定目錄の此文は恐らく歷代三寶記に依つたのであらう。三寶記六卷(致一、四十一紙左)法護の下には

要集經二卷 亦云諸佛要集經

なるものがあり、而して同書(四十四紙左)聶道眞の條下にも亦

諸要集經二卷

が著錄されて居る、のみならず同書には道眞の譯として五十四部六十六卷の經名を列記した後次の如くいつてある。

聶承遠子道眞、惠帝之世、始太康年迄永嘉末、其間詢稟諮承法護、筆受之外、及護沒後眞遂自譯前件新經、誠師護公眞當其稱、頗善文句辭義分炳。

此文によつて見ると道眞は如何にも法護の沒後に於て要集經等五十四部の經卷を飜譯したやうに思はれる。而して法護は永嘉の二年迄は少くとも飜譯に從事して居つたのであるから、道眞の譯があるとすれば其以後に出來たものでなければならぬ。けれども是れは甚だ怪しい、出三藏記集二卷には

要集經二卷　或云諸佛要集經天竺曰佛陀僧祇提　(Buddhasanigti)

とあるのみで、道眞飜譯のことはない。又五卷本衆經目錄一卷にも單譯本として法護の要集經を出してある。若し當時道眞の第二譯があつたならば、此に單譯經として出す筈はない。若し此等の經錄が確實であるとすれば法護譯以外に別譯はなかつたものといはなければならぬ、吾人は果して此何れを取り何れを捨つべきであらうか。一體三寶記には其眞贋を問はず、當時の所有異經を索搜編次したものであるから、隋代道眞の譯として一種の異經が傳はつて居たものと思ふ、然うでなければ、如何に費長房でも正體のない幽靈的の經卷を著錄する筈はない。が法經の衆經目錄二卷(結一、百一紙右)衆經僞妄の中に諸佛要集經一卷なるものがあり、而して其終に

並是南齊竟陵王蕭子良、輕悉自心、於大本內、或增或損、斟酌成經、違反聖敎、蕪亂眞典、故附僞末、用誡後人、

といつてある。元來此衆經目錄は隋の開皇十四年(西暦五九四年)に出來、三寶記は同十七年(五九七年)に上つたもので、其間相去ること僅に三年であるから、三寶記の著者費長房は其編纂の時固より法經等の衆經目錄を見なかつたに相違ない。依つて思ふに隋代には法護譯以外別に要集經なるものがあつたことは疑ない、而して法經等は一見之を以て僞妄の經とし、其眞の著者をも檢索し、遂に蕭子良なるものを得たるに反し、(固より僞妄の書であれば、作者の名をも顯はしてなかつたらうと考へるから)他方には之を道眞譯として傳へ、費長房の沒批評的なる、其妄說に誤まられて、三寶記中道眞の條下に著錄するに至つたのではなからうか、(卷數の一卷が二卷となるやうなことは、支那の書籍には每々ある事實であるから、必らずしも怪しむに足らぬ。)斯く解釋すれば吾人は古來の經

錄中單譯といひ、重譯といふ何れをも能く理解し得ること丶信ずる。

三寶記が一度此謬説を傳へたるものであるから、後世の經錄は皆之が爲めに誤まれ、前に引用した刊定目錄の如きは西晋惠帝太康の年、聶道眞譯といふやうに奇怪な、誤の上に誤を重ねて居る。太康は武帝の年號で惠帝の時ならば少くとも元康でなければならぬ。が是れは姑らく誤寫であるとしても、若し太康や元康年間ならば、法護の譯する所で、假令ひ道眞が其文を修正したにしても、別に之を譯する筈はない、而して是れは三寶記の法護の沒後之を譯したといふ文とも撞着する。但此の如き僞書も久しからずして人間に傳を失つたものと見え、開元錄四卷(結四、十五紙左)には唯法護の要集經を著錄してあるのみで、同十四卷(結五、五紙左)有譯無本錄中には

諸佛要集經二卷　西晋淸信士聶道眞譯第二譯

右一經前後兩譯、一存一闕

とあり、それから以後至元法寶勘同總錄に至る迄同じ事が繰返され、同書二卷(結八、五十七紙右)にも

諸佛要集經二卷　亦直云要集經　西晋三藏法護譯

第一譯、闕第二、

といつてある。此等は皆亦三寶記の餘毒を受けたものである。

之を要するに要集經なるものは古來唯法護譯あるのみであつて、而して、其譯は今に至る迄一二傳寫の誤を除くの外、其本質に於ては更らに變化を受けないことが、今回發見の古寫本によつて斷言し得らる丶こと丶思ふ。

附言　余輩が專門以外のことであるから、本文の中には述べなかつたが、吾人が今日發見の此古寫本によつて親しく西晋時代の書體を窺ひ得るのは、最も珍とする所であらう。橫劃の一

の如き常に其右方に於て上に撥ねてあつて、尙は古代隷書の餘風を存して居るのは何人にも著しい事實である。書道に通達した人は又其方面に於て大に發明する所があらうと思ふ。

斯く此古寫經は如何にも斷片ではあるが、學術上諸種の方面に於て吾人を裨益すること大なるものである。で終に望み學海の爲め謹んで其將來者たる大谷伯爵に對し感謝の意を表して置きたいと思ふ。

燉煌石室古寫經の研究

松本文三郎（1869—1944）

《藝文》2-5、6，1911

燉煌石室古寫經の研究

松本文三郎

一、敍論

昨秋我京都文科大學の狩野、小川、内藤の三敎授、富岡、濱田の二講師が官命を奉じて淸國へ出張し、燉煌地方に於て發見せられた古書の閲覽を始めとし、東洋史、考古學等諸種の方面に渉り研究調査せられたことは、世人の一般に知る所である。越えて本年の二月には又同文科大學敎室に於て前記諸氏が彼地に在て蒐集將來したる幾多の圖書、寫眞、其他考古學的參考品を陳列し、又之に關する講演をも公開し、一般公衆の參觀聽講を許したことであるから、京都幷に其附近の有志者の間には親しく其實物や寫眞を觀、尙ほ此等圖書物品の由來性質をも了得したもの丶尠くないことを信ずる。併しながら一般讀者に對しては、昨年北京政府に買收せられたる燉煌遺書の由來に就いて一言して置く必要があると思ふが此點に關しては同行の一人小川敎授の報告書は最も簡にして要を得て居ると考へるから、今其一節を左に引用して余輩の說明に代えることゝする。

英國政府はスタイン氏を派遣し、其第一回の旅行に於て、和闐河、尼雅河等の沙漠中に數多の文書、佛畫等の發見あり。一九〇七年第二回の探檢を試み、更に東方燉煌近傍に至り、漢代の玉門陽關の遺趾を發見し、漢代長城の西邊を定め、燉煌鳴沙山の石室を訪ひ、石室壁中より發見せられたる文書を觀ることを得たり。該石室は支那地理書、西域水道記にも見え、唐元等の古碑あるを記し、黨河の斷崖に沿ひ開掘せる石室の內部には數多の佛像の彫刻あり、其一室の佛像を畫ける壁、偶然崩潰せるに、其內部に更らに一室ありて、百數十立方尺の卷子を藏することを知れり。此發見の時日は明白ならざるも光緒二十二年頃なるべく、其一部は民間に傳はり、佛書の如きは北京端方氏の所藏するものあり。然れどもスタイン氏の此に至れるときは尙ほ全部を藏し、石室を管理する道士は其貴重なる材料たることを知らざりしを以て佛畫、古梵文、突厥文、古西藏文等の文書を購ひ去れり。佛國學士院よりペリオ氏を派遣せるは一九〇七年にして、氏は葱嶺を越え噶準噶爾に入り、木素爾嶺方面に於ける玄奘三藏の旅行線路を追跡し、吐魯番附近に至るまで天山南麓の沙漠に於て發掘を試み、燉煌に至りてスタイン氏の持ち去らざりし漢文古書類を採集し、一九〇九年北京に出でたり。……ペリオ氏は漢學の素養ありて古書鑑識の眼高かりしを以て、スタイン氏の採集品に比して支那文獻學の參考となるべきもの更に多し。新疆地方の發見物は此の如く東西交通史の材料として必要なるものにして、現にペリオ氏の採集せるものには沙州、西州(吐魯番)古地誌の斷片の如き、現今沙中に湮滅せる驛站の位置を知るに足るものあり。今回スタイン、ペリオ兩氏の持ち去れる殘部大約六千卷を中央政府の所管に移すこととなれり。(「北支那旅行概報附燉煌石室遺書」地學雜誌二六六號)

如上の因緣を以て學部の所屬に歸した燉煌石室の遺書は、小川教授の報告書にもある通り都合六千卷と稱するのである。が其中、學部の部員が漸く整理されたとして前記諸氏の閲覽を許したるは僅かに七百餘卷に過ぎない。して見れば其閲覽を許されたものは全部の九分の一にも足りないのであるから、既に閲覽した所のみを以て其全豹を推すことは頗る大膽なる所業たるを免れぬ。併し又學部が整理した圖書は、必らずしも一定の目的を以て六千卷の中から撰擇した譯ではなく、手に任せて片端から取出したのであらうから、其七百卷を以て全班を推測するも敢て大なる不都合はなからう。而して既に閲覽を了れる七百卷の圖書に就いては諸氏が一々其目錄を作り、其紙質、書體、奥書あるものは奥書をも寫取り、又書體や書籍の性質によつて特に注意すべきものは、其全部或は一部の寫眞をも撮影し來られたのである。余輩が本篇の研究は全く此目錄と寫眞とに依るに外ならぬ。

其目録によつて之を見ると、七百餘卷の中、道敎の經典が僅かに二部あるのみで、他は悉く皆佛敎の古寫經である。同しく燉煌から出たもので、今既に民間に藏せられて居る數部の中にも、道經が一部あるのみで餘は亦佛敎々典である。其後淸國の知人より狩野敎授の許に達した私信によれば、彼六千卷の中景敎經典の長さ約二丈のものが發見されたといふことであるから、佛敎以外のものも多少混じて居ることは疑ないが、其九分九厘は先づ以て佛敎の經典として差支なからう。

然らば其古寫經とは果して如何なる性質のものなるかといふに、小川敎授の報告書には次の如く述べてある。

同行諸氏の鑑識によれば、古寫經の多數は本邦に現存するものと同一にして、唐より五代頃に當るもの多く、其紙質、書風は我奈良朝、平安朝、鎌倉時代等のものに酷似し、書風より推して若干の六朝寫經と認むべきものあり。……唐寫經は貞觀三年の奥書あるものありて、紙質書風共に頗る美なり。……奥書なきも此と同時代の初唐寫經は頗る多し。此等の古寫經と紙質を異にして粗製紙に寫せる古寫經あり、其書風は本邦鎌倉時代の寫經に類似す。……其後端方氏所藏の石室佛畵を見たるに、北宋開寶の年號ある題字の書風全く之と同一なりしにより愈唐末より北宋初めに至る間の寫經なることを確知せり。是に由りて之を觀れば石室の閉鎖は北宋の初頃、即ち今より約一千年前に屬すべし。

以上說く所によつて燉煌石室古寫經の由來幷びに其一般性質は略ぼ之を明にし

得べしと信ずる。尙ほ此に附加へ一言して置きたいのは、古寫經の殆んど全部は支那文であるが、中には偶西藏文字のものもあり、又西藏文と支那文と交互に書いたものもあることであるが、以下余輩の論ずる所は、主として支那に於ける佛敎古寫經のみに就いてゞある。

二、燉煌寫經槪說

(一) 寫經の年代　燉煌寫經年代の大略は前旣に之を說いたが、今其中奥書の存して年代の確實に知られ得るものを列擧すると、次の如くである。

一、戒緣下局　其奥書には「比丘法救所供養經、太安四年七月三日唐兒祠中寫竟、首薄可愧頰以下欠」とある。經の內容等に就いては總べて後節更めて論ずるから此では略するが、太安四年とは即ち魏の文成帝の年號で、宋の文帝大明二年に當り、西曆では四五八年である。元來此書は十誦律から抄出編成したものらしいが、十誦律は後秦の弗苦多羅が其始を譯し、其滅後羅什が遺業を繼いだもので、經錄によると弘始六年十月十七日出とある。弘始六年は東晉の元興二年(又永始元年)で、西曆の四〇三年に當る。然れば此寫經は飜譯の年を距ること僅かに五十餘年にして、彼地方に於て旣に抄出されたものと見える。

二、華嚴經卷第廿四　奥書には「延昌二年歳次癸巳八月廿七日燉煌鎮經生令狐崇哲所寫經成訖竟。用紙廿四張。校經道人」とある。延昌二年は魏の宣武の年號で、梁の武帝天監十二年に當り、西暦五一三年である。六十華嚴は東晋の佛駄跋陁が義熈十四年から元熈二年（西暦四二〇年）六月に至つて譯し畢つたのであるから、此寫經も飜譯の年を去ること百年以内に燉煌地方で寫されたものである。

三、摩訶衍經卷第八　其奥書に「大魏大統八年十一月十五日佛弟子辰州刺史鄧彦妻昌樂公主元敬寫摩訶衍經一百弔下略」といふ。太統八年とは梁の大同八年で、西暦五四二年に當る。因にいふが此摩訶衍經と稱するものは、歴代三寶記の五卷、魏呉失譯中に摩訶乘經（開元錄十四卷には「或云摩訶衍、魏呉失譯」とある）十四卷と著錄してあるものゝ一部であらう。勿論これは現時藏外の書であるのみならず、隋代法經等の衆經目錄一卷には衆經失譯の中に載し、其終に「雖復遺落譯人時事、而古錄備有、且義理無違、亦爲定錄」ともいつてあるから、當時尚ほ其經の存して居たのであらうが、靜泰の衆經目錄には既に之を以て闕本の中に列してあり、是れ以後のものは皆亦然る所を以て見ると、隋末唐初既に其書の逸したものと思はれる。然るに今燉煌遺書の中に之を發見し得たことは、（假令ひ其一部分であつても）實に望外の幸といはなければならぬ。

但此書は現時淸國學部の所管に屬せずして、個人の私藏に歸して居り、其撮影を許されなかつたので、今此に其內容を紹介するを得ないのは余輩の最も遺憾とする所である。

四、未曾有因緣經卷下　奧書には「開皇十一年十月十二日經生韋師寫、興國寺僧行矩校、學士張治、文學江溢」とある。開皇十一年は隋の文帝の年號で、西曆五九一年に當る。未曾有因緣經は蕭齊の曇景の譯した所で、其飜譯年代は詳かならぬが、併し是れも亦飜譯の出來てから百年以內の寫經であることは秋毫疑を容れない。

五、法華經卷四　奧書には「貞觀三年敬業監製」とある。是れは唐太宗の代で、西曆六二九年に當る。

六、解深密經卷第二　奧書には「貞觀廿二年十一月一日菩薩戒弟子蘇士方發心願漸轉寫諸經論等云々」とある。是れは西曆六四八年の寫經であるが、此經は元來玄奘の譯で、縮刷藏經中の開元錄によると、玄奘は貞觀二十一年五月十八日弘福寺に於て譯し、七月十三日に畢つたとある。若し果して然うであるとすれば飜譯翌年の寫經である。が併し他の藏經本では二十一年の二の字を脫する、それにしても僅々二十年後の寫經であることは明かである。

七、妙法蓮華經卷第四　奥書には「上元二年十月廿八日門下省群書手公孫仁約寫、用麻紙廿二張云々」とある。是れは西曆六七五年の寫經。

八、同　　上第五　奥書には「儀鳳二年正月廿七日秘書省手田玄徽寫、廿一紙、善集」とある。是れは西曆の六七七年に當る。

九金剛經　「景龍四年六月廿日寫了」の奥書がある。景龍四年とは西曆の七一〇年に相當する。

此外道敎の經典には至德二載の奥書あるものが一部ある、是れは西曆七五七年に當る。尙ほ寫經生の名のみあつて年代のないもの、又干支だけあつて年號の明かならぬもの等は一々列擧する遑はない。即ち其奥書年代の最も確實なるものによつて之を推測すると燉煌寫經は先づ六朝に始まり、唐代のものが最も多數であるやうに思はれる。

(二) 寫經の動機　更らに此等寫經の由つて出來た動機を考へて見るに我邦に於ける寫經と同じく此には大體三種の差別があるやうに思ふ。第一は即ち僧侶が自家の讀誦等の使用に供する爲め、若くは單に手扣の爲めに寫したものである。此種類の寫經では字體が極めて巧妙なものもあれば、又甚だ拙劣なものもある、而して多くは正階でなくして、行草で寫したものが少くない、又字傍に書入れしたり、無雜作に墨を塗抹して誤字を正したりしてある。又本文をも多少任意に變更したものもある、是れは單に自家の記臆の爲めに抄出したからであらう。寫經中中阿含經の如き或は佛名經十六卷般若第分中略集義、羯磨文斷片、法華玄賛第四等と稱するが如き皆之に屬するのである。第二は願經である、經典には常に讀誦書寫の功德を說いてあるから、上は國王より下は父母眷族乃至一切衆生の幸福利益を祈願する爲めに寫したものである。前に說いた解深密經や摩訶衍經の如きは其奧書によつて明かに之を知ることが出來る。今其願文の一二を擧げると、解深密經のには前に引いた文の續きに次の如くある。

奉爲　至尊皇后殿下儲妃、又爲師僧父母諸親眷屬四生六道等出塵勞、法界有究斯願無限、
頌曰、寫妙法功德　普施於一切　同澄會眞如　速成無上覺

摩訶衍經の願文も前に引用した文に次いて、

上願皇帝陛下國祚再隆八方頓軌、又願弟子現在夫妻男女家眷四大康體、殃灾永滅、將來之世
普及含生同成正覺、

とある。第三種は即ち寺院所藏の正經を得んが爲めに寫したものであらうと思ふ。

此種類に屬するものは固より寫經生に由つて寫されたものではあるが、正階で、字體は總じて極めて美しく、偶々誤字抔のある時は、丁寧に之を塗抹した痕迹がある、のみならず諸種の僧侶が集つて之を校正して居る。今其最も著しい一例を左に掲けて置かう。前に述へた上元二年寫妙法蓮華經卷四の奥書の續きには左の如くある。

裝潢　經手　解　集　　詳閱　太原寺寺主　慧立
初校　普光寺僧　玄遇　　詳閱　太原寺上座　道成
再校　普光寺僧　玄遇　　判官司農寺上林署令　李德
詳閱　太原寺大德　神符　　使朝散大夫尙舍奉御閻玄道監
詳閱　太原寺大德　嘉尙

此の如き嚴密なる校閱を經た本文は、實に類稀なることであらうと思ふが、學術的研究には非常に貴重な經典といはなければならぬ。特に玄遇、神符等の傳紀は明かならぬが慧立や、嘉尙抔いふ人は共に玄奘門下の高弟で、當時有名な碩學である。慧立傳に就いては、元の曇噩の著はした新脩六學僧傳(十六卷)に大略次の如くある。

唐慧立生而岐嶷不群、志學之年出家、隷鄉里昭仁寺、時貞觀三年也、久之詔充大慈恩寺翻經大德又補西明寺都維那、後受太原寺主、皆領其寺任、及高宗尤愛其博考儒釋、雅著篇章、辭辨雲飛、材思泉湧、雖以直氣正色不憚威嚴、頻承詔與黃冠抗論、上毎嘆其氣局之美嘗撰慈恩三藏玄奘法師傳、屬藁未就而卒、廣福寺沙門彥悰續成十卷以上之。

嘉尙の傳は宋高僧傳四卷に載つて居るが、それによると

隨奘於玉華宮譯大般若經、光澄義綴文、多能傑出、及三藏有疾、命尙具錄所飜經論合七十五部總一千三百三十五卷、寫經放生然燈令尙宣讀、奘合掌歡喜曰、吾心中願也、汝代導之沒而無悔焉、奘卒、著述疏鈔出雜集、義門夥多、天后朝同薄塵靈辨等預譯場證義、功績愈繁。

とある。宋僧傳には終る所を知らすとあつて、太原寺に居たことも出て居ないが、思ふに慧立と同時同門であるから、立が太原寺主となつてから、嘉尙も太原寺へ來たものか、或は天后の朝、太原寺が日照三藏の譯場となつた時、之に移つたものかも知れぬ。尙ほ道成なるものも、宋高僧傳十四卷に唐京兆恆濟寺道成とあるのが多分それであらうと思ふ。若し然うであるとすれば、日照三藏が經を譯した時に、天后が名德十人に詔して、其法化を助けしめた。爾時に此道成も嘉尙等と共に證義に與かつたとあり、又此人は四分を傳へ、譯講偕に妙なりともいはれて居る。僧侶の住する寺院は時々變るものであるから、或は恆濟寺から太原寺へ移つたか、或は又其反對であつたかも知れぬ。日照の譯經は儀鳳の初(即ち奧書の上元二年の翌年)から天后垂拱の末に

至る間で年代も全く一致し、特に、其譯場が太原寺及び弘福寺であつたのであるから、其同人たることは殆ど疑を容れない。して見ると此經は實に當代第一流の學者の集つて校正した稀有の珍書であるといはなければならぬ。

(三)　寫經の種類　閱覽目錄によれば、其閱覽を終れる寫經は、總べて七百十四部であるが、其中道敎の經典三部(學部のもの二部某氏私藏のもの一部)を除けば、佛敎古寫經は合計七百十一部となる。　然しながら其中斷片が頗る多く、又其經名の未詳なるものも少からぬ。(經名未詳のものも寫眞に取つたものは、大抵之を明らかにすることを得たが、大部分は寫眞に取られて居ないから、今研究の途がない、而して此等は都合百十五部ある。　然れば經名の明かなる古寫經は五百九十六部、先づ約六百卷である。此中如何なる種類の經典があるかといふに、其種類は全體で八十八種ある、(勿論此中には大部の經も、其中の一部分を抄出して單行されたものも各別に算入したのである)。所が般若經幷びに之と敎理に於て同樣なる維摩經とは其中の約十分の三に居り、法華經は其十分の二、七に當るので、此兩者を合すると三百四十一卷となる。　其細別の表を擧げると次の如くである。

大般若波羅蜜多經　五九

金剛般若波羅蜜經	五七	計一一八	合計一七五
勝天王般若波羅蜜經	二		
維摩詰經	五七		
法華經	一六二	合計一六六	
觀世音經	四		

但此中の觀世音經と稱するものは、甚だ曖昧であつて、是れは果して法華經の一部分たる觀音普門品であるか、或は又密敎に屬する觀世音菩薩大悲心陀羅尼や若しくは廣大圓滿無礙大悲心陀羅尼、秘密藏如意輪陀羅尼神咒經等の種類のものであるか本文を見ないから判らぬ、中には千手千眼抔いふ字を冠するものもあるやうであるから、密敎的のものも確かに存在するに相違ない、で此四部を全然除いても、尙ほ百六十二部の多數の經卷を得るのである。是れに由つて觀ても當時燉煌地方に於て如何に般若的經典と法華とか重んぜられて居たかが判る。

元來支那佛敎飜譯の初期に當つては隨分諸種雜多の經典が譯せられて居るが、經錄を見ても般若の飜譯は殊に多い、大般若の譯は唐代玄奘に至つて大成したのであるが、後漢の支婁迦讖や竺佛朔、嚴佛調、西晉の竺法護を始めとし、唐代以前に於ては旣に十四五人の內外僧が部分的の飜譯を成し、其數は約十九部百四十七卷の多きに達して居る。又僧傳を檢しても三國時代から晋代に至る迄の有名な學者は大抵皆般若經の研究者である。魏の朱士行は之を以て「大乘の要」となし、佛朔出す所の小品を以て甘んせず、大本を得んが爲め、特に流沙を渡つて于闐に迄行つたといひ、晋の支孝龍は「常味小品、以爲心要」といひ、康僧淵は常に「誦放光道行二般若」といひ、支道林も屢、維摩道行般若を講じたとあり、乃至兜卒往生を希願した道安の如きも「每歲常再講放光般若、未嘗癈闕」といひ、又西方淨土の往生を期した慧遠も始めは「尤善莊老後聞安講般若經、豁然而悟」ともある、其他此の如きの類は當時の僧傳中比々皆然りである。一體當時の支那人は好んで老莊の書を讀んだもので、晋代は殊に其勢最も太甚しかつたのである、而して佛敎中般若的空敎は最も善く老莊の旨趣と類似して居るから、佛敎の始めて支那に渡來した時は、其說が先づ初に學者間に賞翫せらるゝに至つたのであらう。維摩經の如きも後漢の嚴佛調以來後秦の鳩摩羅什に至る約二百年の間に六回飜譯され、特に東西兩晋の間には、今は何れも傳はつて居ないが、竺叔蘭と竺法護と祇多蜜との三人によつて、三種の飜譯が顯はれて居る。

法華經の飜譯も三國時代呉の支疆梁接の之を譯して以來、隋代に至る迄、其全部若くは一部の譯が都合九種あるから、頗る盛であつたといはなければならぬが西晋末法護の正法華の譯せられて以來(正法華は太康七年、西暦二八六年に譯成る、)般若と相幷んで學者の硏究する所となつたものらしい。僧傳によつて見ても、西晉末の竺潛の條下に始めて法華大品を講すといふことがあり、之に次いでは東晉の干法開が放光及び法華を善くすとあり、之から以後は次第に盛となり、竺法崇の條下にも「尤長法華一敎」といひ、竺法義も「遊刃衆典、尤善法華」とあり、道安の弟子にも法曠は無量壽と法華とを併せ用ゐ、羅什の弟子の道融や曇影の如きも、般若と共に法華の注疏を著はして居る。爾來般若と法華とは殆んど併行して用ゐられて居た。斯の如き狀態で支那の南北何れを問はず、般若と法華の兩部は、行はれて居たものであるから、燉煌寫經中にも此二部が最も多く發見さるゝのであらうと思ふ。して見ると彼寫經に於ける數量上の關係は、亦以て支那僧傳のいふ所を傍證し、又佛敎盛衰の一面を反映して居るものといつて差支ない。

般若や法華經の如く多數には上らぬが、之に次き比較的最も多いのは

金光明王最勝王經	三十八	無量壽宗要經	二十七
佛名經	二十八	涅槃經	十二

である。此中で無量壽宗要經とは經錄にも載つて居ない密敎的のものである。で

これは後に藏外經典を說く時に讓り此には略する、金光明經の支那に譯せられたのは西曆紀元後四百年代の始、北涼の曇無讖の四卷本を以て最初とし、次には周の闍那崛多の五卷本、梁眞諦の七卷本、それから隋の寶貴の合部金光明八卷が次第に顯はれ、最後唐代になつて義淨の十卷本が出た。燉煌寫經の中には第八といふ卷も顯はれて居るのを以て見れば、是れは恐らく隋代寶貴の出したものであらう。同燉煌寫經の中に「懺悔滅罪金光明經冥報傳」なるものがあつて、其中には温州の張居道なるものが、死後地獄に行つて獄卒の訶責に逢はんとしたが、閻羅王の使者から四卷の金光明經を寫せば、其功德によつて罪業を消滅することが出來ると聞き、甦て此經を求めた所が「此經天下少本、詢訪不護、躬歷諸方、遂於衛州禪寂寺檢得目錄有此經本、寫得隨身供養」したとある。此「天下少本」といふのは四卷本のことであつて、恐らく金光明經全部を意義するものではなからう。元來四卷本も五卷本も乃至七卷本も共に不完全で其足らざる所あるを遺憾とし、寶貴が之を補ひ合して一の完本を成したのであるから、(開元錄十一卷金光明經の條下參照)自然に以前の三經は世に流布すること稀れとなつたのであらう。

次に佛名經なるものは、唯諸佛の名號を列記してあるのみで、一見した所では何等の興味もないものであるが、支那に飜譯若しくは僞作された佛名經は頗る夥しいのである。現に今縮刷藏經中に收むる所だけでも十數部ある、開元錄の十六卷支派別行の中にも七八種を列擧してあり、同十四卷闕本の中にも十餘種ある。是れは阿彌陀經のみではなく、彌勒の經典でも、總べて淨土敎の經典には殆んど同樣のことが出て居る。)に「聞說阿彌陀佛執號若一日若二日若三日若四日若五日若六日若七日、一心不亂、其人臨命終時、阿彌陀佛與諸聖衆、現在其前、是人終時心不顚倒、卽得往生阿彌陀佛極樂國土」といふやうなことから、阿彌陀佛に限らず、諸佛の名號さへ多く念ずれば、愈現世の罪業を消滅し、來世に大なる功德を得るものと信じ、民間には盛に行はれたものと見える。而して此等の信仰の盛となつたのは何時頃からか今明かならぬが、何れ晋代以後で、上流社會よりも寧ろ下流社會に多く行はれたものであらうと思ふ。

終りに涅槃經の飜譯も、後漢の支婁迦讖以來三國時代に於ても將た西晋に於ても、數種顯はれて居たのであるが、實際學者の研究する所となつたのは、東晋末、法顯と覺賢合譯の六卷本と北涼の曇無讖譯の大本が出來てから後のことで、宋代の道生が一代學者の注意を之に喚起せしむるに至つたものらしい。道生は始め廬山に遊び、後羅什の門に入つたものであるが非常な雋才であつて從來の漸悟說に反し、頓悟成佛の論を成し一代守文の徒の嫌嫉を招いた者である、又六卷泥洹經を見其法身常住の說から演繹して、闡提の人亦皆成佛を得と說いたので、舊學皆以て邪說となし、大に之を擯斥したのである。爾時道生は容を正し誓ふて曰ふ「我が所說經義に反せば、請ふ現身に於て厲疾を表はさん、若し實相と相違背せざれば願くば捨壽の時、獅子座に據らん」と言ひ竟り衣を拂つて去つた。其後涅槃の大本の顯はれたのを見ると、果して闡提悉有佛性の說があり、前に道生の所論と全く符合したので、人皆賛歎し、彼亦此經を獲て即ち講說したとある。是れは僧傳に顯はれて居る涅槃經講說の始であつて、涅槃經は斯の如くにして道生により一代の注意を喚起したのである。それから後は生の弟子寶林も涅槃記を著はし、僧含は「大善大涅槃」といはれ、其他宗代の僧莊、道温、慧靜の如き皆涅槃を以て其名を著はした人であり、僧鏡や法珍は之が義疏を作り、超進は大涅槃を以て究理の敎となし至る所に講說したとあり、爾來は般若、法華、維摩等と相并んで學者の研究する所となつたので、寶亮の如きは其一生の中大涅槃を講ずること凡そ八十四遍で、梁の天監八年には敕によつて大涅槃義疏を著はしたといふ。斯く涅槃經も學者の間頗る盛に行はれたものではあるが何分其年代に於て般若や法華の如く古くはなく、又民間の俗信には何等の關係もないものであるから、佛名經の如く多くはないのであらう。
以上說く所の經典は燉煌寫經中、數量の上に於て、吾人の注意に價するものであつて、此等は何れも經錄や僧傳に顯はれて居る事實を確めるに足るものである。寫經中約六十部計りの經典は各一部つゝ發見さるゝのみであり、其餘は或は二部、或は三部、多くて四五部を出でないから、數の上に於ては特に論ずべき必要はない。但數に於ては少くとも、其經の性質上二三注意して置きたいものがある。

第一は即ち淨土經典である。燉煌古寫經中淨土敎に關するものは、彌勒下生經が一卷、無量壽經が五卷と阿彌陀經が僅かに二卷あるのみである。無量壽經の如きは、後漢の世から現に其飜譯があり、其後唐代に至る迄約十五六種にも達して居る。阿彌陀經は斯く多くはないが、それでも三國時代から飜譯されて居り、彌勒經は稍後くれ、西晉の法護以來數部の飜譯が出來て居る。けれども此等の淨土敎は何れも東晋以前には殆んど行はれなかつた。兜率往生の說は道安に始まり「安毎與弟子法遇等於彌勒前立誓願生兜率」(高僧傳五卷)とある、從つて安の弟子にして此希願を有するものは決して少くなかつたのである。併し道安の後久しからずして彌陀淨土を欣求するものが多く起つて來た、法曠の如きも無量壽を淨土の因となしたとある、殊に道安の弟子慧遠の如きは、廬山にあつて其同志百有二十三人と共に阿彌陀の像前に於て誓をなしたといふ。勿論廬山の白蓮社なるものは一時盛觀を呈したのみで、其後永續するに至らなかつた。が此時以來彌勒と彌陀信仰とは、何れも一部の民間には行はれ、遂に唐代に至り、唐代になつてから彌陀淨土の信仰は南北兩地に於て共に盛となつたものらしい。で下生經の僅かに一卷しか存しないのは左程奇とするに足らぬが、阿彌陀經典の兩部合して七卷に出でないのは稍怪しむべきやうである。が是れは唐代尙ほ大に其信仰の西方燉煌地方に迄波及しなかつた爲めと思はれる。而して此事は前に述べた如く佛名經の盛に行はれたことによつても反面的に證明されて居るものではなからうか。元來阿彌陀經抔に於ても、上下四方に於ける諸佛の名號をも擧けてあるが、實際此等の信仰に於ては阿彌陀とか彌勒とか、唯一佛の名號を稱ふるのみで、決して諸佛の名號を念じない。諸佛の名號を念ずるのは、一佛の名號を稱ふる以前の信仰であり、一佛の信仰が盛となれば、諸佛の信仰は之と同時に衰へて來なければならない筈である。彼等は必らずしも撞着しないが、同時に併び盛なることは勢出來難いのである。所が燉煌寫經の中、佛名經が比較的多く、阿彌陀經典に數倍するを以て見れば、即ち彼地方に於ては唐代尙は諸佛の名號を唱ふるこが盛であつて、未だ彌勒とか阿彌陀とかいふ一佛に對する信仰が十分に起り居らなかつたものと斷言しても差支なからう。然らば唐代に於ける念佛敎も、主として支那本部に行はれて居たものと思はれる。

第二に述べたいのは戒律である。戒律の書は大小乘を合すると比較的其數は多いのである。

梵網經	四	梵網菩薩戒經	一	佛藏經卷二	一
羯磨文斷片	一（以上大乘）	四分律藏（卷四十四）	一	四分戒本	五
四分戒疏	一	戒緣下局	一	十誦律疏	一
戒本	十六	小乘律	九	懺悔法	一
受八關齋戒文	一	沙彌戒文	一	比丘尼戒	一（以上小乘）

即ち大乘戒が七部に、小乘戒の諸種合して三十八部、總計四十五部ある譯である。元來支那佛敎の第一期に於ては人皆主として理智を貴び、禪行も戒律も殆んど之れを重せなかつたものゝやうである。勿論三國魏の時に曇柯迦羅なるものが、諸僧の爲めに僧祇戒心一卷を譯して、朝夕の用に備え、又梵僧に請うて羯磨法を立てた、是れが抑も支那戒律の初めであつて、其以前には出家しても戒を受けることもなく、唯髮を剃り其形を異にしたのみであつた。迦羅は律學者であつたが、律文の繁瑣にして到

底、當時支那人の之を承用し得ざることを感じ、如上の戒本一部を出して、僅かに其形式を存した迄である。其後東晋の初め佛圖澄の時代に於ても「民多く佛を奉じ皆寺廟を營造し、相競ふて出家し、眞僞混淆多く愆過を生じたので、澄の歸依者たる石虎が書を下して中書に問ふて「佛は世尊と稱し國家の奉する所なり、里閭の小人爵秩なきもの佛に事ふることを得べしとなすや否、又沙門は皆應さに高潔貞正にして行能く精進すべく、然る後道士となすべし、今沙門は甚だ衆く、或は奸究にして役を避くるあり、多く其人にあらず、料簡詳議すべし」といつた、所が、中書著作郎の王度なるものがあつて佛は外國の神であるから趙人は自今以後寺に詣り燒香禮拜するを禁じ、犯すものは淫祠と同罪に處し、其旣に沙門となつた者は皆亦還俗せしむべしと迄論した位で、之によつて僧規も稍改まつたといふ。恐らく當時に至る迄は、少數の大德名僧を除くの外は、大勢斯の如きものであつたらうと思ふ。戒定慧の三學併進に注意し、僧侶の先以て戒を守もらざるべからざることを唱へたのは、實に廬山の徒から始まつたのである。是故に道安は其比丘大戒の序に「在家出家莫不始戒以爲基趾也、何者雖戒檢形乃百行舟輿也、須臾不矜不莊則傷戒之心入矣、傷戒之心入而後欲求不入三惡道未所前聞也、故如來擧爲三藏之首也」といひ、自身の動作も亦甚だ立派なものであつた、で道安が嘗て其主符堅の駕に陪乘した時に、僕射權翼が道安は「毀形寧可參廁」といつたが、堅勃然色を爲して「安公の道德は尊むべく、朕天下を以てしても易えず、輿輦の榮も未だ其德に稱はず」といつたこともある。道安の流を汲んだ慧遠も亦深く戒律に注意した人で、弗若多羅や羅什に請ふて律本を飜譯せしめたのも、亦實に慧遠である。彼は又嘗て禪法の傳はらず律藏の殘闕するを憂ひて、遙かに弟子を西域に遣はし梵本を獲て歸らしめたこともある、で慧皎は「葱外の妙典、關中の勝說、茲土に來集する所以のものは遠の力なり」とも賛嘆して居る。遠の將さに歿せんとした時に、大德耆年皆之を憂へて、迭に鼓酒を飲まんことを請ふたけれども、彼は律文によつて之を許さなかつた、又米汁を飲まんことを請ふたが是れも許さぬ、そこで已むを得ず蜜を水に和して漿となすことを請ふた所が、彼は律師をして律文を披き、其可否を檢せしめ、卷未だ半ならずして遂に命終したといふ、其律に注意することと斯の如く綿密であつたのである。道安慧遠が既に斯の如くであつたから、廬山の徒は皆之に化せられたものと見え、桓玄の僧侶を陶汰し、戒行修まらざるものは皆之を罷め去らんとした時にも、「唯廬山道德所居、不在搜簡之例」として、廬山だけを除外例とした位である。斯くして慧遠と時を同じくして十誦律は弗若多羅や羅什が之を譯し、摩訶僧祇律は覺賢と法顯とにより、四分律は佛陀耶舍と竺佛念とにより譯せられ、此間十五年を出でぬ、而して戒律の文も支那に備はり僧侶も次第に之に習ふやうになつた、燉煌寫經に戒律の比較的多いのも亦全く其餘響であるといつて差支ない。且つ四分と十誦とのみが寫經中に發見されて居るのも、十誦は始めから北地に行はれ、四分は元と南地に行はれたものであるが、南北朝時代から北地にも盛となつたからであらう。

第三に注意すべきは今回發見の燉煌寫經中、論部の甚だ少いことである。七百餘卷の中論部は僅かに六部あるのみである。即ち

瑜伽論　一　　大毗婆沙論　一　　智度論卷二十六 卷六十四　二
金剛仙論（八卷）　一　　俱舍論疏（カ）　一

とである。此中金剛仙論とは如何なるものであるか判らぬ。論部は支那に於ても大抵西曆四百年代以後に譯されたもので、其以前には殆んどない。佛教渡來の初めには教理を研究するといふよりも、寧ろ信仰の布汲にあつたのであるから、先づ以て經が飜譯せられ、經が一通り備はり、研究時代に入つてから、論部の反譯に移つたのは當然の順序である。燉煌地方に論部の少いのも亦之と同一の理由に基づくものであらうと思ふ。即ち此事實は彼地方に於ける佛教の教理研究といふよりも、寧ろ信

仰に於て重きを置いて居たことを證明するものではなからうか。
尙ほ終りに一言して置きたいのは、支那では般若、法華、涅槃と相幷び四大飜譯と稱せられて居り、敎理上見遁すべからざる華嚴經が、燉煌寫經中には僅かに五部しかないことである。華嚴の飜譯も部分的には後漢時代から始まつて居るが其纒まつたものは覺賢の譯した六十華嚴で、是れは義熙二年(西暦四〇六年)に出來たものであり、其餘の八十華嚴も四十華嚴も皆唐代になつて顯はれた。華嚴の研究は支那に於ても一體に後れて居るのであるから、自然燉煌へも多く傳はらなかつたのであらう。復次に支那では羅什、覺賢以來廬山派の力によつて禪敎が頗る盛に行はれ、經典の飜譯も少からず、隋唐の間には甚だ勢力あつたものであるが、燉煌寫經の中、禪敎に關するものゝ一部もないことは又吾人の注意を要する點である。終りに大小二乘を比較して見ると、律に於ては小乘律が多いが、經に於ては殆んど全部大乘に屬するもので、小乘經には中阿含(卷十二之十三)と雜阿含とが各一卷あるのみで、他には抄略したものが一二にしかない。

以上概說する所によつて之を見れば、燉煌石室寫經の中には、勿論唐代に出來た經も多少混じて居るには相違ないが、大抵は唐以前のものであり、而して其經典の種類によつて之を判ずれば、假令ひ石室が五代乃至北宋の初頃に閉鎖されたものとしても、唐代の佛敎を反映して居ない、寧ろ隋唐以前六朝頃の支那佛敎の狀態と大體に於て相類似し、而して地理の關係上、何人にも容易に想像さるゝが如く、南方よりも寧ろ北方の佛敎によりて最も多く影響されたものゝ如く見える。

燉煌石室古寫經の研究

松本文三郎

三、藏外經典

燉煌石室古寫經の中には、現時藏經以外の經典も割合に多いやうであるが、果してそれが皆藏外のものであるか否は、一々其實物を閲覽しなければ到底斷言は出來ない。何故かといふ時には經名が同じくして其內容の異なるものもあり、時には又其內容は同じくして經名の違つたものもないではないからである。余輩は未だ實物を觀ないのであるから、單に目錄中に存するものに就いては姑らく之を略することし、寫眞に撮影せられた所によつてのみ少しく之を研究して見やうと思ふ。

均しく藏外の經典といつても、何故に現時の藏經中に收容されなかつたかの理由に至つては色々あると思ふ。第一は即ち佚書である。藏經編集の時既に其經典が世間に傳はらぬので、假令ひ正經として疑なく、古經錄に明かに載つて居るものでも、之を收容することが出來なかつたものである。此中にも細別すると種々の理由がある。一には其文字或は内容の解し難きか、不完全なるか等によつて民間に餘り多く行はれなかつたが爲め、何時の間にか世間から失はれて了つたのもあり、二には一の經典が飜譯された後、他の比較的完全なる本文が飜譯され、若しくは其内容は彼此異ならぬとしても、文章が後者の前者よりも遙かに勝つて居るか、若しくは解し易いが爲めに生存競爭の結果、前者が陶汰されて自然消滅に歸するものもある、三には浩瀚なる經典の一部分づゝが飜譯單行せられて居つた後、其全部が一纏めに飜譯さるゝ場合には、後者を有つて居れば前者は更らに必要がなくなるから、亦其必然の結果として部分的のものは人間に佚して了ふこともある。併しながら此等の佚經は兎に角正しい經典の失くなつたものであるから、之に代ゆべき他の飜譯があるとしても、尙ほ參考として吾人には少からぬ利益を與へる、況んや其之に代はるべき飜譯のない場合には尙更らのことである。第二は即ち僞經である。僞作は古來支那人の好んでなす所であるが、佛典に於ても亦甚だ多いのである。此にも多少正經の文句に依り私意を加へて作つたものと、全然僞作者の意見によつて作り、唯形式上經典の體裁を模したものとあるが、何れにしても取るに足らぬものである。此の如き僞經は假令藏經編集の際、尙ほ民間に傳はつて居ても之を收錄しなかつたのである。だから此類の經にあつては、假令ひ藏經中にないからといつて必らずしも民間其傳を失はつたものとはいへぬ。寧ろ此の如き僞經は多く俗信に投ずるやうなものであるから、反つて民間には多く傳はつて居る場合もないではなからう。兎に角斯かる經は佛說や敎理の變遷を見るに於ては何等の稗益を與ふるものではないが、併し僞經も其製作當時の俗信を知らんと欲するか、若くは佛敎が其當時一般社會に如何樣に解釋されて居たかを見るに於ては少からず利益を與ふるものであるから、僞經は僞經として又之を保存する必要があると思ふ。第三は即ち別生經である。所謂別生經とは大部の經典は、之を譯するも困難であり、又之を讀誦するも不便であるから、飜譯者が其意見によつて一部分だけを別に一經として出したのである。此類の經の旣に佚したものも少くないが、今現に存して居る者も亦甚た多い、而して此等の別生經には大部の經典に於ける篇名を其儘用ゐて居る者もあるが、中には全く新名の附せられて居るのもある。新名を附せられた場合には假令ひ現藏經中に収容されて居る大部の經や、若しくは他の經名を以て存して居ても、書名だけを見ては宛も藏外の經の如くに思はれる、併しながら古來の經錄を見れば、大抵其如何なる經の異名なるかを知ることが出來る。で是れは實に藏外の經ではなくして唯藏外經の如く見えるのみである。但此の如き經にあつては經錄を一々點檢することも容易でなく、數千卷の藏經中何れの部分に存するかを發見するのも頗る困難の業であるから、實際上は藏經中の何れかの部分に存在して居ても、佚經と見らるゝことも必らずしもないとは限らぬ。第四は古來の僧侶が自身の覺書の爲めに一定の經律を抄出し、(其文章も或は節略し、或は增補し)適宜に其名を命したるものである。此の如き一個人の覺書のやうに抄出したものは、經錄にも固より其名を載せないし、又現藏經中にも勿論發見されない。吾人は唯其內容の研究によつて如何なる經律より抄出增補したものであるかを推測するに止まる。

斯の如き四種のものが先づ普通佚經と稱する主なるものであらうと思ふ。此內で個人が自身の覺書の爲めに抄出したものは、古から隨分多いことであつたらうと思ふが、經錄にも存しないことであるから、今其數字を擧くる譯には行かぬ、他の三種の欠本と僞經と抄出本とに就いては、經錄によつて略其大勢を知ることが出來る、而して吾人は實に其數の夥しきに驚かざるを得ないのである。今試みに梁隋唐三代に於ける此等の數を列擧して見るに、先づ譯あつて其本の既に佚したものが、梁代(出三藏記集による)既に四百六十部六百七十五卷あつた、更らに唐になつては(開元錄に

よる)

大乘經	四百〇八部八百〇一卷	大乘律	二十二部二十五卷
小乘經	六百〇五部八百十五卷	小乘律	三十七部四十二卷
大乘論	二十部四十八卷	聖賢集	四十七部百八十四卷
小乘論	九部六十五卷	合計	千百四十八部千九百八十卷

とある。吾人の更らに驚くのは其僞經の夥しいのである。梁代には

安公疑經	二十六部三十卷	新集疑經	二十部二十六卷

其外僧法尼の誦出した僞經の二十一部三十五卷を加へると、總計六十七部九十一卷を得るのであるが、隋代になると(法經等の衆經目錄による)其數が著しく增加して

大乘經	疑惑	二十部二十九卷	小乘經	疑惑	二十九部三十一卷
	疑妄	八十部二百十七卷		疑妄	五十三部九十三卷
大乘律	疑惑	一部二卷	小乘律	疑惑	二部三卷
	疑妄	二部十一卷		疑妄	三部三卷
大乘論	疑惑	一部一卷	小乘論	疑惑	一部一卷
	疑妄	一部一卷		疑妄	二部十卷

合計(疑惑妄惑を通して)一百九十五部四百〇二卷

とある、即ち隋代の僞經論は梁に比し部數に於て約三倍となつて居る、而して唐代に

於ては更らに之か二倍して

疑惑	十四部十九卷	僞妄	三百九十二部一千〇五十五卷
合計	四百〇六部一千〇七十四卷		

となつて居る。古來支那に於ける僞作の盛なる實に驚くべきではないか。尚ほ終りに別生經典に就いて一言するに、梁代の別生經は甚た明了を欠くが、部數卷數同じく約百十五六であるやうである。隋代では

大乘經	二百二十一部二百六十三卷	大乘律	十六部十六卷
小乘經	三百十一部三百四十六卷	小乘律	六部六卷
大乘論	十五部十九卷	小乘論	八十六部一百〇七卷
合計	六百五十五部七百五十七卷		

となり、唐代には又少しばかり增加して、

大乘經	二百〇九部三百二十八卷	大乘律	七部七卷
小乘經	二百八十三部二百八十三卷	小乘律	四十二部四十九卷
大乘論	七部十一卷	聖賢集	百三十四部百三十四卷
合計	六百八十二部八百十二卷		

開元錄に於ける大小乘經等の別生の減して居るのは隋錄の誤謬を訂正したからであるが、それにしても全數は增加して居る。

以上論ずる所によつて之を觀れば、支那唐代に至る迄の僞作の如何に盛であつたかゞ判る、而して古來大藏の詮次は大抵皆開元錄を以て模範となしたるものであるから、開元錄に於て旣に僞經律論となつて居るものは殆んと悉く藏經中には收容されて居ない。尙ほ隋唐間に於ける闕本も一千一百餘部約二千卷に達して居るのであるが、歲月を經るに從つて別出の經論も愈增加し來つた。而して彼闕本なるものは前に述へた理由によつて特に別出の經典に多いのであるから、開元錄の出來てから後宋藏の出版に至る數百年の間、自然消滅したるもの丶多いのは亦決して怪しむに足らぬ。燉煌寫經の中に所謂藏外經典の比較的多いのも亦全く之によるのである。

燉煌寫經には前にいつた通り八十八種の異經があるのみであるのに、其內旣に明かに判つて居るだけでも十二種の藏外のものがある、即ち約七分の一弱で、七種の異經があれば、平均其中に必らず一種の藏外の經典が存する譯で、如何にも其割合の多に驚かざるを得ないやうであるが、併し余輩が前に述べた唐代に至る迄の闕本、別出、僞經、の大勢を知り、又其所謂藏外經典なるものにも色々の種類があることに注意すれば是れ亦必らずしも怪しむに足らないのである。で此十二種の中抄出經が二部個人的の覺書とも思はるゝのが一部、僞經が二部、雜集(一部分は僞作)が二部、支那撰出が一部で、眞に佚經といはるべきものが二部、佚經か僞作か抄出か何れとも不明なものが二部あるのである。以下少しく此等の經典に就いて論じやうと思ふ。

(一)佛名經卷十六。前にも述べたるが如く、佛名經なるものは、一時支那に於て盛に行はれたもので其僞作も亦頗る多い、此經も亦其中の一である。今其卷末の一節を掲ぐると次の如くある。

永不見佛、永不聞法、永不識僧何罪所致。佛言以前世時坐爲子不孝父母、爲臣不忠其君、爲上不接其下、爲下不敬其上、朋友不賞其信、鄉黨不以其齒、朝庭不與其爵、心意顛倒死有期度、不信三寶、煞君害師、伐國掠民、攻城破塢、偸塞過盜、惡業非一、美己惡人、侵欺孤老、誣謗賢善、輕慢尊長、欺誑下賤、一切罪業、集俱犯之、衆生業報故獲斯罪。

佛名經卷第十六　淨土寺藏經

此文を一讀すれば何人も恐らく容易に支那人の作に係るものたることを推測し得るであらう。而して開元錄の十八卷僞妄亂眞錄の最初に此經を掲げ

佛名經十六卷　本經雖眞以有僞雜編之於此

とあり、尚ほ同書には詳しく之を辨していふ、

右一經は俗に號して馬頭羅刹佛名となす、是れ近代集むる所に似たり。乃ち留支譯する所の十二卷なるもの〔宿刷藏經黃の一に收む〕を取り、錯綜して成す、中に於て諸經の名目を取り、後の辟支佛名及び菩薩の名、諸經阿羅漢の名を取り、以て三寶の次第をなす、總べて三十二件あり、三寶を禮して後皆懺悔あり、懺悔の下仍ほ馬頭羅刹の僞經を引いて之を後に置く、乃ち凡俗の鄙語を以て聖言に雜ゆ。經にいふ前を抄して後に著け、後を抄して前に著け、前後を中に著け、中を前後に著くと、此正さに當れるなり。其集むる所のものを尋ぬれば全く是れ庸愚なり、只第四卷の中に南無法顯傳經といふが如き、法寶中にあつて此傳を判す、乃ち是の東晉平陽の沙門法顯は天竺に往遊にして自から記行を述べたるも、元と是れ經にあらず、法寶中に置くは誤謬の甚しきなり。又第九卷に南無富樓那、南無彌多羅尼子といふ如きも此は是れ一人の名、分ちて二となし唱ふ、次に南無阿難羅睺羅といふも、此は乃ち二人の名なるに、之を合して一となす、此の如きの謬妄寔は其數に繁く、廣く陳ふべからず、略指すれば右の如し、群愚倣ひ習ひ邪黨共に傳ふ、若指明せざれば恐らくは眞敎を穢さん、故に之を述ぶるなり。

是れによつて之を觀れば此僞經の一般性質は略之を想像することが出來る、而して唐代尚ほ此經の存して居たことも明かである。唯開元錄が此の如く甚しく排斥したものであるから、後世藏經の中にも編入されず、自然に世間から消失し去るに至つたのであらう。經の卷末にある淨土寺藏經なる長方形の印は、何處の寺院なるか判らぬが、燉煌石室中の經典には此寺院の藏書が往々あると見え、先年ペリオ氏が將去たる老子化胡經の卷末にも之と同一の印が捺してある。

(二)佛名經。此經は斷片で經名もないが、一行に二佛づゝの名を書いてあるのであるから何れかの佛名經たるに相違ないと思ふ。書風は我朝藤原時代のものに似て居るのを見れば、寫經の年代は比較的新しいものであらう。今其終りの五六行を擧げると、始めに佛名のみあつて

南無日月光佛　南無普光自在王佛　南無梵文佛　一心歸命敬禮者劫三萬六百劫之罪

南無不退轉輪成首佛　一心敬禮者劫千億劫生死之罪　南無大興光明佛

一心敬禮者劫八萬六千劫之罪　南無法種尊佛　一心敬禮者劫四百九劫之罪

南無成首佛　南無興光明佛

等とある。之と同じいものは、今藏經中に存する何れの佛名經にも見當らない。が又是れだけでは僞作とも考へられぬ。開元錄の十四卷重譯闕本の中には賢劫千

佛名經一卷なるものもあるが、是れは賢劫經から抄出したのであつて、賢劫經のと今の文とは又違ふから是れでもない。が同書單譯闕本の中には

諸方佛名功德經一卷　十方佛名經一卷　諸經佛名經二卷　三千佛名經一卷　稱揚百七十佛名經一卷　南方佛名經一卷　滅罪得福佛名經一卷　十方佛名經一卷　現在十方佛名經一卷　過去諸佛名經一卷　千五百佛名經一卷　五百七十佛名經一卷

等といふやうなものもあるから、恐らく此等の中の何れか一であらう。

(三)佛說大乘無量壽宗要陁羅尼經。　又略して佛說無量壽宗要經ともいふ。此經は現藏經中に存して居らないのみならず古來の經錄に於ても未だ見當らない。が少くとも燉煌地方に於ては頗る盛に行はれ、佛名經と幷び用ゐられたものであることは、其數に於て此と殆んど相均しきを以ても知らるゝのである。此外陁羅尼の類は其一々の數に於てこそ之と比すべからざるものであるが、種類は頗る多い。例之へば千手千眼觀世音經、佛說灌頂章句拔除過罪生死得度經、千手千眼廣大圓滿無礙大悲心速迢上地陁羅尼、金剛頂經五字心陁羅尼經、佛說八陽神呪經、尊勝陁羅尼經、佛說除恐災患經、金有陁羅尼、佛說金剛壇陁羅尼、無垢淨光大陁羅尼經、佛說呪魅經、といふが如き皆是れ密敎的の陁羅尼である。是れに由つて之を觀ると、燉煌地方にあつては當時佛名や陁羅尼を念じ、息災延命の信仰が甚だ盛であつたものと思はれる。

無量壽宗要經は斯く經錄にも發見されないとすれば、彼地方に於て何人かゞ僞作せしものかといふに、必らずしもそうではないやうである、而して一書の奥書によると「六卷紙卅張」とあるから、左程薄いものでもない。 然れば此經には如何なることが說いてあるかといふに初の部分は判らぬが、其卷末に次の如き文がある。

如是四海大水可知滴數、是元量壽經典所生果報不可數量、陁羅尼曰

南謨薄伽勃底一阿波唎蜜多二阿踰紇硯娜三須吡儞尸指多四囉佐耶五怛他羯他耶六怛姪他唵七薩婆桒委迦羅八波唎輸底九達磨底十伽迦娜十一薄呵某持迦底十二薩婆婆吡輸底十三摩訶娜耶十四波唎婆囇莎訶十五（此陀羅尼は淨嚴の普通眞言藏の中にも無量壽命決定如來眞言として載せてある。）

若有自書使人書寫是元量壽經典、又能護持供養即如恭敬供養一切十方佛土如來、無有別異、陁羅尼曰、（前と同一の陁羅尼文あり、而る後直ちに偈を說いて）

布施力能成正覺　悟布施力人師子　布施力能聲普聞　慈悲階漸最能入

（以下持戒、忍辱、精進、禪定、を說く、其文全く同じ、而して最後に）

智慧力能成正覺　悟智慧力人師子　智慧力能聲普聞　慈悲階漸最能入

尒時如來說是經已一切世間天人阿修羅揵闥婆等聞佛所說皆大歡喜信受奉行

此文によつて見ると此經は確かに北宗の初、太宗の代(西暦九百年代末)に法天が譯した、佛說大乘聖無量壽決定光明王如來陀羅尼經(又略して佛說大乘聖無量壽王經ともいふ、縮刷藏經成の八に収む)の同本異譯で、經の功德や書寫の功德を說き、約同一の陀羅尼を載せ、最後の六度の偈も全く同じい。但此古寫經の文は法天の譯よりも甚だ簡單になつてゐる、けれども決して彼を節略したのではない、といふのは陀羅尼の音字も違へば、又最後の頌も法天のでは

修行布施力成就　布施力故得成佛　若人入大悲精室中　耳暫聞此陀羅尼
設使布施未圓滿　是人速證天人師

等といふ風に變つて居る。去れば法天の譯以前同一經の異譯があつたものと見える、而して其文の單簡なる、燉煌遺經の方が正しいのかも知れぬ、法天譯は非常に重復した所があつて、繁冗である。併し又此寫經の體裁によつて考へると法天譯だけの經ならば、非常に短かいものとなつて、六卷卅張とはならない、(此寫經は頗る細字で一行卅二三字である)して見ると何かまだ此前に長い經文があつたので、法天の譯は其一部分を節略して譯したものであらう、(然らざれば節略した梵本が出來て居たのかも知れぬ)。是れは無量壽といつても、彌陀信仰とは何等直接の關係はなく、息災延命

の經である。何れにしても是れは現藏經中には固より、經錄にも載つて居ない佚經である。

(四)大乘羯磨斷片　是れは斷片であるが上に、原本の麻紙が非常に汚損して居るから、到底其文を悉く讀む譯には行かぬが、其內容によつて見ると、大乘の羯磨であるに相違ない。斷片の初には律、法、なる題があつて其下に各一定の文が書いてあり、其次に布薩文、律師、祉爲文等が出て居る、其法の下には

釆華演敎法偈開宗、方便之門啓自然之路、入莊嚴窟、四淨俱循、昇解脫床、五衆並演。其僧徒濟々樂法侶、以誂々棄煩惱之業、愛河登菩薩之彼岸。

等とあつて尙ほ其次に尼の文がある。布薩文の始には

恭聞菩薩戒者乃是入道之梯蹬、出世之舟船、大士之洪基、薩云若之正路云々

とある、而して其中に又「流沙之導首」なる語もあり、其傍に「此土」の二字が書添えてある所から見ると、此羯磨文は流沙地方で作られたものであることは疑ない。元來羯磨なるものは小乘律には多く存在して居つて、四分律にも五分律にも十誦律にも又有部の律にもあり、現藏經中には總べて十數部あるのであるが、大乘律に至つては誠に少い。藏經中には彌勒菩薩說として玄奘の譯した菩薩戒羯磨文(瑜伽師地論より抄

出)といふものが一部あるだけである。其外菩薩受齋文とか、懺悔文とかいふものはあるけれども、此寫經に於けるやうな完備したものではない。元來羯磨とは受戒や懺悔の時杯の僧の作法を書いたもので、何れ儀式的のものではあるが、當時の作法を知るには頗る有益なものである。此點からいへば此寫經は實に類稀なるものであつて、其價値は決して唯藏外の書であるといふだけには止まらぬ。

(五)首羅比丘經。是れも確かに佚經ではあるが、是れは取るに足らざる僞經である。經錄に首羅比丘見月光童子經とあるのが即ちそれであらう。若しそうであるとすれば少くとも隋以前既に存在したもので、隋代の法經の目錄(二卷)にも僞妄の中に列してあり、武周刊定目錄(十四卷)にも同じく僞經の中に列し、尚ほ「古來相傳皆云僞謬、觀其文言冗雜理義澆浮、雖偸佛說之名、終露人謨之狀、迷墜群品、罔不由斯」と評してある、又開元錄の十八卷にも之を排して「名號乖眞、或首標金言、而末申謠讖、或初論世術後託法詞、或引陰陽吉凶、或明鬼神禍福、諸如此比僞妄灼然、今宜秘寢以救世患」といふ。試みに其卷末の一節を擧げて其妄なるを明かにして置かう。

佛復有大慈悲、快憐衆生、不捨衆生、心不廻畏、衆生死盡、有緣値我、無緣索々自去、維摩共之定光在人中、維摩朔妻婦人中使人不識作行世帝下香化人、維摩利大各四十五里直東、維摩有三个兒、維摩度人無崖、詐人間望行婬、溢無淫行、衆生敢得此行、看維摩時節欲到無量衆生悔奥、維摩度人決得成佛、維摩貪財盜語一切衆生懃心精進、可得見維摩、諸道義區、此鳥傍海下此經、即見王僧慶行徒七人見此鳥、即燒香歡喜誦躍七日不食、若一切衆生聞我語聲、懃心精進愼莫異意、惡欲死盡欲大樂、貰租不輸、

(六)相好經一卷　相好經なる經も現時の藏經目錄には出て居ない、併しながら是れは大部の別抄であつて、其内容を見ると觀佛三昧海經の一部分たることは明了である。開元錄(十六卷)にも大乘別生經の中に觀佛相好經一卷とあり、而して其下には「觀佛三昧海經に出づ」と註してある、して見ると古から斯かる抄出經があつたものと考へられる。けれども唯三昧經に出つとあるだけで、其何れの部分であるか判らぬが、燉煌寫經によると三昧經の第九本行品第八の「但聞佛名獲如是福、何況繫念觀佛三昧」の處で終つて居て相好經一卷とある(縮刷藏經の黃の五、三十五紙右、上より三行)。恐らく是れは本行品の初めから彼處迄を抄出して斯かる名を附けたものであらう。

(七)般若第一分中略集義一卷　是れも前と同じく抄出經であることは唯其經名を見ただけでも容易に知られる。が是れは相好經のやうに普通一般に知られた名でなかつたと見え、經錄には一切出てゐない。或は一個人が抄出して斯かる名を命した

のかも知れぬ。書體も唐代のものには疑ないが、草行を交え、中には隨分誤字もあり、又略字もあり、例へば菩提と書くべき所に𦾔の字を用ゐ、菩薩の代りに𦬇を用ゐた類である。其文を見ると大般若經の五百七十二卷第六分顯德品第十一の終までゞ止つてゐる(日の九、五十、五十一紙)恐らく顯德品のみを抄出したものであらう。是れは又別譯月婆首那の勝天王般若波羅蜜經では第六述德品第十(月の八、八十紙)に當るが、此寫經の文は月婆首那のと異つて玄奘のと全く同しいから、玄奘の譯から抄出したものであることも明かである。經題の「第分」とあるのは第六分の六を脫したものであらう、そうでなければ意味を成さぬ。本文にも餘分の字があつたり、誤寫があるのを以て見れば、是れも必らずしも怪しむに足らぬ。

(八)佛說咒魅經一卷　是れも現藏外の書ではあるが武周刊定目錄(卷十五)には「其文言冗雜理義澆浮」といひ、開元錄(卷十八)には「僞妄灼然、今宜祕寢以救世患」といへる僞妄經中の一である。開元錄では呪媚經一卷とあるが、是れは全く同一の經である、といふのは武周目錄の縮刷本には呪魅經とあつて、宋元明三藏本には呪媚とあるから、恐らく是れは普通であつたのであらう。一卷とあるが今此古寫經の內容を見ると、始めには清普明、日光、轉光菩薩等乃至東方青帝、南方赤帝西方白帝、北方黑帝、中央黃帝神王等を請呼して魅人を呪することを說き、それで一卷となし、次に病魅の咒、藥王菩薩縛見咒(現藏中闕の十には佛說觀藥王藥上二菩薩經なるもの一卷あるが其咒とは違ふ)の二を合して一卷となし、終りに楞伽經(魏の菩提留支譯、卷第八陀羅尼品第十七の初の)咒と前後の文を抄出して一卷としてあるが、何れにも佛說咒魅經一卷としてある。楞伽の咒は全然今存するものと同しい、他の病魅の咒や藥王菩薩の咒なるものは何れかの經から抄出したものであらうが、今其經典を明かにすることは出來ない、或は今旣に佚經となつたものから取つたものかも知れぬ。此の如き咒は古來非常に多く顯はれたもので、旣に梁代に於ても(出三藏記集卷四)大神將軍神呪とか、五龍咒毒經とか、藥咒、咒毒、咒時氣、咒小兒咒齲齒、咒牙痛、咒眼痛、咒賊、安宅咒等約五六十部の經典が「新集所得、今辨有其本、悉在經藏」といつてある。後世になれば愈此等の經典も其數を增して居り、其中佚したるものも甚だ稀でない。で多分此等の咒は編纂者の僞作ではなくして何れからか取り來つたものであらうと思ふが第一のものは明かに何人かの僞作である。其中の一節を左に引用して「僞妄灼然」といはるゝの必らずしも所以なきを示して置かうと思ふ。

東方大獸來食魅人身、南方蜈蚣來食魅人眼、西方白象來食魅人頭、北方沈鳥來食魅人心、中央黃龍來食魅人神、吾見魅人眼目角張或作昌狂、精神不定、不似人形、或在人門前、或在人屋裏、或碓磨上、或在人田地間、跳不止、或正月歲日、或正月十五日、或時節會之日、或燒其脂大咒咀不止、吾知汝姓字、得汝姓名、不得久停、急去他方、

若有善男子善女人受持此咒、當用淨水滲淳灰、揚枝以自淸淨、燒香訖咒病者三七日、如是七日、日三時、鬼魅逃走、不敢廻覩、病者即瘉、

先づ此文で以て其一班を推測することが出來やう。尙ほ終りに一言して置きたいのは楞伽經の咒の後に「此咒出楞伽經五辛品六卷成部者」といふことがある。現に藏中にある留支譯楞伽經では陀羅尼品の前は遮食肉品で、寫經に五辛品といふのが即ち是れであるが、六卷ではなくして是れは八卷である、唐の實叉難陀の譯した楞伽經では六卷に出てゐるが、咒の音字は全く此寫經や留支譯とは違ふ。して見ると留支譯楞伽經も今は十卷に分冊されてゐるが、昔は八卷位のものもあり、彼遮食肉品や陀羅尼品が六卷中にあつたのかも知れない。

(九)戒緣下卷　是れは前にも述べて置いた如く太安四年の寫經である、固より是れも現藏經中には收容されないものである、のみならず古來の經錄中にも曾て揭載されない。が今其內容を研究して見ると十誦律から抄出されたものに相違ない。寫

眞に取られた所が、三紙あるが、各紙皆連絡を缺いて居つて、其一紙は十誦律卷十三、九十波逸提之五の中卅六の末から卅九迄(縮刷藏經、張の三、八十三紙右から八十四紙右)の文を抄出してあり、一紙は同卷十九「明一百七衆學法初」の五十八の中頃から七十五に至り(同張四、二十三紙右及左)第三紙は同三十五卷八法中諍事法の末文(同張の五、三十紙の右)の抄出であつて、此處で戒緣下卷は終つてゐるのである。で是れは十誦律の最も主要なる部分を上中下の三卷か、或は上下の二卷に約して日常の用に便ならしめんとしたものであらう。何人が抄出したか固より明かならぬが、丁度唐の道宣が曇無德部の四分律を刪補して、隨機羯磨三卷となしたと全く同種類のものである。

此經を寫した法救なるものは供養の爲めに書いたのであるから、自から抄出したのではなく、恐らく彼時既に抄出したものがあつたのだらうと思ふ。勿論律なるものは四分にしても五分にしても乃至は有部にしても、大抵同樣のことが出てゐるのであるが、此戒緣の譯は殆んど全く十誦律の文に同しくして、他に異なるから、其十誦律から抄出したことは秋毫の疑を容れない、隨つて戒緣なる梵本があつて特にそれを譯出したものでないことも論を俟たぬ。又此寫經には色々の變態文字があつて、當時の字態を知るに於て甚だ有益なものであるが、活字に之を寫し出すことは甚だ困難であるから今は之を略する。戒緣とは戒律制定の因緣の義である。

(十)懺悔滅罪金光明經冥報傳　是れは固より支那人の作であつて、元來藏經中に編入さるべき性質のものでもない。而して其年代は固より明かならぬが、其書體より見れば疑もなく唐代のものであるから、少くとも唐以前の作であることは論を俟たぬ。其內容は單に金光明經の功德を說いた怪談に過ぎない、而して其文は頗る長いものであるから、今は其要領を取つて話して置かう。

昔温州に張居道なるものがあつて、一日牛羊等諸種の生物を屠殺した所が、未だ一旬を踰えすして卒に重病にかゝり、忽ちに死し了つた。が唯心上に少し計りの温があつたので、家人も之を葬むることを猶豫してゐた、所が、三日計後に忽然として甦つた、居道は自がら其間の經驗を說いていふには、初め四人のものが各手に棒や索や袋を持し、一人は騎馬で居道を呼て、一紙の文を讀聽かした。それは即ち向きに居道が殺した牛羊等の告訴文である。元來我等牛羊は前世の惡業の爲めに現に此身を受けたのであるが、此身さへ全くして死すれば、其罪業も自から消滅し、未來は人となつて生るべきであるのに、中途にして居道の爲めに屠られ、來世再び此身を受けなければならぬやうになり、誠に悲むべきことであるといふのである。

馬上の判官は此文を讀み了り、他のものをして居道を縛し去らんとした。時に其一人私に居道に告げて汝の命數は尙ほ未た盡きてゐないが、唯衆生の爲めに怨まれたが故に此に來つたのであるといつた。居道は非常に悔嘆して、其活路を得る所以の法を尋ねた所が、彼のいふには、汝を怨む牛羊は既に閻羅王の所にあり、汝の來るを俟つこと久しいのであり、又閻羅王の峻法は之を如何ともすることの出來ないものであるが、汝若し彼等の爲めに發心起願し、金光明經四卷を寫さば、此功德によつて汝が罪を免ることを得んと。居道大に喜び連聲之を誓ふた。既にして居道使者と共に閻羅王廳に至つた。王の曰ふ、此者は罪最も重し、何爲れぞ之を捉らへ來ること遲きと、直ちに又其使人を走らせて彼訴ふる所の牛羊を將來せしめた。所が使人暫くして還り來つて、衆生を索むるに何處にも居ないと注進した。其時又一判官報狀を撿しいふ、居道は今や衆生の爲めに金光明經を寫さんことを念願したものであるから、彼等は其功德に乘して、皆業に隨ひ形を化し去つたと。是に於て閻羅王も居道を放免し、彼再び世に還り來ることを得た。

居道は是時よりして此金光明經を四方に求めたが、此經世間に存すること稀れであつて容易に手に入らなかつた。諸方を遊歷する中、遂に衛州の禪寂寺に於て之を發見し、大に喜んで之を寫し、隨身供養をした。　其後同温州安固縣丞の妻が病み一年を經、音を絶して語らず、唯口中微かに痛を唱へて居るやうに聞えた。　居道は是れ亦怨家の爲めに此に至るものたるを知り急に金光明を書寫する功德を勸說した。　そこで彼また居道の本を借り、人をして之を寫さしめた所が、果して忽ちにして其病は平復し故の如くなつた。　これからしては温州一郡に養はれた雞猪鵝鴨の類は悉く之を放ち去り、家々殺生を禁じ、淨業を行ずるに至つた。

金光明經書寫の功德は實に此の如き大なるものであると說くのである。　是れと頗る相似た話は唐の道世の編した法苑珠林の七卷、感應錄の中に冥報記や冥祥記杯を引いて色々說いてある、唐代には斯の如き書も隨分多くあつたものと見える、

藏外經典の摩訶衍經は前にもいつたやうに今其書を得ることが出來ないから遺憾ながら此には之を述べない。

尙ほ此編を終るに當り一言斷つて置きたいのは、佛典本文批評のことである。　燉煌寫經によつて現在の藏經々典に於ける字句の異同を判し、又本文の變異を考ふることは佛典研究者に取つて非常に有益なる事業である。　現に燉煌寫經の中には現

在の般若經と頗る其文章を異にし、甚だ明了平夷なるを得たるものもある。余輩は既に此等の點に就いても現在利用し得る範圍に於ては、其研究を終つたから、此篇末に論及しやうと考へて居たのであるが、餘り長くなるから今回は此に擱筆し、他日機會を見て之を公にしやうと思ふ。　（完）

附記―前號所載の拙稿（二四頁）には「金剛仙論とは如何なるものであるか判らぬ」といつて置いたが、其後東京なる鷲尾順敬氏の注意により、彼書の京都本派本願寺佛敎大學圖書館中に一部存することを知り得た（續藏經中にも佛敎大學本により其第一輯二の三に收錄してある。）此書は金剛般若の世親の釋を更らに釋したもので、作者金剛仙は世親の門下であり、魏の菩提流支が天平二年に洛陽で譯したものと稱するのである。今本は十卷より成るが、或は十一卷、或は十三卷ともいふ。此に前言を訂正し併せて、鷲尾氏に對し感謝の意を表して置く。

異本般若經に就いて

松本文三郎（1869—1944）

《藝文》2-9，1911

異本般若經に就いて

松本文三郎

從來の佛敎學者が佛典の考證や本文批評に關して殆んど顧みる所なかつたのは吾人の最も遺憾とする所である。從つて現時傳ふる藏經の本文には魯魚の謬の頗る多いのみならず或は文章が彼此顚倒したり、或は誤脫した塲所も決して少くないやうである。此の如き誤謬は世間普通に讀誦されない經典には特に著しいのであるが、寺院常に用うる所や、信者が功德の業として屢〻書寫する者に於ても決して少いとはいへぬ。思ふに此等は何れも學術的に研究するのではなく、唯信仰から生じ來つた勤行であつたのであるから、本文の異同の如きは勿論彼等の注意を要しなかつたのであらう。麗藏は此等傳寫若しくは改版の際に生じ來つた誤謬の甚だ多きを憾み、高麗所傳の經のみならず、支那宋元明に於ける藏經、並びに契丹本をも蒐集し、大德をして詳かに字句の異同を考へしめたので、爾來佛敎者の最も珍とする所であるのは、今日一般世人の普ねく知悉する如くである。けれども麗藏の本文は果して何によつたものであるか未だ明かならぬ、而して彼亦必らずしも常に正しいとも考へられぬ。で若し今彼よりも一層古い寫經の發見せられた塲合、吾人の子細に其本文を比較し、其異同を考勘することは、佛典研究者に取つて非常に肝要な事件である。此點から論ずると近時東西兩洋學者の熱心なる探檢の結果、中央亞細亞から發掘された六朝乃至隋唐の古寫經の如きは、亦實に重大なる價値を有つて居るものといはなければならぬ。

敦煌石室寫經の一般性質は余輩前既に之を論じたから、今は唯其異本經典の內、般若諸經に就き少しく之を論じて見やうと思ふ。

一　異本般若心經

此經は嚮きにペリオ氏が佛國に持去つた敦煌石室遺書の一である。其本文は斷片であるが、其發見されただけは「敦煌石室遺書」の中に載つて居る。而して同書中蔣氏の附記する所によつて見ると此經は紙面に寫したものではなく、丁度我邦の立札のやうな板の兩面に書いて髹するに漆を以てしたものだとある。本文は今藏經中に存する漢譯の何れとも違つて居るので、其れが吾人の最も興味を感ずる點である。

一體般若心經なるものは、羅什によつて始めて漢譯に附せられ、爾來唐代に至る迄前後五種の飜譯が出來て居る、今之を其年代順によつて排列すれば次の如くである。

一、摩訶般若波羅蜜大明咒經一卷 亦云摩訶大明咒經、(開元錄卷四)
　　姚秦鳩摩羅什譯(西暦四〇二—四一二)

二、般若波羅蜜多心經一卷 貞觀二十三年五月二十四日於終南山翠微宮譯(同上卷八)
　　唐玄奘譯(仝六四九)

三、般若波羅蜜多那經一卷 長壽二年(嗣聖十年)於佛授記寺譯(仝上卷九)
　　唐菩提流志譯(仝六九三)

四、普遍智藏般若波羅蜜多心經一卷(貞元釋教目錄卷十四)
　　唐達磨戰涅羅(唐元法月)(仝七三二—七四二)

五、般若波羅蜜多心經一卷 貞元六年八月十一日證義潤文繕寫功畢(仝上卷十七)
　　唐般刺若(又曰般若 唐言智惠)(仝七九〇)

斯く五譯ある中に就き、羅什譯だけが大明咒經といひ、其經名が大に他と異なつて居る、(從て縮刷藏經の中にも是れだけは密部に編入し、閏八、九十六紙 他は皆般若部に容れてある 月九、五十六紙以下)が其木文に至つてに彼此相同じいものと何れの經錄にも記載されてある。但菩提流志の譯のみは開元錄の出來た時既に其傳を失つたものと見え、同書(卷十四)有譯無本錄中に

　般若波羅蜜密多那經一卷　大唐天后代天竺三藏菩提流志譯　新編入錄 第三譯　右與大明咒經等同本

前後三譯兩本在藏一本闕

とある。此に前後三譯といふのは、前記五譯中の前三譯で、後の二譯は開元錄の出來た時未だ世に顯はれなかつたのである。羅什譯が大明咒經といつたのは、言ふ迄もなく其經中に

故知般若波羅蜜是大明咒、是無上明咒、是無等々明咒、能除一切苦、

等といつてあるからで、此時は最後の咒文を主として說いた經と考へられ、般若心經の名は未だ出來て居なかつたのではなからうかと思ふ。又經錄には前の五譯皆同本異譯とはいつてある（貞元釋教錄卷十四、十七）けれども、其譯文を比較して見ると必らずしもそうは考へられぬ。第一、第二の二譯は唯少ばかり文字の差異があるのみで全體は異ならぬ、即ち此兩者は明かに同本異譯である。が第四と第五とは彼れと少しく其趣を異にする、即ち前二者に於ては經の序分も流通分もないが、後の二者にあつては兩者共に存する、是れが其違つた點である。而して第四、第五の二本は序分と流通分とを有するに於ては其軌を一にするが、序分も流通分も其文句は彼此大に違つて居るから、是れ亦到底同本異譯とは考へられぬ。是れに由つて之を觀ると玄奘以後の現存三譯は皆其原文に於て多少相異なつて居たことは疑ない、又斯く互ひに相異なつて居たればこそ前後僅か百五十年の間に四回も飜譯を重ぬるに至つたのであらうと思ふ。若し果して然うであるとすれば流志の譯は今傳はらないから判らぬが、亦多少其本文に於て違つて居たものと想像するのは必らずしも不當ではなからう。

敦煌石室中に發見されたものは經名を般若波羅蜜多心經と題し、其本文は前にいつた通り現存の心經の何れとも同じくないが、併し其中で最も近いものを求むれば即ち般若の譯である、今之を左に比較對照して見やう（圈點や批點を附した處は吾人の多少注意を要する點である）

敦煌心經

如是我聞一時佛住王舍城鷲峯山中與大比丘衆及諸菩薩摩訶薩倶爾時世尊入諸法平等甚深顯了三摩地復於爾時觀自在菩薩（以上前面）行心般若波羅蜜多時照見五蘊體空時具壽舍利子口佛威力白觀自在菩薩曰若善男子善女人欲修行甚深般若波羅蜜者應何修學、作是語已觀自在菩薩摩訶薩（以上後面）

般若譯心經

如是我聞一時佛在王舍城耆闍崛山中、與大比丘衆及菩薩衆倶時佛世尊即入三昧名廣大甚深爾時衆中有菩薩摩訶薩名觀自在

行深般若波羅蜜多時照見五蘊皆空、離諸苦厄、即時舍利弗承佛威力合掌恭敬白觀自在菩薩摩訶薩曰善男子若有欲甚深般若波羅蜜多行者云何修行、如是問已爾時觀自在菩薩摩訶薩（下畧）

敦煌石室の經文は此で止まつて居る、思ふに此の如き小札が幾片もあつて、表裏連續して心經全文の寫されて居たのが、其中の一片だけ後に遺つたのであらう。本文中、行心般若の心は深の誤寫たること殆んど疑を容れない、而して舍利子の次の闕字は多分承の字であらうと思ふ。又五蘊體空の體も恐らく皆の誤であらう。敦煌心經と般若譯とは本文に於て甚だ相近いものであるが又全く同一ではない。で吾人の之を解釋するには自から二樣の方法がある、即ち敦煌心經なる者を以て般若譯を今一層簡單にし若くは改竄したとするのが其一で、此兩者を全然別種の譯本とするのが其二である、而して事實は此兩者の何れか一に出でない。所が此兩本を比較して見ると、如何しても敦煌本が般若譯の文を節畧し若くは改竄したものとは考へられぬ。般若譯には唯簡單に「大比丘衆及菩薩衆」とあるのを特に「大比丘衆及諸菩薩摩訶薩」としたり、又唯舍利弗とあるのを具壽舍利弗となす如きは略文にはあるべからざることである。又彼には三昧とあるのを此には三摩地と丁寧に書き

顯はしてある、略文ならば特に之を變ずる所以はない。三昧を三摩地と譯したり、舍利弗を舍利子と書いたりするのは寧ろ違つた飜譯の仕方を示すもので、他人の譯によつたとすれば之を改むる必要は更らにない。此等の點から考へると、如何しても是れは本文の殆んど同じい、併し多少異なつた心經を般若以外の他の人の譯したものと見るのが最も正當であらうと思ふ。が現存する心經より異なつた譯といへば經錄に載つて居る所では菩提流志の譯より外にはない。して見ると此敦煌寫經は即ち今其傳を失つた流志譯の心經であるに相違ないと思ふ。若し果して余輩の推測する所をして大なる過なしとするならば此の敦煌寫經は、斷片ではあるが學術上甚だ有益なるものといはなければならぬ。斯く論ずると或は人あつて開元の時既に佚經となつて居たものが、如何にして五代若くは北宋の時に閉鎖した石室から發見されたであらうかと疑ふかも知れぬが、敦煌地方は支那本部からいへば邊僻の地であるから、開元錄編成の時代彼には尙ほ傳存して居ても、本部には既に佚して居たものであるから著者智昇も遂に之を搜索發見し得なかつたのであらう。同じく開元錄には佚經として著錄してある摩訶衍經が石室から發見されたのを見ても明かである。

尙ほ序にいふ、前に述べた「敦煌石室遺書」中蔣氏後記の文に

慧琳一切經音義載心經二本、一題般若波羅蜜多心經不著何人所譯、一題佛說般若波羅蜜多心經、罽賓僧般若於西明寺譯、今此殘本心經與通行本不同、其題則與音義前一種同、豈即此本歟、然音義後一種內有行者、孽帝諸字、爲通行本所無、疑不能明、

とあるが、慧琳音義の十卷末には實は三本出て居る、第一は大明咒經で即ち羅什の第一譯であり、

第二は即ち玄奘譯で、蔣氏の通行本と稱するものが是である、而して第三は即ち般若の譯である。縮刷の慧琳音義には第二の心經の下に「羅什譯」と註してあるが、是れは明かに誤であつて、大明咒經の下に移さるべきものである。第二本の玄奘譯でなければならぬのは其音義の字によつて見ても明かである、他の藏經本には此三字を闕いてあるが是れが固より正當なのである。佛說の字は何れも飜譯の時には附せられなかつたので、是れは後人の附加した所に過ぎぬから此二字の有益で以て本文の異同は到底判じ得ない。又蔣氏の文は通行本と般若譯と同じやうに說いてあるが、通行本とは玄奘の譯であるから、蔣氏の前一種と同しいものである、乃ち敦煌本は蔣氏の所謂後の一種と極めて近いもので、前の一種とは頗る違つたものである。

議論が段々枝葉に渉るが、此機會を利用して尙ほ一二般若心經に關する余輩の卑見を述べて置きたいと思ふ。第一に心經は斯く羅什によつて姚秦の代既に譯出せられたのであるが、前にも述べた如く當時は咒文を主とした密教的のものと考へられたものであることは、其經題によつても略推測し得るのである。而して心經の盛に用ゐられたのは唐代になつてからである、此事も前に說いたやうに唐以前には僅か一譯しか顯はれて居ないのに、唐代になつてから劇かに四譯も出來て居るのを見ても容易に知られ得るのである。何故唐代になつて心經が盛に用ゐらる丶に至つたかといふに、此には種々の原因があるであらうが、其主なるものは大體二種あると思ふ。貞元釋敎錄(卷十七)般若傳の祭下には

玄奘法師當往西方臨發之時、神人授與、路經砂磧險難之中、至心諷持災障遠離、是大神咒、斯言不虛、後得梵夾譯出、

という文がある。是によつて見ると玄奘も同しく其咒文の大功德あるを信じ、之を翻譯したのであらう。玄奘の如き大家が此咒文の功德を鼓吹したものであるから、時の人亦爭ふて之を諷誦するに至つたものかとも思ふ。が之よりも更らに一層重大なる原因と考へられるのは、禪宗の流行である。達磨禪の支那に傳はつたのは唐以前稍久しいことであるが、其流派の最も盛となつたのは實に唐代である。而して達磨や慧可並びに其徒の心要となしたものは楞伽經であつたが、五祖から以後は金剛經を以て之に代へた、是れは達磨禪の五祖前後に於て其禪風が大に變化した爲めである。で蔣之奇の四卷楞伽の序には次の如くいつてある。

　昔達磨西來既已傳心印於二祖、且云吾有楞伽經四卷亦用付汝、即是如來心地要門令諸衆生開示悟入、此亦佛與禪並傳而玄與義俱付也、至五祖始易以金剛經傳授……五祖大師常勸僧俗但持金剛經、即自見性成佛矣、則是持金剛經者始於五祖、故金剛以是盛行於世、而楞伽遂無傳焉、

斯くして金剛經は唐代禪學者の最も研究愛讀する所となつたのである。而して般若心經は金剛經を今一層精選したやうなものであり、又其文が極めて簡潔である點から讀誦にも甚だ便利であるので、彼等は之を愛讀し、今に至る迄心經は禪學者の常に念誦するやうになつたのであらうと思ふ。

　次に述べたいのは心經に於ける序分と流通分とのことである。前にも説いたやうに羅什譯並びに玄奘譯に於ては全然此兩者を闕いて居る、是れが抑も此經原始の形であらうと考へる。一體心經は般若經の要領を提撕する爲めに作られたものか、或は又般若部の經典に祕密の咒文を附加する爲に出來たものか、何れとも判らぬが、兎に角其本文は般若經數十百卷の中に説いてある要點を最も簡潔な文字に顯はし出したものたることは疑ない。

であるから心經の般若經に於けるは宛も彌勒下生經の彌勒成佛經に於けると同じい關係に立つて居るのである。下生經には其初め序分も流通文もなかつたと同じく、心經にも亦其原形には此兩者を闕いて居たのであらう。此事は羅什以來何れの譯にあつても其正宗分の殆ど變易する所ないに關はらず、其前後の序分及び流通分は何れも一致しないのでも明かである。併しながら斯く序分も流通分もなくては、一經としての體裁を成さぬ所から、後人が更らに此兩者を増益したに相違ない、丁度是れも彌勒經に於けると同様であつて、下生經の首尾闕けたるのを遺憾とし、本來長經から抄出したものであるに拘はらず、後世の學者が更らに此兩者を補ひ、義淨の譯した下生成佛經のやうなものを生ずるに至つた。けれども心經の序分と流通分との彼此互ひに相異なる所を以て見ると、必らずしも此増補は一人の手によつて成つた者ではなからう。元來抄出經も、其功德の大なる點から、若しくは其簡にして要を得て居る點からして、之を首尾定備の經と爲したいといふのは人情の自然に基づく所であるから、異なれる人が異なれる地方に於て、各獨立に增補するに至るのも吾人の容易に想像し得る所である。若し一人の增補したものを他人が之れを襲ふたとすれば、彼が如き大なる變化を生ずる筈はない、誤寫としては彼此の相違が餘りに大きい。又他人が之を變化したとしても、正宗分には少しも手を附けず、唯前後の文に於てのみ著しく改竄を試みたといふことも甚だ想像し難い、のみならず何れの文でも其形も意も共に通じ得るのであるから、別に改竄をなすべき必要は更らにないのである。此等の點から考へると其原文の異なつたものが諸處に異人の手によつて作られたといふ方が最も穩當であらうと思ふ。彼等の原本が果して何れの地方から持來されたものか、今固より明かならぬが、傳記によると菩提流志は元と南天竺の人で、始め外道の學者であつたが、後耶舍瞿沙なる大乘の師によつて佛門に化せられたと、あるから、其將來した梵本も恐らく中天か南天に傳はつて居たものと思はれる、又般若は元とは迦畢試の人であるが、中天竺に遊び那蘭陀寺に於て大乘經論を學び、後舟に乘じ錫崙を經て支那の南海廣州に來つたものであるから、其將來本も恐らく中天の梵本であつたらう。若し果して余輩の想像するが如くであるとすれば、般若譯と流志譯との極めて相近いのも容易に解釋が出來、此等は同一經の異本であつたものと考へる。所が法月なるものは元來は東天竺の生れではあつたが、中天に遊び後龜茲國に來つて敎授して居たのであるから、彼の譯した心經の原本は或は此等北方地方に於て出來たものではなからうかと思ふ。

二　異本大般若經初分

現時北京の學部に藏せられて居る敦煌石室經典の中に大般若經初分の零本がある。丁度是れは同經第二百三卷難信解品第三十四の二十二の一部分で、縮刷藏經では荒の一、十二紙右八行から十八行に當る。今其文を見ると現藏の何れとも頗る相違して居つて其何れの果して正しいかは容易に斷言出來ぬが、敦煌本の方が寧ろ文義明了である。其文は次の如くでゐる。(本文は燉煌寫經の文で、括弧内の文は縮刷藏經本の彼と異つた點であり、圈點・批點を附した文字が即ち彼此の相違する所である。)

〔善現、癡淨故身界清淨、身界清淨故、一切智々〕此十九字は前後の關係を示すが爲め姑らく縮刷本によつて補ふ。清淨、何以故是(現藏若に作る)癡清淨與(仝、若)身界清淨(仝、此に若一切智々清淨の字を入る、敦煌本には此七字なし、以下仝し。)無二無二分無別無斷故、癡清淨即(仝、故)觸界身識界及身觸身觸爲緣所生諸受

清淨、觸界乃至身觸爲緣所生諸受清淨即癡（仝、故一切智々）清淨、何以故、是（仝、若）癡清淨、與（仝若）觸界乃至身觸爲緣所生諸受清淨、（仝、若一切智々清淨）無二無二分無別無斷故、善現癡清淨即（仝、故）意界清淨、意界清淨即癡（仝、故一切智々）清淨、何以故、是（仝、若）癡清淨與（仝、若）意界清淨（仝、若一切智々清淨）無二爲二分無別無斷故、癡清淨即（仝、故）法界意識界及意觸意觸爲緣所生諸受清淨、法界乃至意觸爲緣所生諸受清淨即癡（仝、故一切智々）清淨、何以故是（仝、若）癡清淨與（仝、若）法界乃至意觸（縮刷本には此觸字を識に作るが是れは明かに活字の誤植である）爲緣所生諸受清淨、（仝、若一切智々清淨）無二無二分無別無斷故、善現、癡清淨卽（仝、故）地界清淨、地界清淨即癡（仝、故一切智々）清淨、何以故是（仝、若）癡清淨與（仝、若）地界清淨、（仝、若一切智々清淨）無二無二分無別無斷故、癖清淨即（仝、故）水火風空識界清淨、水火風空識界清淨、即癡（仝、故一切智々）清淨何以故是（仝、若）癡清淨與（仝、若）水火風空識界清淨、（仝、若一切智々清淨、）無二無二分無別無斷故。以下畧

是れは僅かに般若經の一小部分に過ぎないが、此邊の文章は殆んど之と同一型のものであるから、前の例によつて吾人は容易に其本文を變化せしむることが出來る。但此敦煌寫本の文が後人の修正に成るか、或は原文が斯の如くであつたのに後人が現藏本の如くに書誤つたかは、今後尚は研究を要すべき問題であると思ふ。而して此假定の兩者共に多少吾人の想像を容るべき餘地を有する。

元來此大般若經なるものは玄奘が龍朔二年若くは三年（西暦六六二若くは三年）に飜譯を畢つたものである。而して何人の將來したものか判らぬが、此經は飜譯後四十年にして既に我邦に傳つて居

る。彼の和銅經と稱し今國寶となつて江州の甲賀郡太平寺に藏する大般若經は、我邦に發見せられた、般若經の最も古い寫本で、和銅五年（西曆七一二年）に寫し畢つたものである。此寫經は文武天皇の崩御せられたに就き、其功德の爲め書かれたものであるから、天皇崩御の年（慶雲四年即ち西曆七〇七年）か或は其翌年あたりから書寫し始められたものかも知れぬ。若しそうであるとすれば此經渡來の年は尙ほ其以前でなければならぬ。而して敦煌寫經は其書風から判ずる我が鎌倉時代のものに近いのであるから、恐らく和銅經よりも後の寫經に相違ない。所で和銅經の本文を見ると一二の文字の違はあるが、大體に於て現藏本と全く同一である。是によつて之を觀れば後人が大般若の文の餘りに重復繁瑣なるを厭ふて之を修正し彼の敦煌本の如き文を成すに至つたものではなからうかとも想像される。

が併し現藏經本に於ても後人の誤寫は固より論を俟たぬが、飜譯後多少故意に修正若くは變更した點の存することは疑ふべからざる事實のやうである。現に本派本願寺發堀の經卷の中には其書體から判じて、飜譯當時を去ること餘り遠からぬと思はるゝ後漢支婁迦讖譯（光和二年即ち西曆一七九年出）の道行般若の斷片がある。其中には船若波羅蜜の字が幾度となく繰返されてあるが、常に波羅惜波羅蜜と丁寧に原音に近く寫されてあつて、未だ一度も般若等とはない、又菩薩なる語も屢出て居るが是れも終始菩提薩とあつて菩薩とはない。是によつて觀ると支婁迦讖の譯には波羅惜とか菩提薩とかあつたのを、後人が之を畧して現藏本の如く悉く般若、菩薩等と書改めた者に相違ない。斯の如きは決して譯寫の結果とはいはれぬ、何故かといふに誤寫には其數が餘りに多過ぎる、而して前後悉く一致して居るから、故意に寫改めたことは論を俟たぬ。して見れば現藏本の文が何れも皆一致して居るとしても、必らずしも皆正しいものとはいはれぬ。此筆法で以て之を推せば敦煌本が寧ろ正しくして、現藏本は悉く書改められたものゝ傳つたものであらうと想像されぬともない。加之當時敦煌地方との交通の頻繁なる、玄奘譯經の飜譯以後僅かに十年二十年にして既に彼地に傳寫せられたる例（「藝文」二年第五號の拙稿を見よ）もあれば、正文が既に彼地へ傳はつた後、數十年にして、支那內地に於て訂正せられ、それが朝鮮や日本へも傳はり、後世では專ら之を讀誦するやうになつたので、現藏本は悉く一致して敦煌本と異なつたものとも考へられる。

併し前揭の說は何れも想像であつて、余輩は其何れに於ても想像の可能なることを說いたに止まる。而して之を決するには尙ほ他の何れをか助くべき材料の出で來るを俟たなければならぬ。

終りに敦煌寫經には直接關係ないが、序を以て一言したいのは大般若經の飜譯年代のことであ る。前にも余輩は此經飜譯の年を以て龍朔二年若くは三年と說いて置いたが、和銅經の奧書には

龍朔二年於玉華殿玉華寺三藏法師玄奘奉詔譯

とある。然るに開元錄卷八大般若經の下には

顯慶五年正月一日於玉華宮寺玉華殿譯、至龍朔三年十月二十日畢沙門大乘光大乘欽嘉尙等筆受。

とあり、尙ほ「見飜經圖」とあるが、「古今譯經圖紀」には其飜譯の年月を記してない、而して「貞元新定釋敎目錄」卷十一には開元錄と全然同一の文が出て居る。思ふに開元錄の文は玄奘の弟子慧立の「大慈恩寺三藏法師傳」から取つたものであらう、同書卷十には次の如く書いてある。

東國重於般若、前代雖翻不能周備、衆人更請委翻、然般若部大、京師多務、又人命無常恐難得了、乃

請就於玉華宮翻譯、帝許焉、即以〔龍朔〕四年冬十月法師從京發向玉華宮、幷翻經大德及門徒等同去、…至五年春正月一日起首翻大般若經、……
至龍朔三年冬十月二十三日功畢絶筆。

即ち開元錄の文と大體同しで、矢張龍朔三年となつて居る、但其日の彼には十月二十日とあるのに此には二十三日となるのが唯一相違の點である。開元錄には恐らく二十三日の三の字を誤り脫したのであらう、而して貞元錄は固より其誤を襲踏したものに外ならぬ。所で慈恩傳は玄奘傳紀の最も信ずべきものであり、和銅經の奥書には當時の筆受者、綴文、證義の者に至る迄精細に其名を列記してあるから、何れ飜譯當時の寫本から次第に轉寫したものであらう、而して奥書の三年を二年に書き誤まつたものとも思はれぬ。然らば此兩說の中何れを取るべきかといふに、余輩は寧ろ慈恩傳が後世轉寫さるゝ際に二を三と誤まられたものではなからうかと思ふ、而して此誤が自然開元錄や貞元錄に迄影響したのは勿論である。何故に和銅經に誤を歸せずして獨り慈恩傳に歸するかといふに、連續した文章を寫す際には二を三とするやうな微小の誤は最も起り易いが、奥書の如き特に其年代を主眼として書いたものに於ては、筆者が一層多くの注意をなすのは心理的自然の勢であるからである。（完）

敦煌本大雲經と賢愚經

松本文三郎（1869—1944）

《藝文》3-4、5，1912

敦煌本大雲經と賢愚經

松本文三郎

此にいふ敦煌本大雲經とは清國北京大學羅振玉氏の襲藏する所であり、賢愚經とは同駐日公使汪大燮氏の所有に係るものを稱するのである。前者は北魏人の書寫に成る大雲無想經卷九の零本で、一紙二十八行、一行十七字、卷末には「清信女張宜愛所供養經、歳在水卯正月十一日寫訖」の識語がある。後者には何等の奥書もないが、恐らく隋人の書寫であらうと思ふ、一紙の字數は前と同しで、終りに卷第七とあるが、宋元明藏本の第三卷に當る、恐らく卷第七とある部分は他の經の斷片の誤つて此に接續されたのであらう。今此二經に就き少しく研究して見やうと思ふ。

一、大雲無想經

大雲無想經とは或は大方等無想經麗本には無相に作るともいひ、或は大方等大雲無想經とも、方等大雲無想經とも、大雲無想經ともいひ、或は又大雲密藏經とも名づけ、或は直に大雲經ともいふ、皆同本異名である。だから法經等の衆經目錄一卷大乘

單譯經の中に

大方等無想經五卷　一名大雲經　前秦世竺佛念於長安譯

とあり、靜泰等の目錄一卷にも大乘經單本の中に同一の記事が載つて居る。又內典錄三卷には

大方等無想經亦大雲經。

方等大雲經、一方等大雲無想、一大雲無想、一大雲密藏

とあり、尙ほ開元錄四卷にも大方等大雲經、一名大方等無想大雲經等と前數名を揭げてある。

現藏本無想經五卷によると次の如くいつてある。

此經凡有三名、一名大雲、二名大般涅槃、三名無想、大雲密藏菩薩所問故名大雲、如來常住無有畢竟入涅槃者、一切衆生悉有佛性故、得名爲大般涅槃、受持讀誦如是經典斷一切想故名無想。

是文によつて此等名稱の由來は最も明かとなる、而して縮刷藏經中之を涅槃部に編入した所以も知られ得るのである。

一體此經は支那に二譯あつた、一は前秦の代、涼州の僧竺佛念の長安に於て譯する所で、是れが第一譯である、一は北涼沮渠の世、中印度の沙門曇無讖の涼都內苑寺に於て譯する所で、是れが第二譯である。中に就き第一譯は今は佚し、第二譯のみが現藏

中に存して居る。　分卷は時によつて、不同であつて、法經錄には五卷とあるが、內典卷六卷三には或は四卷ともあり、或は六卷ともあり、九十二紙である。　靜泰錄卷一內典錄卷六曇無讖譯する所は內典錄卷三や開元錄卷四では六卷となし、武周刊定目錄卷三では或は五卷となし、九十紙である。開元錄卷十九而して開元錄卷四には竺佛念譯大方等無想經の條下に「與曇無讖方等大雲同本」としてある。　翻譯の年代は何れも詳細に判らぬが、古今譯經圖紀卷三等によると、竺佛念は苻秦の建元年中に僧伽跋澄等と同じく長安に來り、建元十年から姚秦の世に至る迄諸種の經を譯したとあり、曇無讖は玄始元年を以て姑臧に至り、同三年から十年に至る迄翻譯に從事したといふ。　だから二譯の相距ることは僅かに五十年を出でないのである。　然るに梁の僧祐出三藏記集卷二には竺佛念が關中で譯したといふ諸經六部五十卷を載してあるが、大雲經のことはなく、反つて曇無讖の譯した方等大雲經四卷或は六卷なるものを錄し、前にいつた隋の法經錄卷一や靜泰錄卷一には唯竺佛念の譯を著はし、尚ほ之を以て大乘單譯經としてあるのは一見甚だ怪しむべき如く思はれる。　けれども僧祐は唯佛念の關中で譯した所を知るのみで、長安で譯した所は知らず、法經や靜泰は唯長安出す所のみを見て、未だ涼土出す所を知らなかつたのかも知れぬ。　費長房が歷代三寶記を著はし卷八卷九始めて此兩經を併せ載してから、以後の著錄家は皆之に倣ふて居る。　但武周錄卷三に

大雲密藏菩薩問大海三昧經一卷　西晉聶道眞譯

大方等無想經五卷　後秦涼州沙門竺佛念譯
方等大雲經六卷　沙門曇無讖譯
大雲輪請雨品第一百一　周武帝世闍那耶舍譯
大雲請雲經一卷　後周沙門闍那笈多共崛多譯
大雲輪請雨經二卷　隋開皇五年沙門那連提耶舍譯
大方等大雲請雨經一卷　隋開皇年沙門闍那崛多及笈多譯
大雲密藏菩薩請雨經一卷
以上八經同本別譯

とあるのは大に誤つて居る。元來大雲請雨經等といふものは皆密部の經典であつて、大雲無想經は涅槃部に屬するものである、啻に其性質が不同であるのみならず卷數も大に違ひ、內容も亦一樣でない、であるから古來の經錄も之を以て同本とはしない。思ふに古本武周目錄は今本と同じくなく、前三經の終に以上三經同本別譯の八字の誤脫したのを後人之に注意せず其經數の合はないのを見て、更らに後五經の終の以上五經同本別譯とあつた五の字を變えて八となし、誤の上に誤を重ねたのであらう。此の如きの類は古經錄中頗る多いのである。尙ほ序ながらいふが聶道眞が大雲密藏菩薩問經を譯したといふとは始めて長房錄に出て居るが、甚だ疑ふべきて、開元錄等には聶道眞の條下に之を闕いて居るのを見ても判るのみならず出三藏記集巻四には現に之を以て失譯經の中に列してあり、又「方等大雲經を抄するもの」といふ。其卷數を考えても此は唯一卷であるから其同本別譯でないことは明である。又大雲請雨經に就いても果して武周錄に記すやうに五譯あつたものか頗る怪しい。開元錄巻七及十一には唯三譯あつたものゝ如く記し

大雲輪或無輪字請雨經一卷　周宇文氏闍那耶舍等譯　第一譯
大雲輪請雨經二卷　隋那連提耶舍譯　第二譯
大方等大雲請雨經一卷　隋闍那崛多等譯　第三譯
右三經同本異譯

とあるのみである。して見ると武周錄の後五經の中の第二並びに第五の兩經は其存否既に信ずべからざるもので、一は譯者の名を缺き、一は第一か第四經かの誤まつて別譯と見做されたものであらう。孰れにしても武周錄の記事の大に誤つて居ることは疑ない。內典錄巻三には亦竺佛念の條下に大方等無想經五卷を錄し、曇無讖の條下には方等大雲經六卷を錄して居るが、仝書巻八「歷代衆經見入藏錄」には大雲經を以て大乘一譯經となし、重翻經中に編入せず、前後矛盾して居る。乃ち道宣も親しく其書を觀ず、又異同を審定せず、徒らに古經錄を襲蹈したことは明である。併しながら道宣が之を以て單譯經中に列し重翻經中に編しないのを以て見れば、唐初二譯の中唯一譯のみあつて、他は既に佚して居たものであることも略之を推測し得るのであ

る、但當時其存したものゝ果して孰れであるかが明かならぬのみである。開元錄巻十四に至つては其「有譯無本錄」中明かに之を記し

大方等無想經五巻　姚秦涼州沙門竺佛念譯第一譯

右一經前後兩譯一存一闕

とある。乃ち内典錄中見在となすもの亦是れ曇無識の譯する所で、竺佛念の譯經は隋代尚ほ存したが、唐初既に佚し了つて居たことは愈以て疑ない。

今羅叔言氏襲藏の敦煌本大雲經巻九なるものを檢するに、其文現藏本と全然同じくない。巻の初は闕けて居るから判らぬが、其存する所によつて見ると、大體次の如く述べてある。

爾時會中に一梵志直道なるものあり、沙門瞿曇は是れ大妄語者である、彼先きには五逆罪を作すと正法を誹謗すると聖人を毀呰すると僧物及び佛法の物を招提すると四重禁を犯すと比丘比丘尼を汚すと邪見と此十種の人は是れ地獄の種で、現在欲を斷じ沙門果を證するとは出來ないといひ、而して今は乃ち正信あり心に先の作せる罪を悔れば則ち其罪を滅するを得といふ、是れ實に撞着の言である。斯くして瞿曇尚ほ一切智、一切見者であるといひ得るならば、諸外道も亦是れ一切智一切見者と稱すべきで、其間何の差別があるであらうと。爾時佛は大雲密藏菩薩に告げていふ、一切衆生には四顚倒、四不具法があるから、正邪の區別が判らないの

てある。一切諸法は元と是れ虛であつて、無性無體である。彼、此相を觀じ得ないから、沙門瞿曇は矛盾の言をなすといふ。若し此觀をなすことが出來れば、能く信の人といひ、又能く衆罪を滅する、若し之を觀じ得なければ名づけて無信となし、地獄に墮すべきものである。而して一切邪見を滅し、顚倒心を破するには此に一の陀羅尼がある。假令人無量罪を具して居ても此陀羅尼を誦し、七日中至心に佛を念じ一切世間の事を念じなければ、煩惱忽ちにして滅し、不着清淨なることを得る、のみならず此人は一切人天の恭敬する所、四大天王の擁護する所であり、一切の怨敵疾病も侵すことが出來ず、捨命の時には淨妙土に生じ、常に佛に親近するを得ると說く。更らに佛は梵志直道に對し、汝說く衆生の五大身とは是れを五陰十二入十八界と名づく、是五陰乃至十八界中衆生顚倒し我想を生じ、我想によつて生死に流轉し無量の苦を受くるのであると、が五陰乃至十八界の何れの一に於ても我所はない、だから邪惡の心を發すといふも元來之を作るものもなければ、又之を受くるものもないではないかと喩す。梵志之を聞き了つて忽然として一切法の無作無取無受無性無體不可宣說なるを悟り、前の謗佛の罪を懺悔し、無上菩提心を發し、其陀羅尼の如何なるものなるかを問ふ。佛於是陀羅尼を說き、之を讀誦書寫し、一日の中能く千偈を誦すれば他心智を得、靜處に於て誠心如法に之を行ずれば、七日の中に四禪を得、一切欲を壞し、十方佛を見、如證意三昧を得るといふ。是時會中の無量衆生皆菩提心を發するを得た。最後に文殊師利が起つて此經は佛滅後誰に付囑さるべきかと問ふた處が、佛は我涅槃の後此佛世界には眞正の王種斷絶し、國土所有衆生は皆惡を習ひ、諸の菩薩は皆去つて他方淨土に移る。此時飢餓種々の苦惱に堪え、罵詈撾打身命を惜まざる人、唯能く此典を流布することを得ると答ふ。爾時會中に無畏功德疾行なる一菩薩あり、我如何なる苦痛を受くるも必らず來世此妙法を流布せしめんと誓ふ、於是佛は是經を以て彼菩薩に付囑した。時に彼無畏功德疾行を始め無量菩薩無量諸天鬼神龍王等共に受持し、無量衆生は阿耨多羅三藐三菩提心を發したと說き、此卷は終つて居る。

此梗概の文を一讀すれば何人も敦煌本の如何に現藏本大雲經と異なるかを容易に知り得るであらう、而して大雲經は前に述べた如く古來支那では現藏本の曇無讖譯と竺佛念譯との二種より外ないことが判れば、敦煌本の竺佛念譯たることも疑を容れない所である。竺佛念譯は古經錄によると或は四卷といひ、或は六卷とあるのに、此に卷九といふのは稍疑ふべきやうであるが、是れは分卷相違の結果であるとすれば必らずしも深く怪しむには足らぬ。

若し此敦煌本大雲經が果して竺佛念の譯であるとすれば、開元錄や武周錄に竺佛念譯を以て曇無讖譯と同本別譯となすのも頗る怪しい。果して同本異譯であるならば、其文章の繁簡とか字句の異同とかは固より之あるべきであるが、其の內容の全然異なる筈はなからう。此二譯の全然同本でなかつたことは、此敦煌本を以て現藏本に對照して見れば容易に判る。一體竺佛念の譯は唐代既に佚して居たのであるから、智昇や明佺も其書を見ずして唯經名によつて之を判じたのではなからうか。余輩の想像する所によれば、大雲經の梵本なるものは其卷數頗る浩瀚であつて、竺佛念や曇無讖は唯其一少部分を譯し、而て其譯する所亦彼此必ずしも同じくなかつたのであらう。現藏本曇無讖の譯經を見ると六卷三十七品あるが、每品大雲初分の四字を冠してあるから、其二分三分等は今譯されて居ないが、元と此等諸分の存したことは容易に推測される。尙ほ其內容を檢するに初分中、第一品大衆犍度(卷一及卷二前半)は經の序分である、僅かに六卷の經としては其序文が餘りに長いのみならず第二品三昧犍度第三品陁羅尼犍度から第三十五品正法犍度(卷二後半乃至卷三)に至る迄は、經中に說く法門の名數を列擧するに過ぎぬ、而して第三十六品以下始めて正宗分に入り、第三十六、七の二品(卷四乃至卷六)に說いてある所は、亦唯三昧門だけてある。乃ち此譯經は三十四の法門の中僅かに一門だけを譯したので、他は原本に闕けて居たか、或は之を譯さなかつたか、何れにしても其完本でないことは明了である。所が此敦煌本(卷九)にある所は前にも其梗概を述べた通り、專ら陀羅尼門を說いてある、是れは丁度第三品陁羅尼門と稱するに相應する、して見ると竺佛念の譯する所は、或は第一品から陀羅尼犍度に至つたのかも知れぬ。が併し又古經錄に載する紙數を檢すると、竺佛念の譯が九十、二紙で、曇無讖のが九十紙とある、若し是れが眞であるとすれば、紙數に於て二譯大差ないのである、して見ると竺佛念は中間の諸品(例之へば第二品から三十五品に至る法門の名數の如き)を略して、曇無讖の譯せざる陀羅尼門に迄及んだものかとも思ふ。或は又陀羅尼門なるものが非常に長いものであつたとすれば、此一門のみを詳譯したのかも判らぬ。敦煌本の前數卷が闕けて居るから、今何れとも決定し難いが、兎に角竺佛念は曇無讖の譯しない所を譯して居たものであることだけは疑ないのである、隨つて全然同本異譯ではない。

終りに此寫經の年代に就いて一言しやうと思ふ。前にもいつた如く此寫經の卷末には「歲在水(即ち癸)卯」とあるのみで、其年號は出て居ない。けれども其書體によつて判ずれば北魏人の筆に相違ない、而して稍淸國學部所歲の太安四年の寫經戒緣下卷(明治四十四年六月發行藝文參照)に類するが、本派本願寺の建初七年辛亥寫零本妙法蓮花經卷第一なるものと更らに一層相近いのである。太安四年は宋の李武帝大明二年で、西曆四五八年に當り、西涼の建初七年は東晋安帝の義熙七年、西曆四一一年に相應する。で今北魏の癸卯の歲を考へて見ると、第一が道武帝の天興六年(東晋永始元年、西曆四〇三年)で、其次が文成帝の和平四年(宋孝武帝の大明七年、西曆四六三年)である、次が正光四年(梁の普通四年、西曆五二三年)等となるのであるが、此寫經が太安四年よりも寧ろ建初七年に近いとすれば、之に最も近い癸卯の永與六年に寫されたものといつても差支なからうと思ふ。若し果してそうであるとすれば、此寫經の年代は竺佛念の翻譯と殆んど同時で、之を距ること遲くとも十數年を出でざることは明かてある。是れに由つて之を觀れば其書の貴むべきことは今必らずしも言はぬ、が此經の湮沒する事一千三百年にして復世に顯れたもので實に稀覯の珍と謂はなければならぬ、況んや梵本も既に絕無てあり、西藏藏經中にも之を闕くに於ては尙ほ更らの事てある。（至元法寶勘同總錄卷二、大雲無想經の下には「此經蕃本闕」とある。）

（未完）

敦煌本大雲經と賢愚經（承前）

松本文三郎

二、賢愚經

賢愚經は古來異本の最も多いものである。明本は元來元本を寫したものであるから、此兩者は殆んど相同じいが、元本と宋本とは違ひ、宋本と麗本とは違ひ、我邦の古寫本亦此等と同じくない、而して今回發見された敦煌本は最も宋本に近いが、又前何れとも全然一ではない、是れが吾人の大に興味を有する點である。唯此敦煌本の僅かに鋸陀身施品の末尾十二行と大光明王品（始め第十六と書き後其上へ濃墨を以て廿八と正してある）及び優波斯那優婆夷品（是れも始め第十七となし後廿九と正してある）の二品とが完全に保存されて居るのみてあるのは吾人の最も遺憾とする所である。

抑も賢愚經に就いては僧佑の出三藏記集（卷二）に

賢愚經十三卷（宋元嘉二十二年出）宋文帝時涼州沙門釋曇學威德於于闐國得此經胡本、於高昌郡譯出、（天安寺釋弘守（一作宗）傳）

とあり、宛も賢愚經なるものが西域地方に於て既に其形を成して存在して居たやうに思はるゝが、其實は決してそうではない。隋以前支那では西域から印度に至る迄皆之を胡と稱して居たのを、唐以後に之を梵と變えたものである。此事に關しては賛寧が其宋高僧傳（卷三）の論中に西土と稱しても其中に胡あり梵あり、各其語言の不同なるを說き、次の如くいつて居る。

胡言梵語者、一在五天竺純梵語二雪山之北是胡、山之南名婆羅國與胡書語不同、……又以此方始從東漢傳譯至于隋朝皆指西天以爲胡國、……彥琮法師……獨明斯致唯徵造錄痛責、……唐有宣公亦同鼓唱、自此若聞彈舌或覩黑容印定呼爲梵僧、雷同認爲梵僧、……旣云西土有梵有胡、何不南北區分。

尙ほ同書には同じい梵語でも地方によつて發音の異なる例として「如梵云鄔波陀耶(Upâdhyâ)疎勒云鶻社、于闐云和尙等」といつて居る。兎に角後世では胡を梵と改めたものであるから、此賢愚經も宛も梵語から直ちに支那に飜譯されたものゝ如くに考えられた、併し是れも明かに誤てある。僧祐の賢愚經記（出三藏記集卷九）は此經成立の因緣を最も善く說明するものである。で其文は少し長いが後に關係する所あるから之を引用して置かう。

河西沙門釋曇學、威德等、凡有八僧、結志遊方遠尋經典、於于闐大寺遇般遮于瑟之會、般遮于瑟者漢言五年一切大衆集也、三歲諸學各弘法寶、說經講律依業而教、學等八僧隨緣分聽、於是競習胡音折以漢義、精思通譯各書所聞、還至高昌乃集爲一部、旣而踰越流沙賓到涼州、于時沙門釋慧朗・・・以爲此經所記源在譬喩、々々所明兼載善惡、善惡相翻則賢愚之分也、前代傳經已多譬喩故因事改名、號曰賢愚焉、元嘉二十二年歳在乙酉始集此經。

而して僧祐は尙ほ其時沙彌として親しく此經の編成を目覩した釋弘宗なるものに就き七十年後に聽いたから、之を標諜して此記を作り後學に示すのであるといつて居る。此記によつて見ると、此經は曇學等八人の僧が于闐地方に於ける諸種高僧の說法を聽き、之を譯し高昌へ來つてから各譯した所を集め一部となし、涼州に歸つて後釋慧朗なる僧の內容によつて賢愚經と題したものであることは疑ない。乃ち于闐に於て賢愚經なる一部の經のあつたのではなく、又梵語から譯したのでもなくして、其話は印度から傳はつたにしても、于闐語から支那に重譯したことも明かである現藏本に於ては後世の誤寫も頗る多いのであるが、此重譯であるといふことが抑も此經中に現はるゝ梵語の比較的多く原音を遠つて居る所以ではなからうか。吾人は此經に於て梵語の著しく其語尾に變化を受け居ることを認めるのである。今其一二の例を擧げると、Upagupta (Pâli. Upagutta) の優波毱提、Vajraskandha (Vajirakhanda) の罰闍建提、Kapila の迦毗梨、Śukra (Sukka) の叔離 Śârdûla-karṇa の設頭羅健寧に於けるが如く、語尾の a は皆 i 又は e に變つて居る。又語の中間の子音若くは母音の略せられたものも少くない、例之へは puṣpa (puppha) の弗波、Ârya-mitra (Ariya-mitta) の阿梨蜜羅、Pâṭaliputra の波梨弗多羅等に於けるが如くである。其外 pra の波となり、bra の婆となるやうなことは極めて普通で、Candra (canda) は旃陀、prabhâ (pabhâ) は婆波の誤字脾、brahma は婆羅、bhadra (bhadda) は䩭陀提等の如く皆俗語の形に近いのである。尚ほ梵語にはない語尾が新に附加されたか、或は梵語々尾の略されたか明かならぬものがある、富那奇は滿願と譯してあるが、Pûrṇa (Puṇṇa) の譯とすれば奇の音が多い、又檀膩䩭も西藏譯にあるやうに Daṇḍin とすれば䩭の音の餘分に存することゝなる。が併し奇若くは䩭は ka の音を寫して居るから富那奇は Pûrṇaka 檀膩䩭は Daṇḍika の譯であつたと信ずる。何れにするも此經に於ける梵音の訛略の多いことは著しい事實である、其れは實に賛寧の「路由胡國或帶胡言」もので、必らずしも翻譯者の失のみではなからう。

尚ほ序ながら僧祐の經記に顯はれて居る般遮于瑟のことに就いて一言して置きたいと思ふ。般遮于瑟とは玄應の音義(卷十八)によると

般闍于瑟或作般遮于瑟皆訛略也、應言般遮跋利沙、又言般遮婆栗史迦 (Pañca-varṣa 又 Pañca-vârṣikâ) 于瑟の音は寧ろ後者の俗語の形 P.-vassika を寫したものであらうと思ふ、法顯の佛國記には般遮越師とある、越と于とは今音甚だ相違するが、越も昔は vas 若くは van の音に近かつたものと見え、賢愚經の中にも Suvaṇṇa (Suvarṇa-deva) を修越那提婆と音譯してある」般遮此云五、婆栗史迦此云年、謂五年一大會也、佛去世一百

年後阿輸迦王設此會也、自茲已後執見不同、五師競分、遂分成五部或十八部也。

斯く般遮于瑟とは五年毎に開く大法會で、其時の供養は甚だ盛なるものであつたと見え、此賢愚經の中（卷五）にも

時王臣民多設供養作般遮于瑟

といひ、阿毗曇毗婆沙論（卷十四）にも

設施長齋般闍于瑟因講經法會等、以種々飮食充足多人

とある。尙ほ法會の詳しい記事は佛國記に出て居る。

會（五年大會）時請四方沙門皆來雲集、集已莊嚴衆僧坐處、懸繒幡蓋作金銀蓮華著僧座後、鋪淨坐具、王及群臣如法供養、或一月二月或三月多在春時、王作會已復勸諸群臣設供養、或一日二日三日五日乃至七日、供養都畢、王以所乘馬鞍勒自副使國中貴重臣騎之、幷諸白氎種々珍寶沙門所須之物共諸群臣發願布施衆僧、布施衆僧已還從僧贖。

其盛況は之を以て概見することが出來る。玄應が佛滅一百年の後（是れは古來東洋史家に普通な誤で、二百年若くは二百五十年の後てあることは論ずる迄もない）阿輸迦王が之を始めたといふのは、王の所謂カリンガ別敕第一に出て居るが、併し王の敕文によると王城に住するものゝ爲めには每五年に集會を行じ、教法を講ぜしむるが、副王の住處、即ち優禪尼やタキシラに於ては每三年に行ずべきことゝなつて居る。

尙ほ十誦律（卷五）には

若有般闍婆瑟會五歳會也若有沙婆婆瑟會六歳會也 若二月會若入含會、我此一月中會當能集成是衣下畧

といふ文がある、して見ると六歳會なるものもあつたものと考へられる、或は三歳會なるものは餘り時期が短いから、後世では王城に行はれた五歳會を取つたり、又三歳會を二回づゝ合して六歳會なるものを行じて居たのかも知れぬ。が五歳會のみが屢後世の經論に顯はれて居るのを以て考ふれば、或は是れが後世永く行はれたものかとも思ふ。

兎に角般遮于瑟は一國の大法會であり、諸方の高僧が集まり來つて各其得意の經論を講じたのである、而して于闐は人の知る如く支那大乘敎の本源地であり、大乘敎の最も盛な處であつたから、斯かる一國の大法會の節には、必らず甚深の大乘經論でも講じたかとも考へられるが、八人の支那僧が共に此賢愚經の如き譚を聞いたとして見れば、于闐の大乘敎も亦唯專門學僧や、特殊の社會の研究した所て、普通一般の人間は、矢張本生譚や譬喩談の如きものを喜んで居たことが判る。是れは實に當時于闐佛敎の一般狀態を想像せしむる好資料を與ふるものである。

扨賢愚經は前にも述べた如く出三藏記集には十三卷とあり、法經錄等も之と同じてあるが歷代三寶記九卷に始めて十五卷となし、內典錄三卷譯經圖紀三卷之に倣ふ。武周刊定目錄七卷及ひ開元錄六卷に至ては或は十五卷、或は十六卷、或は十七卷となし、經名も

亦賢愚因緣經ともいふとある。斯く初め十三卷のものが十五卷となり、十六卷となり遂に十七卷に迄增して來たのは、果して單に分卷の違にするのか、或は其內容が次第に增益された結果であるか、不幸にして古來の經錄には其品數が擧げてないから何れとも判らぬ。併しながら現藏本は決して古代の形其儘を保存して居るものではなからうと思ふ、現藏本(即元明藏)には第十六品大光明王始發道心品麗本西藏本等には闕くと全く同名の一品が再び第四十四品麗藏丹藏共に存すとして編入せられて居る、今其文を檢すると其內容は彼此全然同じてあつて、唯文に廣略の別あるのみである。元來此經は八人の僧の記する所を集めたものではあるが、八人が始から何等の打合なくして譯したものではないから同一の事實を二人が別々に書いたとも思はれぬ、又假令ひ同一の譚を譯したとしても、之を編輯して一部となす時に、全一事實を全一品目の下に重ねて編入する筈もなからう。其何れが原形であるか判らぬが、後人が或は之を修飾增補したか、或は之を削略簡潔にしたもの〻あつたのを、廣略共に併せ採り、現藏本を成したのてあらう。是れは偶全一內容であるが故に容易に人の注意を引くのであるが其他の品に至つて必らずしも後人の增補削略がないとは斷言出來ない。特に武周目錄卷七には此經の全紙數を計算し三百七十五紙と錄してあるに、僅かに三十餘年の後に出來た開元錄卷廿には二百八十三紙貞元釋敎錄卷三十亦同となし、其間約百紙の差違を生じて居る。同本に於て一百餘紙の差違は到底あり得べからざることとてある。此經の出來た元嘉廿二年(西曆四四五年)から開元錄の成つた開元十八年(西曆七三〇年)に至る迄には既に約三百年の星霜を經て居るのであるから、其廣略異本の現はれたことも必らずしも怪しむに足らぬ。(或は武周開元二錄に於ける紙數の二百或は三百といふ二が三の誤か、三が二の誤かであらうかとも思ふが、是れは單に想像であつて何等據る所はない。)且つ此經の品數幷びに其排列の順序は元藏と之を寫した明藏とが全く相同じい外、諸藏本何れも大に相異つて居るのを以て見ても、吾人は其同本たることを斷言し得ないのである。今之を表に列すると次の如くである。各品排列の順序は且らく宋本による、宋本が最も此經の原形に近いものと考へるからである。麗本には規則正しく各品の初には如是我聞等の句を措き終にも亦た稽首奉行とか歡喜奉行とかの字を以て結び、勉めて經の體裁を具備させてあるが、宋本には或は之があつたり又無かつたりする。是れは悉く後人の附加した所か、或は八人の僧の書いたものであるから始から或人は之を書き、或人は之を書かず、體裁の必らずしも一致しなかつたものかも判らぬ。敦煌本の今回發見された部分には之を闕いて居るが、此部分は宋本にも無い所であるから、敦煌本には各品皆此等首尾の句がなかつたとは斷言出來ない、恐らく宋本と全じく有無不定であつたのであらう。

賢愚經品目	丹本	麗本	宋本	元明本	西藏本	蒙古本	注意
梵天請法六事麗本	一品	一品	一品	一品	一品	一品	宋元明藏作雜譬喩
摩訶薩埵以身施虎	二	二	二	二	二	二	
二梵志受齋	三	三	三	三	三	三	
波羅㮈人身貿供養	四	四	四	四	四	四	
海神難問船人	五	五	五	五	五	五	
恒伽達	六	六	六	六	六	六	
須闍提	七	七	七	七	—	七	
波斯匿王女金剛	八	八	八	八	七	八	
金財	九	九	九	九	八	九	
華天	一〇	一〇	一〇	一〇	九	一〇	
寶天	一一	一一	一一	一一	一〇	一一	
羼提波梨	一二	一二	一二	一二	一一	一二	同梨作羅
慈力王血施	一三	一三	一三	一三	一二	一三	
降六師	一四	一四	一四	一四	一三	一四	
鋸陀身施	一五	一五	一五	一五	一四	一五	
大光明王始發道心	—	—	一六	一六	—	一四	
摩訶斯那優婆夷	—	三一	一七	一七	—	—	摩訶敦煌本作優波
出家功德尸利苾提	三三	三二	一八	一八	一五	一六	

沙彌守戒自殺	三四	二三	一九	一九	一六	一七
長者無耳目舌	三五	二四	二〇	二〇	一七	一八
貧人夫婦疊施得現報	三六	二五	二一	二一	一八	一九
迦旃延教老母賣貧	三七	二六	二二	二二	一九	二〇
金人	二五	二七	二三	二三	二〇	二一
重姓	二六	二八	二四	二四	二一	二二
散檀寧	二七	二九	二五	二五	三四	三五
月光王頭施	二八	三〇	二六	二六	二二	二三
快目王眼施	—	—	二七	二七	三五	三六
五百盲兒往返逐佛	—	—	二八	二八	—	—
富那奇	—	—	二九	二九	—	—
尼提度	—	—	三〇	三〇	—	—
大劫賓寧	一八	三一	三一	三一	二四	二五
微妙比丘尼	一九	一六	三二	三二	二五	二六
梨耆彌七子	二〇	三二	三三	三三	二三	二四
設頭羅健寧	二一	三三	三四	三四	二六	二七
阿輸迦施土	二二	一七	三五	三五	二七	二八
七瓶・金施	一八	二三	三六	三六	二八	二九
差摩現報	二四	一九	三七	三七	二九	三〇

	丹	麗	宋	元明	西藏	蒙
盗事因線	三八	三四	三八	三八	—	—
大施抒海	三九	三五	三九	三九	三〇	三一
阿難總持	四三	三八	四〇	四〇	—	—
優婆斯兄所殺	四四	三九	四一	四一	—	—
兒誤殺父	四五	四〇	四二	四二	—	—
須達起精舍	四六	四一	四三	四三	—	—
大光明始發無上心	四七	四二	—	四四	—	—
勒那闍耶	四八	四三	—	四五	—	—
迦毘梨百頭	四九	四四	—	四六	—	—
淨居天請洗浴	—	三六	—	四七	—	—
摩訶金奴	—	—	四八	四八	三一	三二
善求惡求	—	—	四九	四九	三二	三三
善事太子入海	四二	三七	五〇	五〇	三三	三四
無惱指鬘	五一	四五	五五	五一	三六	三七
檀膩䩭	五二	四六	五二	五二	三九	四〇
貧女難陀	五三	二〇	五三	五三	三七	三八
師質子摩頭羅瑟質	五四	四七	五四	五四	四〇	四一
檀彌離	五五	四八	五五	五五	四一	四二

請洗浴麗本作請佛洗

瑟質麗本作世質

象護	五六	四九	五六	五六	四二	四三
波婆梨	五七	五〇	五七	五七	—	—
二鸚鵡聞四諦	五八	五一	五八	五八	—	—
鳥聞比丘説法生天	五九	五二	五九	五九	—	—
五百雁聞佛法生天	六〇	五三	六〇	六〇	四八	四九
堅誓師子	六一	五四	六一	六一	四九	五〇
梵志施佛納衣得授記	六二	五五	六二	六二	四三	四四
佛始起慈	六三	五六	六三	六三	四四	四五
頂生王	六四	五七	六四	六四	四五	四六
蘇曼女十子	六五	五八	六五	六五	四六	四七
婆世躓	六六	五九	六六	六六	三八	三九
優波毱提	六七	六〇	六七	六七	四七	四八
注水中蟲	六八	六一	六八	六八	五〇	五一
沙彌均提	六九	六二	六九	六九	五一	五二
現在品數	六〇	六二	六五	六九	五一	五二

慈麗本作慈心

此表は縮刷藏經(宿九)の賢愚經とSchmidtの*dSais-blun*とに據る。中に就き丹本は今見るべからざるのであるが、麗藏再刻の時には之を以て校正したので、舊麗本にあつて丹本に缺いたものは特に之を注意し、舊麗本になく丹本にあるものは守其等の校正別錄によつて見るが如く、必らず之を補ふたものであるのに、此經に於ては何等補ふ所のないのを以て推測すると、麗本に無かつた所は丹本にも同じく闕けて居たことは明てある。此外尚ほ我邦の帝室、前田侯、井上侯等に襲藏せられ、普通聖武天皇宸翰と稱する賢愚經なるものがある、余輩は不幸にして未だ其全部を一覽するの機會を得ないが、書苑第三號及び第六號に掲ぐる所によつて見ると、出家功德尸利苾提緣品が第十八となり、宋元明本と同じてあるが、勒那闍耶品(元明藏本の第四十五)は第四十一となつて居る、恐らく其他の部分に於ても大に相異なるものがあるのてあらう、而して此四十一の數は現に知られ得る何れの本とも同じくない。更らに彼敦煌本に於て大光明以下二品が廿八、廿九となつて居るのも又他の異本てあつたに相違ない。

尚ほ上の表を研究すると、宋本と丹本とは比較的各品の排列に於て一致する所がある、而して丹本は九品を闕き、宋本は四品を闕いて居るに關はらず、全品六十九の數を其儘に保存する所を以て見ると、少くとも唐宋間に於ける賢愚經の完全なるものは六十九品あつたのてあらうと思ふ。而して其始と終とは能く保存されて居たのてあるが、元明藏に於ける四十四から四十九に至る六品は、比較的古く散佚したものと見え、丹本には其中の三品を闕き、麗本には二本、宋本には四品を佚し、而して番蒙本には尚ほ四十品以下八品を闕いて居る。或は丹本以前既に、四十四、五、六(丹本の四十七以下三品)の諸品も失はれたにより、何人か其摘要の如きものを以て之を補ふたのではなからうか、此三品は何れも文章が短かく、且つ大光明品の如きは前にもいつた通り宋本の十品の梗概に過ぎないのである、次に其最も散亂したのは宋本の二十七から三十に至る四品である、此四品は丹本にも麗本にもなく蕃蒙にも又其中の三品を闕いて居る。第三に散佚した處は丁度今回敦煌から發見された部分で、宋本の十六、十七の二品である、丹本には此二品共になく、麗本には一品のみ存し、蕃蒙亦此兩者を闕いて居る。是れに由つて之を觀ると賢愚經なるものは古くから一部分散佚し、(而して古代には各品の順次を數字によつて顯はしてなかつたものかとも思はるゝにより)其排列の順序が色々と變つて來たものらしい。尙ほ世人は一般に蕃蒙の賢愚經を以て支那譯から撰擇して譯したものとして居るが、是れも恐らく事實ではなからう。西藏譯の據つた支那本文は其文字に於ても頗る誤の多いものである(一九〇一年發行英蘭亞細亞協會雜誌高楠敎授の「賢愚經」)から、甚だ不完全な本であつたに相違ない、而して其闕く所は大抵丹本麗本宋本等にも散佚して居る所なるを考ふれば、思半ばに過ぐるであらう。

敦煌本は、其文字の異同等を比較して見ても麗本よりも寧ろ宋本に多く似て居る其始め寫した品題の數字も全然宋本と同じであつて、麗本とは違ふが併し全く宋本と同じくはない、例へば宋本には品題の摩訶斯那とあるのを敦煌本には優波斯那と特に變えてあり、又宋本には大光明王始發道心品とあるのを敦煌本ては單に大光明王品としてある。即ち宋本に最も近い異本であつたことは疑ない、而して敦煌本が其品題の數字を塗抹して十六を廿八、に十七を廿九に改めたのは、又他の異本によつたものと思ふ。要するに此敦煌本賢愚經は其本文に於て吾人を啓發すること殆どないが、從來まだ知られざる異本であることて於て吾人の多少注意に價するものである。

附記　賢愚經の支那西藏兩譯比較に就いては、千九百一年七月發行の Journal of the Royal Asiatic Society of Great Britain and Ireland 掲載、高楠敎授の Tales of the Wise and the Fool の一編があり、又本編所論の敦煌本賢愚經に關しては東洋學報第三號に妻木直良氏の「燉煌石室五種佛典の解說」がある。共に有益な論文であるが、余輩の說は又此等二氏と多少違つて居る點もあるから讀者は彼二篇をも併せ參照せられたい。

（完）

六祖壇經の書志學的研究

松本文三郎（1869—1944）

《禪學研究》17、18，1932

六祖壇經の書志學的研究（上）

松本文三郎

一　壇經の諸本

支那禪宗の第六祖慧能大師の作として傳へらるゝ法寶壇經には古來諸種の異本があり、時代によつて次第に變化し、其文字内容に少からざる異同を生じたらしいといふことは、斯經研究者の均しく認むる所である。現時主として行はるゝ所の壇經は、明藏本に据るものである。しかし明本といつても必らずしも悉くが同一ではなかつたらしい。現行本は人の知る如く、本文を行由・般若・疑問定慧・坐禪・懺悔・機緣・頓漸・宣詔・附屬の十章に分ち、初に至元二十七年庚寅歲、古筠比丘德異撰の六祖大師法寶壇經序一篇と次に宋の明敎大師契嵩撰の六祖大師法寶壇經贊一篇とを載し、經末には附錄として六祖大師緣起外紀と題し、門人法海等集と署し、始めに六祖の傳記（全唐文には之を以て法海の六祖壇經略序とする）一篇と、次に歷朝崇奉事蹟と題し、唐の憲宗、宋の太宗、仁宗、神宗の大師に對する謚號を授けられた件四條を記し、次に柳宗元の賜謚大鑒禪師碑と劉禹錫の大鑑禪師碑并佛衣銘とを載し、最後に至元辛卯（二十八年）夏南海釋宗寶の跋とを擧げてある。然るに余の藏する寫本にして卷末萬歷甲申(十二年)秋八節日恒照齋書と署する六祖壇經記(四言十六句)を有する本には、本文は前者と其順次內容殆んど全然同一であるが、經の初には德異の序を載し、契嵩の賛はなく、而して前者には經末附錄として掲げた六祖大師緣起外紀の一篇(但此には門人法海等集の六字を削る)と歷朝崇奉事蹟の四條を擧げ、柳宗元や劉禹錫の碑文を除き、前者には佛衣銘の末に付記せる守塔沙門令韜錄と稱する一條のみを直ちに經末に記し、終りに宗寶の跋を載し、次に前記恒照齋の六祖壇經記を記す。此等は些細な變化であり、本經の內容研究に何等裨益する所のないものではあるが、明代に至る迄尙ほ壇經の體裁に於て變異を試みたものゝあることを知り得るのである。

現行本壇經は元の宗寶の改修本であることは其跋によつて秋毫疑を容れぬ。宗寶の跋は現行本の何れにも收載せられて居ることであるから人の皆知る所ではあるが、壇經の書志學的研究には頗る重要なものであるから、今其關係ある部分だけを此に摘錄することゝする。同跋にいふ。

余初入道有感於斯、續見〔壇經〕三本不同、互有得失。其板亦已漫滅、因取其本校讎、訛者正之、略者詳之、復增入弟子請益機緣、庶幾學者得盡曹溪之旨。按察使雲公從龍深造斯道、一日過山房、睹余所編謂得壇經之大全、慨然命工鋟梓、顓為流通、使曹溪一派不至斷絕。

之によつて現行本の由來は最も明了である。而して此跋は前にも一言した如く至元辛卯(二十八年）に作られたものであるから、其改修も之より數年以前に出來たものであらう。所が同前記古筠比丘徳異の序には「至元二十七年庚寅歳中春日叙」とあるから、これは宗寶の跋より一年前に書かれたのである。一年の前後は必らずしも怪しむに足らぬが、宗寶は南海即ち廣東省のものであり、彼の書を得て之を出版したのは、按察使雲公從龍なるものである。然るに徳異の序によれば

徳異幼年嘗見〔壇經〕古本、自後徧求三十餘載、近得通上人尋到全文、遂刊于呉中休々禪庵。

とあり、之を刊行したのは徳異自身であり、又其刊行の地は呉中即ち江蘇の呉縣であつたのである。のみならず彼の刊行した壇經は、彼が幼少より三十餘年徧ねく求めて得なかつた古本である。然らばその本が彼の出版と同時若くは前後して改修せられた宗寶本でなかつたことは、殆んど疑を容れない。況んや宗寶の本は至元二十八年に出版せられ、徳異の本は其前年既に出版せられたに於てをや。して見れば此徳異の序は今の壇經に附せらるべきではなく、全く是れと異本異版の序であつたのである。恐らく明藏を出版する時、此等二本があり、同じく至元二十七、八年前後して作られた序跋であるから、誤つて同一本の序としたか、或は宗寶本が所謂古本に比して完備して居る所から、經本は全く宗寶本に据り、序文だけを採つて之を其初に收載したのであらう。何れにしてもこれは後人を誤らしむるものである。

宗寶の壇經跋に「續見三本不同、互有得失」といふを以て見れば、元時代壇經には少くとも三種の

異本があつたことが判る。三本の如何なるものであつたか、又如何樣に其文字內容に異同があつたかは不幸にして今之を明らかにし得ないが、彼は此等諸本を校讐し、訛るものは之を正し、略なるものは之を詳かにし、復弟子請益機緣を增入し、第四本卽ち現行明藏本をなしたといふ。現行本壇經中機緣第七に載する全部が、彼の自から增補する所でないことは後に之を說くが、兎に角壇經中特に機緣なる一章を設けたことは恐らく彼に始まるのであらう。又彼の增入する所の果して如何なる程度のものであつたかも明らかならぬが、其文字內容に於て少からざる變異をなしたものと思はれ、又之を後に說く興聖寺本や敦煌本に比し、其分段篇章の變化顚倒をも企てたものではなからうかとも思はれる。

又德異の壇經序には、

惜乎壇經爲後人節略太多、不見六祖大全之旨。

とあり、而して彼が幼時に見た古本を三十餘年求めて僅かに之を得て上梓したとある。卽ち彼の古本なるものは可なり文章の長く內容の多いものであり、當時一般に行はれた壇經は比較的甚だ簡單となつて居たものに相違ない。しかし彼の出版する所が今の壇經でないとすれば、法寶の壇經以外頗る增益せられたものゝあつたことを知るべきである。而してそれは或は宋代契嵩の改修本ではなかつたらうか。鐔津文集(卷第十一)に「六祖法寶記敘此郎侍郎作附」なる一篇がある。此にいふ法寶記とは即ち壇經のことである。此法寶記とは明教大師契嵩の編する所であり、此序は郎侍郎なるものゝ作つたのであるが、契嵩の著述に載する所であるから、便宜之を契嵩文集の中に編入したのである。叙末にいふ。

六祖之説余素敬之、患其爲俗所增損、而文字鄙俚繁雜殆不可考、會沙門契嵩作壇經贊、因謂嵩師曰、若能正之、吾爲出財模印、以廣其傳、更二載嵩果得曹溪古本校之、勒成三卷、燦然皆六祖之言、不復謬妄、乃命工鏤板、以集其勝事。至和三年三月十九日序

即ち契嵩は現行本壇經に收載する壇贊を作つた後二年、宋の至和三年（西暦一〇五六年）德異の壇經出版の元の至元二十七年（西暦一二九〇年）に先だつ二百三十餘年、三卷本の壇經を編成したのである。此三卷本の壇經なるものも今傳はらぬのであるから、其內容の如何は勿論判らぬが、これは恐らく法寶の所謂三本中の一であつたのであらう。而して壇經を三卷に分つたとすれば、假令ひ其各卷は短いものであつたとしても、全體としては可なりに廣繁にして、壇經中最も詳細なるものであつたらうかと思はれる。德異が「壇經爲後人節略太多、不見六祖大全之旨」といふのは固より誤で、古本の簡にして其詳細なるは寧ろ後人の之を增益した所であることは、此等諸本の比較研究によつて明らかに證し得らるゝのであるが、兎に角彼が簡單なるものを以て滿足せず、詳細なるものを求めて之を出版したとすれば、或は此三卷本を出版したのではなからうか。此三卷本も其初めて出版

せられてから約二百三四十年を經過して居たので、其版も漫滅し多く世に傳はらなかつたに相違ない。勿論此德異の新たに壇經を上梓したのは宗寶の改修と殆んど同時であつたから、宗寶も未だ之を見るに至らず、彼は其古版本を見たので「其板亦已漫滅」といつたのかも知れぬ。是れによつて之を考ふれば、德異の所謂古本とは增益せられた宋の契嵩本を指すものであつたかとも思はれる。

併しながら後記興聖寺本壇經の卷首に載する宋の紹興二十三年晁子健の序には、

我六祖大師、廣爲學徒直說見性法門、惣令自悟成佛、目曰壇經、流傳後學、古本文繁、披覽之徒、初忻後厭、余以太歲丁卯月在蕤賓二十三日辛亥、於思迎塔院、分爲兩卷凡十一門

とあり、此には古本の文繁なるを厭ひ、之を節略し二卷となしたといふ。紹興二十三年（西曆一一五三年）は前の契嵩の三卷本の成れる後約一百年であるから、此の古本とは即ち契嵩の三卷本を指したものゝやうにも考へらるゝ。しかし興聖寺本では其六祖壇經序と題した次の行には、

依眞小師邕州羅秀山惠進禪院沙門惠昕述

とある。之によると惠昕なるものが此序を作つたやうにも思はれるが、序文の終には明らかに

紹興二十三年六月二十日右奉議郎權通判蘄州軍州事晁子健記

とあり、其序文の內容からしても晁子健の作であることは疑ない。然らば此の「惠昕述」とは何を意義するかといふに、恐らくこれは六祖壇經を編述したといふことを意義するのであらう。又斯く解

釋するより外に方法はなからうと思ふ。現行本壇經にも其初には風幡報恩光孝禪寺住持嗣祖比丘宗寶編とある。彼亦之と同様なのであらう。所が此二巻本の壇經は序文によれば、晁子健の七世の祖父文元公なるものゝ觀た寫本によつたものといふ。（其文は後に引く。）文元公は眞宗前後の人であるから、契嵩の改修より少くも五六十年以前であり、三巻本は彼の未だ知らざる所である。而して文元公の見た壇經なるものが、卽ち惠昕の編述した所であり、子健の「文繁にして學者の初は忻び後には厭ふ」となしたものであらう。若し果して然りとすれば其程度は判らぬが、契嵩の改修以前既に頗る增益改修せられた壇經なるものゝあつたことが判り、壇經は唐より元朝に至る間、幾多の變遷を經、其異本亦啻に二三に止まらなかつたのである。尙ほ序にいふ契嵩の三巻本は、序に六祖法寶記とある所を以て見ると、壇經といはずして法寶記と稱したのではなからうか。而るに子健の二巻本には六祖壇經といふ。愈々以て其原本の同一ならざることが判る。

壇經には唐以來既に諸種の異本があり、中には頗る庸陋無識の徒の改竄增補したものもあつたらしいので、古から壇經に就いては學者の間に之を非議するものも少くなかつたやうである。前掲法寶記叙の中にも「俗の爲めに增損せられ、文字鄙俚繁雜、殆んど考ふべからず」とまでいはれて居る。是れが後人の文字を顚倒修正し、其篇章までも改め按排するに至つた所以でもあらう。元の至正八年、卽ち日本の貞和四年を以て我邦に來た竺仙梵仙の如きも、次の如くいつた。（續叢林公論曹溪大師別傳祖芳の後序所引による。）

六祖初於市邸、聞客誦金剛經、至應無所住而生其心、豁然開悟、遂乃求謁黄梅、此乃古本壇經所載、由緒宛然、蒙於十七八歳時獲見之、今悉無有、其自與黄梅相見、至和秀禪師偈等語、皆是妙悟性元、深達法本、異出天然、非凡庸未悟所能道者、今壇經謂五祖以袈裟遮圍、不令人見、爲説金剛經、恰至應無所住而生其心、言下便悟、蒙謂此乃六祖之下、鄙俚之徒、改竄造作之語、而加恰至二字、原其鄙意、即謂親從其師、言下而悟、親得其法、乃紹六祖位也、殊不知具無師智自然智、自得自悟、方堪傳授。

又いふ。

以袈裟遮圍不令人見、其袈裟乃有神通、人之不能見歟、否則但是踏襲世尊於多子塔前、命迦葉以僧伽梨圍之語耳、忠國師云、把他壇經改換、添糅鄙談、削除聖意、惑亂後徒。

壇經が後人によつて改竄せられたことは疑を容れないが、梵仙の幼時に見た古本とは、果して如何なるものであつたか。六祖が、初め客の金剛經を讀むを聞き豁然開悟したことは現存何れの本にも存し、黄梅に至り再び金剛經を聞き言下に悟つたことも亦同様である。但袈裟を以て遮圍し人をして見せしめずとの語は、與聖寺本にも存するが、敦煌本にはない。梵仙は元末の人である。果して敦煌本を見たとなすべきであらうか。若し彼の記憶の誤でないとすれば、此等諸本以外尚は敦煌本に近い一本があつたのではなからうか。但敦煌本にあつても斯く前後二回金剛經のことは出て居るが、何れにも經の應無所住而生其心の句は擧げてないのである。尙ほ序に一言すべきは曹溪大師別傳では、何處にも金剛經を聞き開悟したとはない。而して六祖が樂昌縣の西石窟の遠禪師なるものに就き禪を學び、更らに惠紀禪師が投陀經を誦するを聞き之に感じ黄梅に行つたこと、なつて居る。投陀經なる經典が果してあつたかどうかは知らぬが、兎に角別傳と壇經とは全然其趣を異にして居る。勿論後世の壇經が別傳より取る所も少くない。而して別傳は其中に

先天二年壬子歲〔六祖〕滅度至唐建中二年計當七十一年（實は六十八年）

とある所から、建中二年に作られたものと認められ、六祖の傳記としては頗る古く信用するに足るものと思はれ、祖芳も

謂壇經古本湮滅已久、世流布本宋後編修、諸傳亦非當時撰、唯此傳「曹溪別傳」去大師謝世不遠、可謂實錄也、而與諸傳及壇經異也。

といふ。後世の諸傳や壇經と異なることは事實であるが、果してこれが實傳と稱すに足るや否は大に疑はしい。最近胡適氏は別傳は大體王維の能禪師碑や乃至は神會の顯宗記の文により僞作した所ありといひ、其年代の記述に至つては八誤を擧げ、

曹溪大師別傳、實在是一個無識陋僧妄作的一部僞書、其書本身毫無歷史價値、而有許多荒謬的錯

誤と述べ又重ねて

總之別傳的作者、是一個無學問的陋僧、他閉門虛造曹溪大師的故事、裝上許多年月、儼然像一部有根據的傳記了。可惜他設有最淺近的算學知識、下筆便錯、處々露出作僞的痕迹。

とまでいつて居る。(國立武漢大學文哲季刊第一卷第一號跋曹溪大師別傳)胡氏の論も餘りに極端なやうであり、果して別傳の全部が僞作であるか否かは尙ほ考慮を要するのであるが、其年代數字の記述の誤れるは掩ふべからざる事實である。而して壇經の記述と異なる所も果して何れを取るべきかは容易に決し難いのである。但吾人は此書あるによつて六祖滅後六七十年、建中前後に於て斯かる傳說の存したことを知り得るのは、六祖の傳記研究上尠なからざる興味を感ずるのである。

之を要するに六祖壇經は明以後法寶本のみが六祖の大全を得たものと見做され、專ら世に流行したが爲め、宋以前の古本は悉く湮滅し、壇經の本文が如何に變遷し來つたかの歷史は甚だ明了を缺き、其原形の如きは唯暗中模索するに過ぎなかつたのである。然るに最近に至り二種の壇經異本が發見せられ壇經史上に少からざる光明を與ふるのは、壇經研究者に取つては實に一大慶事といはなければならぬ。其一は興聖寺本壇經であり、其二は敦煌本壇經である。以下少しく之に就いて述べやう。

附　記

前掲胡適氏の「跋曹溪大師別傳」に於ける數字計算上の八誤とは、大要次の如くである。《一》傳には惠能は先天二年（七一三）年七十六を以て沒したといふ。で咸享五年（六七四）は慧能三十七歲でなければならぬが、傳には三十有四とする。《二》又咸享元年は三十三歲なるべきに、傳には三十となす。《三》神龍元年には高宗巳に崩じて二十二年なるに、傳には高宗の敕がある。《四》神龍三年には武后巳に沒して二年なるに、傳中仍ほ高宗の敕がある。《五》先天二年より建中二年に至る迄は六十八年なるべきに、傳には七十一年となす。《六》傳には先天二年上足弟子行滔所傳の衣を守り、三十五年を經て韋據、大師の碑を立つ、後武平一開元七年に之を磨却し自から武平一の文を著くとあるが、先天二年は卽ち開元元年であるから、それより開元七年までは只六年であつて、三十五年を經過すべき筈はない。《七》傳には前に上元二年行滔が六祖の袈裟を奉じて上都に赴くことがあり、次に乾元二年に行滔病を以て辭し、上足惠象等が入內することを說く。乾元は上元の前にあり、今先後倒置す。此上元二年は乾元元年の誤なるべし。《八》弘忍の沒するは咸享五年、此年慧能は三十七歲、別傳に三十四歲となすは固より誤であるが、傳には慧能は咸享五年、三十四歲傳衣得法、儀鳳元年三十九歲剃髮受戒といふ。而も咸享五年から儀鳳五年までは中間只兩年である。何ぞ五歲の相違あらん。

別傳の著者が斯かる明白なる誤をなしたのは果して何故であるか判らぬ。併し誤は兎に角誤である。但胡適氏の說に於ても吾人の尙ほ大に考慮を要する點がある。氏は六祖法寶記叙に契嵩が古本を得て之を校し勒して三卷となしたといふ古本を以て、直ちに別傳のことゝなし、

契嵩居抗州、也在浙中、他所得的「曹溪古本」大概卽是這部曹溪大師別傳

といひ、而して其理由として

故有七十年的懸記

と斷して居るが、これは大に疑を容るべきである。後世壇經中には別傳から編入した文字も少くないが、壇經と別傳とは固より異なつて居る。又壇經を校正改修するに當り別傳をも參照したであらうが、曹溪古本とは文字曖昧であつて、壇經の古本か別傳の古本か明らかならぬのである。又七十年の懸記（即ち六祖滅後七十年二菩薩東方より來り、吾宗を興隆すとの懸記）は恐らく本とは別傳より取つたものであらうが、契嵩が始めて挿入したか否は疑はしい。現明藏本の文は別傳と多少異にして、景德傳統錄と全然同一である。

曹溪別傳	景德傳統錄	明藏本壇經
我滅度七十年後有東來菩薩、一在家菩薩、修造寺舍、二出家菩薩、重建我敎。	又云、吾去七十年、有二菩薩從東方來、一在家、一出家、同時興化建立吾宗、締緝伽藍、昌隆法嗣。	又云、吾去七十年、有二菩薩從東方來、一出家一在家同時興化建立吾宗、締緝伽藍、昌隆法嗣。

而して景德傳統錄の此文は景德元年に書かれたものである。（同書卷五、慧能傳の中には「大師自唐先天二年癸丑入滅、至今景德元年甲辰歲、凡二百九十二年矣」の句がある。）景德元年（一〇〇四年）は契嵩三卷本の壇經を改修した至和三年（一〇五六年）より約五十年以前である。三卷本中にも此と同一文句があつたかも知れぬが、若しあつたとすれば、それは直接別傳から取つたのではなく、寧ろ近く景德傳統錄から取つたものといはなければならぬ。

以上の理由によつて胡適氏が「明藏本的祖本、是北宋契嵩的改本」と斷じたのは、大に疑を容るべきである。且つ明藏本即ち元の法寶本の著者は古本を得て之を校讐し「訛者正之、略者詳之」といふのみで、古本を刪除したことは一言も述べて居らぬ。

契嵩本は三巻であり、古來壇經の最も浩瀚なるものと思はるゝが、明藏本は唯一巻であるから、其親本が三巻本であつたとすれば、増補よりも削除の方は主となるべき筈であらう。彼は壇經の大全を得んと欲したのであるから、三巻本に据つたとすれば、之を斯く節略することもなからうかと思ふ。要するに明藏本の祖本が何れの本であつたかに就いては多少の疑問がある。余輩は寧ろ其底本の次に述ぶる興聖寺本であつたのではなからうかと思ふ。興聖寺本には前記七十年の懸記は顯はれて居ないが、是れは寧ろ景德傳統錄によつて補つたものと考ふべきである。

尚ほ少しく餘談に渉るが序に一言して置くべきは胡適氏が現存曹溪大師別傳入由來に對する誤解である。別傳の巻尾に「貞元十九、二月十九日畢」「天臺　最澄封」の二行の識語がある。然るに最澄の入唐は貞元二十年であり、其年九月始めて天臺に往つたのである。如何にして貞元十九云々の題記があるのであらう。又此別傳は傳教將來錄中の越州錄に載せられ、而して越州錄は貞元二十一年越州に在り抄寫した所であるから、更らに天臺最澄の題記あるべからざる筈であるといひ、氏は之を次の如く解釋して居る。

惣祖芳之跋非有心作僞、按臺州錄之末有題記、年月爲「大唐貞元二十一年歲次乙酉二月朔辛丑拾〇玖日乙未、」大概祖芳一時記臆有誤、因「二月十九日」而誤寫二十一年爲「十九年、」又誤記「天臺」二字、遂使人生疑了。

これは要するに胡氏が祖芳の刻本を見ざるが爲め、斯かる附會な解釋をなしたに外ならぬ。貞元十九云々の文字は決して祖芳の誤寫ではなく、明らかに卷末に存すのである。臺州錄末の識語にある二月十九日の文字によつて貞元十九年と誤寫したといふが如きは、餘りに穿鑿に過ぎ、寧ろ滑稽を感ぜしむるものである。別傳は胡氏もいふ如く越州錄に載せらるゝのであつて、臺州錄にあるのではない。何んぞ臺州錄の識語を誤り取らん。況んや其十九日を十九年と誤るべき筈はない。別傳末に貞元十九とあるのは、言ふ迄もなく傳教の天臺に至る以前である。而して彼は其錄の終に識して「今年進越府、二僧八五部灌頂壇、又抄取念誦法門、前後都惣二百三十部四百六十卷也」といふが、其將來する所は必らずしも彼若くは義眞の手寫する所のみではなく、當時手寫の本があり、購得らるゝものあらば之を購ひ、又他人より寄與せらるゝものもあつたであらう。此等は何れも將來錄中に收載せられたのである。これは何人の將來錄にあつても同樣である。乃ち此別傳の貞元十九云々の識語の存するは、即ち彼の渡唐以前の抄寫本を偶々購得たか又は寄與せられたのである。

二　興聖寺本と敦煌本壇經

興聖寺本六祖壇經とは京都興聖寺に藏せらるゝ古版本壇經であつて、今方冊本となつて居るが、元より方冊であつたか卷子であつたか明らかでない。其版式や字體を熟視するに、これは本と宋版本を其儘五山時代我邦に於て覆刻したものたることは疑を容れぬ。而して宋本の各頁七行づゝの折帖式のものであつた痕迹が其儘に殘り七行毎に行と行との間少しく幅廣き空處を存し、原本一紙の終の處に「六祖上」又は「下」と刻し、其下に一、二等紙數を記す。此本は上下二卷に分れて居るが、紙數は全部を通じ十五紙（上卷は七紙十四行、下卷は約八紙）一紙四十二行、行二十二字。今方冊本として上卷は十五葉、下卷は十九葉、各葉二十行となつて居る。今序文の二葉と下卷の第二葉とが缺けて居るが、序文だけは之を補寫してある。此書の終には左の識語が墨書せられてある。

慶長四年五月上中旬初拜誦此經伺南宗奥義了次爲新學加朱點而已

了　然　誌　之

又別行に

慶長八年三月朔日至八日一遍拜讀之次加和點了　　記者同前

此にいふ了然とは現興聖寺主日種讓山老師の言によれば、興聖寺の開山圓耳のことであるといふ。圓耳字は虛應、始め日蓮宗に出家し、後に禪宗に歸し、慶長八年興聖寺を創建し、元和五年、歲六十一を以て入寂した人である。で此本は圓耳の興聖寺を創むる以前から有して居た手澤本であつたのである。而してその缺けた序文の補寫も亦此圓耳自身の筆であるといふ。版本その物にあつては其出版の年月や寺院又は書肆の名を記してない。此本は、その原宋版は言を俟たず、其覆刻本も今世に殆んど見るを得ないのであるが、其序文の補寫せられ居る所から考ふれば、慶長前後に尚ほ何れかの寺院に之を藏するものがあつたのであらう。

興聖寺本壇經は現明藏本に比しては文字の異同甚だ多いのみならず、篇章の配置に至るまで頗る相違する所がある。要するに明藏本は中には節略する所もあるが大體に於て文章も長くなり、事實も增補せられ、全部を通じ大に整理せられたものであることは明らかである。だから興聖寺本は二卷に分たれては居るが、實は明藏本の方が遙かに長くなつて居る譯である。而して興聖寺本の由來に就いては、前揭晁子健の序文が委細を悉くして居るから今之を左に引用して置かう。先づ始めには六祖壇經序と題し、次の行に前に述べた如く、依眞小師邕劦羅秀山惠進禪院沙門惠昕述と署し、次の行から序の文が始まり、先づ見性の功德を說き、それから前に引用した六祖が壇經を說き後學に流傳して居るが、其文繁なるにより今分つて二卷十一門となすことを述べ、それから此書の由來を說き次の如くいふ。

子健被旨入蜀、回至荊南、於族叔公祖位、見七世祖文元公所觀寫本六祖壇經、其後題云時年八十一、第十六次看過、以至點句標題、手澤具存、公歷事太宗、眞宗、仁宗三朝、引年七十、累章求解、梵戩以太子少保致仕、享年八十四、道德文章具載國史。

次に文之公と壇經との關係を說き、公弱冠の時高士劉惟一なるものを訪ひ、問ふに死生のことを以てした所が、劉は身體は滅するも心性は不滅なるを說いた。爾來意を禪觀に留め、老へて愈篤かつた。公は平生學ぶ所三敎俱に通じたが、晚年尙ほ壇經を看、孜々として倦まなかつた。

子健來佐蘄春郎、遇太守高公、世臾篤信好佛、一日語及先文元公所觀壇經、欣然曰、此乃六祖傳衣之地、是經安可闕乎、乃用其句讀、鏤版刊行、以廣其傳。

といひ、而して終りには前に述べた如く

紹興二十三年六月二十日右奉議郎權通判蘄州軍州事晁子健謹記

とある。此前文に「古本文繁披覽之徒初忻後厭、余以太歲丁卯、月蕤賓二十三日辛亥、於思迎院分爲兩卷、凡十一門、貴接後來同見佛性者」とある所から見れば、彼の序は紹興二十三年此書出版の時に書かれたものであるが、之を二卷十一門となしたのは丁卯の歲卽ち紹興十七年であつたのである。彼は此時多少古本の文を節略したかも知れぬが、其原本の宋初眞宗前後のものであつたことは明らかである。而して諸種の點からしてこれが唐本に最も近いものであつた。(此事は次節三本比較の章に於て述べる。)

次に敦煌本壇經は元々スタイン氏發掘品中に發見せられたもので、今大英博物館に藏せられて居る。前年矢吹氏は之を影寫し來り、「鳴沙餘韻」中に縮寫影印せられて居る。(同書圖版一〇二、一〇三。)同書の解說は今尙ほ出版せられないので、其書の體裁大さ等は明らかならぬが、此圖版によつて見れば、これは彼弘法大師が在唐の時抄寫將來せられた三十帖冊子樣の體裁のものであるらしい。一紙を二折とし綴られ、全部二十六紙であるが本文は二十五紙で終つて居る。一頁(卽ち一紙の半葉)五行、時あつては六行、七行乃至八行に亙り等しからぬ。一行の字數も少きは二十字、多きは二十五、六字にも達し、著しく異なつて居る。序跋なく、書寫年代も記してない。が其書體を按んずるに大體唐末五代頃のものと思はる。自性の性は常に姓に作り、着は看に作らるゝ等、誤寫も頗る多く、時には文章の讀み難い所もあり、餘り善い寫本ではないが、其年代に於ては現存する壇經中最も古く、之によつて少くとも唐末頃の壇經の體裁を知り得る點に於て、吾人の最も大なる興味を有するものである。唐末五代の頃には遠く敦煌地方に迄禪敎の傳はると共に、嶺南に成れる壇經の流布せられたことが判るので、此點に於ても吾人には多少の興味がないではない。

敦煌本壇經には、分巻はいふ迄もなく、篇章も分たず、始から終まで引續き書かれてある。此本が壇經の最初の形を其儘維持保存して居るものとは考へられぬが、篇章を分たないのは、壇經原始の形であつたのであらう。既に篇章が分たれて居つたとすれば、之を特に削除し續け書きにする筈もないやうに思はれる。若し果して然りとすれば、壇經に篇章を分つたのは宋代晁子健の興聖寺本から始まつたのであらう。而して一度興聖寺本が篇章を分つたので、後世元明諸本に至る迄、分巻は之を撤去したが、分章は多少變更しながら、之を踏襲したのである。

敦煌本は初めに題して

南宗頓敎最上大乘摩訶般若波羅密經

六祖惠能大師於韶州大梵寺施法壇經一巻

といひ、更らに次の行には

兼受無相　戒弘法弟子法海集記

とあり、巻末には

南宗頓敎最上大乘壇經法一巻

とある。倘ほ敦煌本には其末に

大乘志三十　大聖志四十　大通志五十　大寶志六十
大法志七十　十德志八十　清之藏志三十　清持藏志四十
清寶藏志五十　清蓮藏志六十　清海藏志七十　大法藏志八十
此是菩薩法號

の四行の文字が記されてあるが、如何なる意義を有するか明らかならぬ。何れにしても是れは壇經と關係なく、所持者が餘白に何等かの覺書として書付けたのであらう。

敦煌本壇經には勿論文章の廣略、事實の出入頗る多く、全然同一ではなく、又前にも一言した如く篇章を分たぬが、其內容幷びに順序は大體興聖寺本と殆んど相近い。但其篇末に至り異同が頗る多いのみである。是によつて見ても興聖寺本は固より多少別傳や其他の書を參照したであらうが、主として敦煌本により、其篇末に至り特に改修をなしたものと推定せらるゝ。而して此等の原文幷に改修の文は共に宋以後の壇經に絶えて見ざる所である。

敦煌本內容變異の主なるものに就きては更らに節を改め略述しやうと思ふが、此には敦煌本の必らずしも壇經の原始の形でないことゝ、又此本改修年代の大體を明らかにする爲め、次の句を引用して置く、(元以後の諸本には此等の句は何れも削除せられて居る。)敦煌本壇經末にはいふ。

此壇經法海上座集、上座無常、付同學道祭、々々無常、付門人悟眞、悟眞在嶺南溪漕山法興寺、見今傳受此法、如付山法頃德上座、恨知心信佛法立大悲、持此經以爲衣、承於今不絕。

此末段の文意は甚だ明了を缺くが、兎に角此本の作られた時には、悟眞なる傳法者が生存して居ることだけは疑ない。而して悟眞は六祖から第四代に當るもの丶やうである。しかし興聖寺本に据ると其傳統は稍々之と異なり次の如くなつて居る。

泪乎法海上座無常、以此壇經付囑志道、志道付彼岸、彼岸付悟眞、悟眞付圓會、遞代相傳付囑。

此にいふ悟眞とは前にいふ道祭の門人悟眞と同一人ではなからうか。しかし彼にあつては傳統が

六祖—法海—道祭—悟眞

となつて居るのに、此にあつては

六祖—法海—志道—彼岸—悟眞—圓會

となり、全く其傳統者を異にする。而して彼にあつては、悟眞は六祖以後第四代となつて居るが、此では第五代となる。古來僧侶には殊に同名が多いから、或は悟眞が其傳統を異にし、前後二人あつたのかも知れぬ。或は又道祭とは志道と同一人で、悟眞なるものは志道と彼岸と二人に就いて學んだものかも知れぬ。何れにしても悟眞は六祖以後四代若くは五代の人であり其在世の時敦煌本は成り、更らに圓會の時代に及び興聖寺本若くは其原本惠昕本が出來たものと推測せらる丶。此等の

傳統者に就いては其傳記更らに明了ならぬので、其生卒年代も判らぬが、今姑らく南嶽抔の傳統に之を對比して見れば、南嶽系の六祖第四代は百丈懷海であり、第五代は黄蘗希運や潙山靈祐抔に當る。若し悟眞が此等の人々と同時在世であつたとすれば、先づ大體唐末大中前後、即ち八百年代の中葉、六祖◉約一百二三十年頃に相當し、早くも此時代敦煌本壇經は修補せられたものと見るべく、興聖寺本の原本は更らにそれより一二代後くれ、五代の初を溯らぬものかと思はれる。それにしても景德傳統錄や契嵩の三卷本壇經に比しては遙か數十百年以前の古本である。

附記——敦煌本壇經は影寫本より大正一切經中にも編入せられ居るが、本篇に引用する所は總べて前記影印本に據る。

三　壇經三本の比較　（一）

敦煌本、興聖寺本幷びに明藏本の文字內容は甚だしく相違する所があり、今一々之を比較列擧することは餘りに繁瑣に涉るから之を略するが、其中最も著しいものと、其變異の一班を想像せしむるに足るものとの數例を掲ぐることゝする。

（一）先づ第一には壇經篇章排列の變異を示す。

明藏本（即元法寶本）	興聖寺本	敦煌本
行由第一	六祖壇經卷上 一、緣起說法門	（大同）

般若第二
疑問第三
定慧第四
坐禪第五
懺悔第六
機緣第七 （(1)尼無盡藏 (2)法海 (3)法達 (4)智通 (5)智常 (6)志度 (7)行思 (8)懷讓 (9)玄覺 (10)智隍 (11)西蜀一僧 (12)擧臥輪）
頓漸第八 （(13)志誠 (14)志徹 (15)神會）
宣詔第九
付囑第十

二、悟法傳衣門	同
三、爲時衆說定慧門	同
四、敎授坐禪門	同
五、說傳香懺悔發願門 （(1)五分法身香 (2)無相懺悔 (3)四弘誓願 (4)無相三歸依戒）	(1)缺（三身佛相門を入る） (2)(3)(4)順次少しく相違す。
六、說一體三身佛相門	
六祖壇經卷下 七、說摩訶般若波羅密門	同
八、問答功德及西方相狀門	
九、諸宗難問門	同
十、南北二宗見性門 （(13)(3)(5)(15)の四人のみを擧ぐ。）	同
十一、敎示十僧傳法門	同
	（文尤異）

上表によつて一見明らかなる如く、興聖寺本は大體敦煌本と其順次を同じくし、唯其文句事實に於て多少の異同出入をなすのみである。但全篇を十一門に分つたが爲め、一章の終や始めには、幾

分の文章の變化をなしたことは言ふ迄もない。唯興聖寺本第五、第六門に相當する所のみには敦煌本と多少の順序異同がある。卽ち敦煌本では興聖寺本の第六說一體三身佛相門が直ちに第四敎授坐禪門の次に來り、第五說傳香懺悔發願門の戒、定、慧、解脫、解脫智見の自性五分法身香なる一段が缺け、之に次ぎ四弘誓願、次に無相懺悔の說となり、興聖寺本の無相懺悔と四弘誓願との說は內容に於ては大同であるが、其順序か前後顚倒して居るのである。思ふに興聖寺本では五分法身香の一段を補ふ爲め、三身說は之を別に一門となし、次に排置したのであらう。宗寶本（明藏）に至つては此等二本と順次頗る相違して居る。先づ敦煌本や興聖寺本の第七般若門と第八問答門とを行由（卽ち前の悟法傳衣門）の次に移し、其文字から偈頌までも大に變更した（これは後に說くことゝする。）又前者の三四五六の四門の順序は大體同じいが、內容は大に整理されて居り、第十南北二宗見性門は大に之を增補し、機緣、頓漸の二となし、又新たに宣詔の一章を設けた。前にも一言した如く宗寶は其壇經跋に於て「增入弟子請益機緣」といつたのは、卽ち之を指すのであらう。しかし精密にいへば機緣の一章全部が彼の新たに增補した所ではない。機緣、頓漸の二章に涉り志誠、法達、智常、神會四人の話は大體古本に既に存する所であり、他の十一人の話を二章に適宜分配增補したことが判る。而して宗寶本懺悔章では興聖寺本と同じく初めに五分法身香、之に次ぐに無相懺悔、四弘誓願、無相三歸依を以てし、最後に三身を說くを以て之を見れば、此本の直接、間接興聖寺本の系統を承繼したものであるを知るべきである。

尙ほ此に吾人の注意すべきは現行宗寶本般若章の終に附する「說通及心通乃至悟則剎那間」の偈は、敦煌本や興聖寺本にあつては共に次の「問答功徳及西方相狀門」(現行本疑問章)の終に附し、現行本疑問章の終に存する「心平何勞持戒乃至西方只在目前」の偈は宗寶本に至つて始めて顯はれたものである。而して明藏本懺悔章の終の「迷人修福不修道」の偈は、敦煌本や興聖寺本に於ける「說摩訶般若門」(現行本般若章)の終の偈の此に移されたものであり、懺悔門には本來偈はなかつたのである。此等も可なり大なる改修といはなければならぬ。

(二) 三本の文字が如何樣に改變せられたかの一斑を知るが爲め、便宜卷初(緣起說法門)の文を擧げて置かう。

敦煌本

惠能大師於大梵寺講堂中、昇高座、說摩訶般若波羅密法、受無相戒、其時座下僧尼道俗一萬餘人、韶州刺史等璩(韋據等の誤)及諸官寮

興聖寺本

大師唐時、初、從南海上經曹溪、韶州刺史韋據等、請於大梵寺講堂中、爲衆開緣授無相戒、說摩訶般若波羅密法。大師是日說頓教法直

明藏本

時大師經寶林、韶州韋刺史名據與官寮入山請師、出於城中大梵寺講堂、爲衆開緣說法、師陞座、次刺官僚三十餘人、儒宗學士三十餘人、「

三十餘人、儒士（三十の字を脱す）餘人、同請大師説摩訶般若波羅密法、刺史遂令門人僧法海集記、流行後代、與學道者永此宗旨遞相傳授、有所於約（文ノマヽ）、以爲稟承此壇經。

了見性無礙、普告僧俗、令言下各悟本心、現成佛道。座下僧尼道俗一千餘人、刺史官寮等三十餘人、儒宗學士三十餘人、同請大師、説是法門、刺史韋據令門人法海抄錄流行、傳示後代、若承此宗旨、學道者遞相敎授有所依憑耳。

僧尼道俗一千餘人、同時作衣願聞法要。

大體からいへば三本の中敦煌本の文は最も簡にして、興聖寺本之に次ぎ、現宗寶本最も繁であるが、宗寶本は緣起説法の一門を立てず、之を行由の初に附記したので此では其文最も削略せられたのである。が之によつて壇經の文字が時代によつて如何樣に變改せられたかの一班を推測し得らるゝことゝ思ふ。

（三）　文字の變化は少いが、後世禪學者の普ねく傳唱する所であるから、此に五祖に呈して己れの見解を述べた神秀及び慧能の偈を擧げて置く。

敦煌本	興聖寺本	明藏本
(神秀の偈)		
身是菩提樹　心如明鏡臺	身邊菩提樹　心如明鏡臺	身是菩提樹　心如明鏡臺
時々勤拂拭　莫使有塵埃	時々勤拂拭　莫使染塵埃	時々勤拂拭　勿使惹塵埃
(慧能の偈)		
菩提本無樹　明鏡亦無臺	菩提本無樹　明鏡亦非臺	菩提本無樹　明鏡亦非臺
佛姓常清淨　何處有塵埃	本來無一物　何處有塵埃	本來無一物　何處惹塵埃
又偈曰	(缺)	(缺)
心是菩提樹　身爲明鏡臺		
明鏡本清淨　何處染塵埃		

是れによつて見れば後世六祖の作として人口に膾炙する「本來無一物」の句は、宋本以來始めて顯はるゝ所であり、唐本には未だ見ないのである。又神秀、慧能兩偈の第四句は何れも唐本では「有塵埃」となつて居るのが、興聖寺本では神秀の偈だけが「染塵埃」と變じたに關はらず、慧能のは尙ほ「有塵埃」となつて居る。然るに元本からは何れも「惹」字と變つて來たことが判る。興聖寺本の「染」の字は唐本に於ける慧能第二の偈の第四句の「何處染塵埃」とある所から採り來つたのであら

う。尚ほ景德傳統錄によれば神秀の偈は「身是菩提樹、心如明鏡臺、時々勤拂拭、莫遣有塵埃」とあり、大體敦煌本の面目を存し、未だ興聖寺本の影響を受けて居ないやうであるが、慧能の偈は「菩提本非樹、心鏡亦非臺、本來無一物、何假拂塵埃」といひ、第一第二句の無が共に非となり、第四句は更らに變じて「何假拂」となつて居る。「本來無一物」の句の興聖寺本と同一なる所から見れば、興聖寺本を取つて更らに之を修正したのではなからうか。更らに契嵩の傳法正宗記(卷六)を參照するに、神秀の第四句は「莫使惹塵埃」となり、大體元本壇經と同じく、慧能の偈は興聖寺本と全然同じい。して見れば「惹」字を神秀の偈の第四句に用ゐたのは契嵩の三卷本壇經からではなからうか。三卷本壇經は前にも一言した如く今傳はらぬが、傳法正宗記は契嵩の殆んど之と前後して編した所であるから、恐らく此等の偈も兩者同一であつたらうと推測せらるゝ。(三卷本壇經は宋の至和三年に成り、傳法正宗記編成の時は明記せられぬが、彼が其入藏を請ひ、其敕許を受けたのが、嘉祐七年三月であるから、恐らく其前年頃に成れるものかと思ふ。若し然りとすれば三卷本壇經に後くるゝこと僅かに五年である。)而して元本壇經では神秀の偈に「惹塵埃」とある所から、遂に慧能の句までも「惹」に改めたのであらう。斯く考へ來れば三卷壇經は直接興聖寺本に本づき之を改修し、宗寶本は興聖寺本に據り、傍ら三卷本をも參照し修正したものと推定せらるゝのである。

(四) 慧能が將さに五祖の下を去らんとするや、五祖之に告げていふ。

敦煌本	興聖寺本	明藏本
（缺） 汝去、努力、將法向南、三年勿弘此法、難去在後、弘化善誘迷人、若得心開、汝悟無別。	但依此見已後、佛法大行矣。汝去後一年吾即前逝。五祖言汝今好去、努力向南、五年勿說佛法、難起已後行化善誘迷人、若得心開、與吾無別。	祖云、以後佛法由汝大行、汝去三年、吾方逝世、汝今好去、努力向南、不宜速說佛法難記。
（缺）	惠能後至曹溪、又被惡人尋逐、乃於四會縣避難、經五年在獵人中、國與人說法 （缺）	惠能後至曹溪、又被惡人尋逐、乃於四會避難、獵人隊中、凡經一十五載、時與獵人隨宜說法、獵人常令守網、每見生命盡放之、每至飯時以菜寄煮肉鍋、或問則對曰但喫肉邊菜。

此には三本の文の次第に增益せられたことを見得るのである。而して敦煌本では缺けて居るが、興聖寺本に「汝去後一年、吾即前逝」とあるのが、明藏本では三年となつて居る。又敦煌本では六祖南に去つてより三年此法を弘むる勿れとあるのが、興聖寺本では五年となり、明藏本では唯「不宜速說」と漠然たる語となり、年數を限らない。此三年や五年とは即ち後六祖が法難を避け、四會縣に於て獵人中に混居したことを豫言したものと思ふ。で興聖寺本では五年の間獵人中に避難したとあるが、明藏本では「凡經一十五歲」とある。但王維の碑には「混農商於勞侶、如此積十六載」といひ柳宗元の碑にも「遯隱南海上、人無聞知、又十六年、度其可行」といひ、何れも十六年となつて居る。何れが果して事實であつたか殆んど知るべからざるのである。今一見之を知り易からしむる爲め、重ねて左の表を作つて置く。

	王維 柳宗元 碑	曹溪別傳	敦煌本	興聖寺本	景德傳統錄	明藏本
五祖沒年	—	六祖去後三日	—	一年	四年	三年
六祖避難	十六年	五年	三年	五年	（五年？）	十五年

景德傳統錄六祖傳には、六祖の黃梅に往けるを咸亨二年（六七一）とし、其年衣鉢を傳へ、而る後四會の間に隱れ、儀鳳元年（六七六）に南海印宗に至り受戒し、明年二月韶州寶林寺に歸り說法すといふ。即ち咸亨二年より儀鳳元年に至るは、正さに五年である。

但古鈔本にあつては往々にして文字の誤脱誤字等の存するのは勢の免れざる所であるから、此等異説も或は次第に誤に重ぬるに誤を以てし、遂に斯に至つたのかも知れぬ。若し斯かる見地より强いて想像すれば、六祖の難を四會獵人中に避けたのは、本來十六年であつたのを、後人之を轉寫するに當り、誤り「十」字を脱し、單に「六」となし、更らに「六」が行體稍相似たるより三と變じ、敦煌本の三年説となり、「三」が更らに「五」と誤寫せられ、別傳や興聖寺本等の五年説となり、而して明藏本にあつては此十六年説と五年説とを合し、十五年となすに至つたのではなからうか。別傳に五祖の沒年を六祖の去つてより三日といふのは、果して「日」か「年」か明らかでないが、明藏本の三年説は卽ち之を「年」字となしたのであらう。興聖寺本の一年説は若し五祖の沒年を上元二年とすれば、或は壇經の原形であつたのではなからうか。景德傳統錄では五祖は六祖の去つて後三日上堂せなかつたとはあるが、其年に逝いたとはなく、四載を經、上元二年乙亥の歳に滅したとある。四歲の説は何れより來つたか明らかならぬが、上元二年は咸亨五年（卽ち上元元年、別傳では六祖の五祖の下を去つた年）の翌年に相當する。が此等は何れも想像であつて何人も今は確として之を知り得ないのである。

（五）南海宗印法師の話は敦煌本壇經には全然之を闕くが、興聖寺本以後悉く之を存する。而してこれは明らかに別傳より取り來つたのであらう。

別傳

至儀鳳元年、初於廣州制旨寺、聽印宗法師講涅槃經……時囑正月十三日、懸幡、諸人夜論幡義、法師廊下隔壁而聽、初論幡者、幡是無情、因風而動、第二人難言、風幡但是無情、如何得動、第三人因緣和合故合動、第四人言幡不動、風自動耳、衆人論喧々不止、能大師高聲止諸人曰、幡無如餘種動所言動者人者心自動耳、宗印法師聞已……大歡喜歎曰何期南方有如是無上之法寳

興聖寺本

至高宗朝、到廣州法性寺、值印宗法師講涅槃經、時有風吹旛動、一僧云旛動、一僧云風動、惠能云、非旛動風動、人心自動、印宗聞之竦然。

明藏本

遂出至廣州法性寺、值印宗法師講涅槃經、時有風吹幡動、一僧曰風動、一僧曰幡動、議論不已、惠能進曰、不是風動、不是幡動、仁者心動、一衆駭然。中略

印宗聞說、歡喜合掌言、某甲講經猶如瓦礫、仁者論義猶如眞金。

此一段は別傳の文最も繁にして興聖寺本は最も簡であるが、恐らく後者は前者の餘りに繁に過ぐるを以て之を節略し補入したのであらう。而して明藏本は興聖寺本の餘りに簡に過ぐるを見て、又幾分之を修飾したものと思はれる。敦煌本が何故に此一段を略したか明らかならぬが、或は印宗によつて授戒せられたことを好ましく考へなかつたのかも知れぬ。しかし王維の六祖碑文にも、

南海有印宗法師、講涅槃經、禪師〔六祖〕聽於座下、因問大義、質以眞乘、既不能酬、飜從請益、乃歎曰、化身菩薩在此色身、肉眼凡夫、願開慧眼、遂領其屬、盡詣禪居、奉爲挂衣、親自削髪、於是大興法雨、普灑客塵。

とあるから風幡の話の如きは、或は後人の作爲附會する所かも判らぬが、其南海に印宗法師なるものに會ひ、又之によつて出家具式を受けたことも事實であつたに相違ない。尙ほ別傳には此事を以て儀鳳元年となすに、興聖寺本は何故か漠然と高宗朝となしたが、六祖が五祖に至つたのも高宗時代のことであるから、此に高宗朝に至り廣州に往つたといふのは、甚だ其宜しきを得ない。或は儀鳳元年なる年代に多少の疑があつたので、斯く漠然と書改めたものではなからうか。制旨寺と法性寺とは或は同一寺院であつたかも知れぬ。

六祖壇經の書志學的研究（下）

松本文三郎

四　壇經三本の比較（二）

余輩は前節に於て興聖寺本の「縁起說法門」と「悟法傳衣門」と（現明藏本の「行由第一」）の三本異同の一班を記述した。興聖寺本の第三、「爲時衆說定慧門」より第八、「問答功德及西方相狀門」即ち現明藏本の第二の「般若」より第六「懺悔」に至るまでの、主として禪の敎義を說く所は、勿論前に一言した如く分章の顚倒や、偈頌の入換や、更らに五分法身香の說を始めとし、諸種文字章句の修正增補はないでもないが、其內容に至つては三本何れも大なる變異はない。これは吾人の大に注意すべき點であつて、此等諸章が壇經の最も主要な部分であり、又これが壇經の最も古い部分ではなからうかと思ふ。で今此等諸章に於ける文字が如何樣に後世修補せられたかの一班を知るが爲め一二の例を擧げて置かう。

（六イ）說摩訶般若波羅蜜門（現藏本般若第二）初の文

敦煌本　一　興聖寺本　一　明藏本

與善知識說摩訶般若波羅蜜
法、
善知識雖念不解、惠能與說
各々聽。

師言、善知識、既識三身佛
了、更為說摩訶般若波羅蜜
法、
各々至心諦聽、
世人終日口念、不識自性、
猶如誦食不飽、口但說空萬
劫、不得見性、終無有益。

次日韋使君請益、師陞座告
大衆曰、總淨心念摩訶般若
波羅蜜多、復云、善知識、
菩提般若之智、世人本自有
之、只緣心迷不能自悟、須
假大善知識示導見性、當知
愚人智人佛性本無差別、只
緣迷悟不同、所以有愚有智
吾今為說摩訶般若波羅蜜法
使汝等各得智慧、志心諦聽
吾為汝說善知識世人終日口
念般若、不識自性般若、猶
如說食不飽、口但說空、萬
劫不得見性、終無有益。

此三本の比較によって解説的文句の次第に増益せられたことが一見最も明了である。

(ロ)興聖寺本前記般若門終の偈、(明藏本懺悔第六の終に置換えられたもの。)此偈は興聖寺本と明藏本とは全然同じいが、敦煌本とは文字に於て多少の異同がある。

敦煌本	
愚人修福不修道	謂言修福而是□
布施供養福無邊	心中三業元來在
若將修福欲滅罪	後世得福罪無造
若觧向心除罪緣	各自世(性)中眞懺海(悔)
若悟大乘眞懺海(悔)	除邪行正卽無罪
學道之人能自觀	卽與悟人同一捌
大師今傳此頓敎	願學之人同一體
若欲當來覓本身	三毒惡緣心中洗
努力修道莫悠々	忽然靈度一世休
若遇大乘頓敎法	虔誠合掌志(至)心求

興聖寺本 明藏本	
迷人修福不修道	只言修福便是道
布施供養福無邊	心中三惡元來造
擬將修福欲滅罪	後世得福罪還在
但向心中除罪緣	各自性中眞懺悔
忽悟大乘眞懺悔	除邪行正卽無罪
學道常於自性觀	卽與諸佛同一類
吾祖惟傳此頓法	普願見性同一體
若欲當來覓法身	離諸法相心中洗
努力自見莫悠々	後念忽絕一世休
若悟大乘得見性	虔恭合掌至心求

是れは單に字句の修正に過ぎないが、興聖寺本が如何に其字句を修正したかを知るべく、又明藏本が直接間接興聖寺本に依つたものであることをも知るべきである。

（八）尚興聖寺本の第八、問答功德反西方相狀門最後の偈、（明藏本では第二般若章の終に移したもの）と興聖寺本と明藏本との間、文字は全然同じであるが、敦煌本にあつては前と同様文字に異變があるのみならず、偈文中前後都合五句が新たに増補せられて居る。文字の變異は煩に渉るから今且らく之を略することゝし、此には增益せられた五句だけを擧げて置く。

敦煌本

色類自有道　離道別覓道
覓道不見道　到頭還自懊
但自去非心　打破煩惱礙
若欲化愚人　是須有方便
法元在世間　於世出世間　勿離世間上
外求出世間　邪見（是ノ誤）出世間　正見出世間
邪正悉打却　此但是頓教　亦名爲大乘

興聖寺本
明藏本

（第二十五句以下）
色類自有道　各不相妨惱　離道別覓道
終身不見道　波々度一生　到頭還自懊
（第四十一句以下）
但自却非心　打除煩惱破　增愛不關心
長伸兩脚臥　欲擬化他人　自須有方便
（第四十九句以下）
佛法在世間　不離世間覺　離世覓菩提
恰如求兎角　正見名出世　邪見是世間
邪正悉打却　菩提性宛然　此頌是頓教

迷來經累劫　悟則刹那間 ―― 亦名大法船　迷聞經累劫　悟則刹那間

前記圏點を附した句は總べて敦煌本には缺け、興聖寺本に新たに增補せられた所である。（批點は文字の異同を示す。）斯くして敦煌本の「此說通及心通」の偈は、前後通じて五十五句より成立つて居るが、興聖寺本以後は六十句となつた。其他諸處可なり長い解釋的文句の增益せられた所もないではないが、內容に於ては大體變化ないから今は一切之を省略する。

明藏本壇經機緣第七以下は前にも記した如く敦煌本や興聖寺本に見えない新たな話が增補せらるゝのみならず、其旣に存する所に於ても、其文章字句の異同殊に甚だしい。今此には其二三の例を擧げ其一班を推想せしむることゝする。

（七）志誠の話、（興聖寺本十、南北二宗見性門、明藏本頓漸第八。）明藏本では惠能と神秀とが寶林と玉泉とに居たので、時人皆南能北秀と稱し、南北頓漸の分あり、而も法は是れ一種唯人に利鈍あるのみと說き、然る後「然秀之徒衆、往々譏南宗祖師不識一字、有何所長、秀曰他得無師之智、深悟上乘、吾不如也、且吾師五祖親傳衣法、豈徒然哉、吾恨不能遠去親近、虛受國恩、汝等諸人毋滯於此、可往曹溪參決」とあるが、此一段の文は敦煌本にも興聖寺本にもない、此等兩本では單に次の如く記してあるだけである。

敦煌本　　　　興聖寺本

神秀師常見人説惠能法、疾直指路。　一　秀聞能師説法徑疾、直指見性。

そこで門人志誠の聰明多智なりを見、竊かに曹溪に往き其法を聞かしめたが、彼の惠能の法を聞くや、忽ちに開悟し、其玉泉より來ることを告白したといふのであるが。明藏本の「時祖師告衆曰、今有盜法之人、潛在此會、志誠卽出禮拜」といふ文句は二本の共に缺く所である。それから三本には次の如くある。

敦煌本

惠能大師曰、汝從被(彼)來、應是細作、志誠曰、未説時卽是説、乃了卽是、六祖云、煩惱是菩提、亦復如是。

興聖寺本

師曰、汝從玉泉寺來、應是細作、對曰不是、師曰何得不是、對曰、未説卽是説了不是、師曰、煩惱菩提亦復如是。

明藏本

師曰汝從玉泉來、應是細作對曰不是、師曰何得不是、對曰未説卽是説了不是、師曰、汝師若爲示衆、對曰、常指海大衆、住心觀靜、長坐不臥、師曰、住心觀靜、是病非禪、長坐拘身、於理何益、聽吾偈曰、

生來坐不臥　死去臥不坐

一	一	一具臭骨頭　何爲立功課

卽ち初の問答の一段は三本殆んど同じいが、明藏本の「師曰汝師若爲示衆」以下は全く新たに增補せられた所である。

(八)又三本が如何に次第に增益變更せられたかは、同志誠の話中次の一段の文を見れば容易に之を想像することが出來る。

敦煌本	興聖寺本	明藏本
大師言、如汝聽悟說看悟所見處　心地無癡(衍)非自姓(性)戒、心地無	師曰、汝師、戒定慧接大乘人、吾戒定慧接最上乘人、悟解不同、見有遲疾、汝聽吾說、與彼同否、吾所說法不離自性、離體說法名爲相說、自性常迷、須知一切萬法皆從自性起用、是眞戒定慧法、常見自性自心、卽是自性等佛、吾心地無非自性	師曰、汝師、戒定慧接大乘人、吾戒定慧接最上乘人、悟解不同、見有遲疾、汝聽吾說與彼同否、吾所說法不離自性、離體說法名爲相說自性常迷、須知一切萬法皆從自性起用、是眞戒定慧法聽吾偈曰　心地無非自性戒　心地無癡

亂是自姓(性)定、心地無癡自姓(性)(癡ノ誤)是。	戒、心地無癡自性慧、心地無亂自性定。	自性慧 心地無亂自性定 不增不減自金剛 身去身來 本三昧 誠聞偈悔謝乃呈一偈曰、 五蘊幻身 幻何究竟 廻趣眞如 法還不浄

此文の初め一段は敦煌本に殆んど全く缺く所であり、興聖寺本に至つて增補せられ、而して其增補の文は其儘明藏本の蹈襲する所となつた。のみならず明藏本では、更らに「不增不減自金剛」以下の文を追補した、その次第變化の迹は最も明了に之を見得るのである。

(九)其他此等諸章には增補極めて多いのであるが、餘り繁瑣に渉るから此には略する。が唯其內容に於て吾人の大に注意を要するものがあるから、以下之に就き少しく比較して置かうと思ふ。其一は前にも一言した經末六祖懸記の一段である。

敦煌本	興聖寺本	明藏本
上座法海向前言、大師、大師去後衣法、當付何人、大	法海上座問曰、和尚去後、衣法當付何人、師曰吾於大	問曰、正法眼藏傳付何人、師曰有道者得、無心者通。

師言、法卽付了、汝不須問	梵寺說法、直至今日、抄錄流行名法寶壇經記、汝等守護度諸群生、但依此說是眞正。	又問、後莫有難否、師曰吾滅後五六年、當有一人來取吾首、聽吾記曰頭上、養親口裏須餐、遇滿之難、楊柳爲官。
吾滅後二十餘年、邪法遼亂惑我宗旨、有人出來、不惜身命、弟佛敎是非、竪立宗旨、卽是吾正法。	大師言法海向前、吾滅度後二十年間、邪法撩亂、惑於正宗、有一人出來、不惜身命、定於佛法、竪立宗旨、卽是吾法、弘於河洛、此敎大行。	又云、吾去七十年、有二菩薩從東方來、一出家一在家同時興化、建立吾宗、締緝伽藍、昌隆法嗣。

此引用文中の第一節付法の件に就いては、興聖寺本が最も詳細のやうであるが、しかし之と同様のことは第九の諸宗難問門（敦煌本にも殆んど同文）中既に說く所であるのみならず、第十一の敎示十僧傳法門の初にも、既に十僧を以て各惠能沒後に於ける一方の師となし、其法を付囑せられて居るのであるから、此問答は旣に重複し居るのである。此點からして敦煌本の「法旣付了」といふの

は最も當を得て居る。興聖寺本が何故に此に前と同樣の文を繰返したか其意を得ない。明藏本は興聖寺本の此文を前既に「眞假動靜偈」の後に記して居り、此に再び之を繰返すを得ないので「有道者得」等といふが如き曖昧な文句を以て之に代えたものと思ふ。

第二節の盜難の件は敦煌本、興聖寺本共に缺く所である、是れは守塔沙門令韜錄なるものから取つて新たに之を補ふたものであることは疑ない、（但曹溪別傳にも此事は記されて居る。）其話は要するに新羅僧金大悲なるものが、錢二十千を賄ひ張淨滿をして六祖の塔中に入り、六祖の頭を截り取らしめ、海東に歸り之を供養せんと企てた。守塔の衆僧驚き之を官に訴ふ、時に縣令楊侃、刺史柳無忝之を聞き、遂に賊を捕え、頭は之を舊に還し、守塔沙門令韜の說により賊の罪は特に之を赦免したといふのである。此に「滿之難」といふ滿とは張淨滿、「楊柳爲官」の楊柳とは縣令楊侃と刺史柳無忝のことであるのは言ふ迄もない。所で「令韜錄」によると此盜難を以て「開元十年壬戌八月三日」夜のことゝなす、若し果してこれが事實とすれば六祖沒後十年である。然るに「別傳」では其年時幷びに事實に於て稍之と異なつて居る。同書にはいふ。

至開元二十七年、有刺客來取頭、移大師出庭中、刀斬數下、衆人唯聞鐵聲、驚覺見一孝子奔出出寺、尋迹不獲。

卽ち「別傳」では盜の何人たるかも明らかならず、又彼は六祖の體を庭中に引出し頭を截つたとし、前の塔中に於てしたといふのと稍異なり、又別傳では其盜遂に捕得なかつたとするのも前と其趣の相違する所である。のみならず別傳では之を以て開元二十七年のことゝし、前記十年とするに後くるゝこと十七年である。前節にも述べた如く別傳の記年の一般に頗る杜撰なる點から之を見れば、これも若し事實であつたとすれば令韜錄の方が正しいのではなからうかと思ふ。兎に角現藏本壇經には盜の名幷びに官人の名をも擧ぐるのであるから、此記事は別傳から採來つたのではなく、其令韜錄からであることは明らかである、且つ明藏本では此令韜錄なるものを附錄として緣起外紀の終に附記して居るのを見ても、愈其事は疑を容れないのである。然るに壇經では「吾滅後五六年」といふのは何故であらう。別傳では六祖滅後二十七年であり、令韜錄でも十年の後である。五六年といふことは有り得ない。尙ほ令韜とは果して如何なる人物であるか明らかでなく、壇經や別傳中にも其名は顯はれぬが、景德傳統錄には之を以て惠能の門人として其名を擧げてある。若し惠能門人で其師の滅後塔の守護者であつたとすれば、假令で惠能晚年の弟子であつたとしても、彼と同時在世の人でなければならぬ。所が今壇經附錄に載する令韜錄の終には、憲宗が惠能に大鑒禪師と諡し、其塔を元和靈照といつたことまでも記し、又王維、柳宗元、劉禹錫の碑のことにも說及んで居る。大鑒禪師の諡は憲宗元和の十年に下された所であるから、六祖滅後正さに百有三年、柳宗元の碑は同百六年、劉禹錫の碑は更らに之に後くるゝこと三四年である。令韜なるものが既に六祖同時の弟子であり、而して此等憲宗時代の事實をも知つたとすれば、彼の年齢は少くとも百二三十歳でなければならぬ。これは少しく長きに過ぐるやうである。若し果して然りとすれば令韜なるものは實在して居たとしても、此等記録は令韜の自から記した所ではなく、後人彼の名に託して記したものか、或は他人が彼の録に追補したか、何れとも判らぬ。

前文第三節の敦煌本や興聖寺本に見る六祖滅後二十年の預言は、圭峯宗密や景德傳統錄等にいふが如く明らかに荷澤神會を暗示したものである。傳統錄（巻五神會傳）にはいふ

唐景龍中〔神會〕却歸曹谿、祖滅後二十年間、曹谿頓旨沈廢於荊吳、嵩嶽漸門盛行於秦洛、乃入京天寶四年方定兩宗、乃著顯宗記盛行于世。

乃ち神會の上京し南頓北漸の說を一世に鼓吹したことによつて、彼六祖の豫言なるものが成立したことを知るべきである。だから彼の豫言が神會の事業を指示することは殆んど疑を容れない。而して此景德傳統錄の記事は決して彼に創まつたのではなく、恐らく是れは圭峯宗密の言によつたものか、或は之と同一資料に據つたものであらう。宗密の圓覺經疏鈔（巻三の下）には

天寶四載兵部侍郎宋鼎請〔神會〕入東都、然正道易申、謬理難固、於是曹溪了義、大播於洛陽、荷澤頓門派流於天下、

といひ、又同師資承襲圖にも

天寶初荷澤入洛、大播斯門、方顯秀門下師承是傍、法門是漸、既二宗双行、時人欲揀其異、故標南北之名、自此而始。

ともいふ。此等によつて之を見れば神會は南頓北漸の説を立て、從來神秀系禪法の専ら行はれた洛陽附近の北方支那に進出し、之と對抗せんと企てたもので、其結果宋高僧傳（巻八、神會傳）に「致普寂之門盈而後虚」とも、又「會之敷演顯發能祖之宗風、使秀之門寂寞矣」ともいふ如く、遂に其勢力北宗を壓し、惠能の門をして獨り天下に盛ならしむるに至つたのである。これは壇經中に載する豫言と全然一致するものである。しかしながら、敦煌本壇經では「吾滅後二十餘年」とあり、興聖寺本では「二十年間邪法撩亂」とある。天寶四年に神會始めて入京したものとすれば、これは惠能の滅した先天二年の後正しく三十二年である、二十年又は二十餘年とはいへない。寧ろ三十餘年と稱すべきであらう。然らば此二十の二は三の誤寫の如くにも考へらるゝが、前記兩書何れも二となす所を以て見れば容易に誤寫とも斷ずべきではない。又圓覺疏鈔や師資承襲圖の著者圭峯宗密は神會系の傳統者であつて、荷澤宗を極力鼓吹したものであるから、其祖師の傳記に於て其史實を誤つたとも考へられぬ。宋僧傳（前同處）では極めて漠然と

開元八年勅配住南陽龍興寺、續於洛陽大行禪法、聲彩發揮、……南北二宗時始判焉。

といひ、其京に入つたのが果して何年であつたか明らかならぬ。しかし此記事の後天寶年間の事實

が記されて居る所を以て見れば、神會の入京は開元年間のことのやうに推測せられる。尙宗密の前記神會傳には次の如くいふ。

〔神會〕洛陽詰北宗傳衣之由、及滑臺演兩宗眞僞、與崇遠等詩〔持力〕論一會、具在南宗定是非論中、……普寂禪師、秀弟子也、謬稱七祖、二京法主、三帝門師、朝臣歸崇、……嶺南宗徒甘從毀滅、法信衣服、數被譖謀、事如祖章、傳授碑文、兩遇磨換、據碑文中所叙、荷澤親承付屬、詎敢因循直入東都、面抗北祖、詰普寂也。

北宗の神秀は惠能に先つこと七年、神龍二年既に滅したから、神會時代、北方の禪は主として其門人普寂、義福等によつて發揚せられて居たのである。が普寂は開元二十七年、義福は又其翌二十八年に相次ぎ滅して居る。若し宗密の傳ふる如く神會が東都に於て普寂と對抗したものとすれば、遲くも其滅した開元二十七年以前でなくてはならぬ、更らに之に後るゝ五年の天寶四年であるべき筈はない。且つ宗密の此文は「南宗定是非論」なるものに據つたらしい。此論は從來世に傳はらなかつたものであるが、最近敦煌地方より出土し、殘闕本であるが、稍其一端を知ることが出來る。民國十九年胡適氏は「神會和尙遺集」卷二、及卷三として出版した。同書內題には、

菩提達摩南宗定是非幷序　獨孤沛撰

とあり、而して其序の初には、

弟子於會和上法席下、見與崇遠法師論義、便修、從開元十八、十九、廿年、其論本並不定、爲修未成、言論不同、今取廿一載本爲定、後有師資血脈傳亦在世流行。

とある。卽ち南宗定是非論なるものは神會の門下獨孤沛の作つた所であるから、神會同時の筆錄と稱して差支ない。而して今此序文を見れば彼が開元十八、九、二十、二十一年に亙り、崇遠等と神會との問答の席に侍し、其筆錄を作つたものと思はれる、但其中何故か開元十八、九及び二十年の筆錄は未定本として存し、二十一年の筆錄本だけが完成した、これが卽ち此本であるといふのらしい。然るに之に次ぎ又いふ。

我襄陽神會和上、……於開元廿二年正月十五日在滑臺大雲寺、設無遮大會、廣資嚴飾、昇師子座爲天下學道者說。（此に師資傳統のことを說く）

又見會和上在師子座說、菩提達磨南宗一門、天下更無人解、若有解者、我終不說、今日說者、爲天下學道者、辨其是非、爲天下學道者、定其旨見。

此に開元廿二年の事實を說くのは甚だ奇怪である。若し此廿二年が廿一年の誤寫であつたとすれば、事實は極めて明了となるが、若し之が果して廿二年であつたとすれば、著者が廿一年本の序文中翌年の事實をも便宜繰上げ著錄したものとでも見るべきであらう。しかし、若し神會が開元二十二年に天下學道者の爲め其是非を辯じ其宗旨を定めたものならば、何が故に此二十一年本に「南宗定是非論」と題したであらうか、是れ亦怪しむべきである。で余輩は寧ろ序文の開元廿二年は廿一年の誤寫であつたと認定したいのである。果して此推測が誤ないとすれば、神會は開元廿一年に始めて傍正頓漸の説を以て普寂に對抗したことゝなる。普寂は此時八十三歳、入寂前六年であり、六祖惠能の滅後二十年（壇經にいふ如く先天二年八月入滅すれば、餘四ヶ月）である。乃ち二十年又は二十年餘の預言は全然之と符合するのである。

然らば神會が天寶四年入京宗旨の是非を定めたといふ圭峯宗密や景德傳統錄の説は如何に之を解釋すべきか。一は神會同時の記錄であり、一は時代は稍遲くれたりとはいへ、神會を距る尚ほ甚だしく遠いものではない、のみならず宗密の如きは前にも一言した如く荷澤の流を汲み其説を鼓吹するに努めたものであるから、其祖師の事蹟を誤り傳へたとも考へられぬ。必らず何等か其據る所があつたに相違ない。此兩者の記錄は互ひに相違し、一見頗る奇怪なやうであるが、其當時の宗教界の事情を仔細に考察すれば、是れ亦必らずしも怪しむに足らず、而して兩者共に事實であつたのである。元來神會は開元八年南陽に至り、（宋高僧傳）同十七八年前後滑臺に移り住し、二十一年滑臺在留の間、始めて南北の傍正頓漸の説を唱へたのである。南陽も滑臺も共に今河南府に屬するが、洛陽よりは遙かに東方の地である。北方支那は神秀以來北宗系の最も盛なる所である。神會が忽然南方より來つて南頓北漸の説を唱へ、北宗系を貶黜せんとしても、容易に其根底を覆し得なかつたのである。特に東都洛陽を距る頗る遠い、比較的邊鄙の地なるに於てをや。是に於て彼は天寶四年、北宗系の根本地盤たる東都に上り再び前說を此に舉揚したのである。宋僧傳に「普寂之門盈而後虛」といひ、或は「使秀之門寂漠矣」といふが如きは、實に彼が洛陽に於ける活躍の結果である。斯く考へ來れば神會の南北宗旨の是非を定めた始は、開元二十一年、滑臺に於てゞあつたが、其實際上功果を舉げ得たのは寧ろ天寶四年洛陽に移つてからであつたといはなければならぬ。而してこれは決して余輩の單なる想像ではない、余輩は此に之を證明すべき二種の記錄を舉げ得るのである。其一は圭峯宗密の前記圓覺疏鈔、神會傳末段の文である。此には前に引用した天寶四載入京、大に頓門の敎を播揚したことを述べ、之に次ぎ、

然北宗門下勢力連天、天寶十二年被譖聚衆、敕黜弋陽郡、又移武當郡、至十三載、恩命量移襄州至七月又敕移荊州開元寺、皆北宗門下之所毀也。

とある。天寶十二年には神秀門下の英材普寂や義福の沒して後十有餘年である。而も尙ほ其勢力は神會をして久しく一定の地に安住するを得ざらしめたのである。況んや普寂や義福在世の日に於てをや。開元二十年前後滑臺の如き邊地に於て、如何に彼が大聲疾呼したとしても、中央都會に於ける北宗の地盤は牢として動かし得なかつたことは明了である。第二に證とすべきは歷代法寶記の文である。法寶記とは何人の作る所であるか不明であるが、同じく敦煌出土本で今大正藏經第五十一

卷中に收載せられて居る。此書も恐らく神會の傍正論に對する反對論の一資料であらうと思ふが、これは弘忍の一派智詵禪師なるものから處寂、無相を經て大歷九年に沒した無住に至る迄の傳統を記し、惠能の信衣は轉々此派に傳はつたことを說いたものである。恐らく大歷九年を距ること遠からざる時代に於て無住系のものゝ作つた所であらう。此中神會の事蹟を述べていふ。

開元中滑臺寺爲天下學道者定其宗旨。
天寶八載中洛州荷澤寺亦定宗旨。

乃ち神會が滑臺と洛陽とに於て重ねて南北二宗の是非を論定したことは秋毫疑を容れぬのである。而して一は開元年間であり、一は天寶年間であつたことも明らかである。此には單に開元中とあるのは獨孤沛の文によつて其二十一年なるを知るべきであるが、次回を以て天寶八載となすのは前諸書の四載となすのと稍相違するが、是れは何れかの誤寫であつたかも知れぬが、何れの果して事實であるかは容易に斷言し得ない。或は天寶四年に滑臺から洛陽に移り、八年に重ねて宗旨を定めたのであつたかも判らぬ。何れにしても滑臺と洛陽との二處に於て重ねて之を論定したことだけは事實として認めなければならぬのである。

談少しく岐路に入つたが、壇經に於ける二十年の預言の神會を暗示することは前述する所によつて明了となつた。然るに明藏本にあつては何故か此預言を削除し、之に代ゆるに別傳說く所の七十年の預言を以てした。但明藏本壇經の此文は前にも一言した如く直接景德傳統錄より採り來つたので、別傳からではない。或は傳統錄の著者は神會の末流でなかつたので、特に神會を暗示する如き預言を削去り、神會傳には歷史的事實として之を擧ぐるに止めたのではなからうか。七十年の預言は何人を暗示するか、殆んど全く不明である。此預言が別傳に創まり、別傳は六祖滅度の後、唐の建中二年に至る迄計七十一年に當るとある所から、或は別傳の著者が自から之に任して居たのでなからうかとも思はれるが、別傳の著者は果して何人であつたか判らぬ。又一は出家、一は在家の菩薩と稱する他の一人は吾人の想像をも許さぬ所である。

（一〇）明藏本壇經では前記七十年預言の前に、惠能入滅の後、衣法何人に付すべきかの問答があり、之に次ぎ達磨付法の偈や心地含諸種の六祖の偈が擧げられて居るが、敦煌本や興聖寺本では、此等の偈は彼二十年の預言の後に記され、文章が前後倒置されるのみならず、明藏本では此二偈の間に「師復曰」といひ一相三昧、一行三昧の說が增補せられて居るが、此等の文字は敦煌本、興聖寺本の何れにも存せざる所である。尙ほ敦煌本では此に達磨と六祖との偈のみならず達磨から六祖に至る各祖の偈が載せられ、六祖の偈も第一第二と二頌存する。此間は三本の共に大に相異なる所である。

敦煌本　　興聖寺本　　明藏本

衣不合轉、汝不信、吾與誦
先代五祖傳衣付法誦(頌)、若據
第一祖達磨頌意、卽不合傳
衣、聽吾與汝頌、頌曰、
第一祖達磨和尚頌曰、
吾大(本)來唐國　傳機救名淸(迷情)
一花開五葉　結果自然成
第二祖惠可和尚頌曰、
本來緣有地　從地種花生
當本願無地　花從何處生
第三祖僧璨和尚頌曰、
花種雖田地　地上種化(花)生
花種無性生　於地亦無生
第四祖道信和尚頌曰、
花種有生性　田地種花生

若非此人、衣不合傳、汝多
不信、吾與汝說先祖達磨大
師傳衣偈頌、據此偈頌之意
衣不合傳、偈曰、
吾本來東土　說法叙迷情
一花開五葉　結果自然成

(闕)

然據先祖達磨大師付授偈意
衣不合傳、偈曰、
吾本來茲土　傳法救迷情
一華開五葉　結果自然成
師復曰、諸善知識、汝等各
々淨心聽吾說法、若欲成就
種智、須達一相三昧一行三
昧、若於一切處而不住相、
於彼相中不生憎愛亦無取捨
不念利益成壞等事、安閒恬
靜、虛融澹泊、此名一相三
昧、若於一切處行住坐臥、
純一直心不動道場、眞成淨
土、此名一行三昧、若人具
二三昧、如地有種、含藏長

先緣不和合　一切盡無生
第五祖弘忍和尚頌曰、
有情來種下　無情花卽生
無情又無種　心地亦無生
第六祖惠能和尚頌曰、
心地含情種　法雨卽花生
自吾花情種　菩提果自成
能大師言、汝等聽、吾作二頌取達磨和尚頌意、汝迷人依此頌修行、必當見性、第一頌曰、
心地邪花放　五葉逐根隨
共造無明業　見被業風吹
第二頌曰、
心地正花放　五葉逐根隨

師曰、吾有一偈還用先聖大師偈意、偈曰、
心地含種性　法雨卽花生
頓悟花情已　菩提果自成
（闕）

養成熟其實、一相一行亦復如是、我今說法、猶如時雨普潤大地、汝等佛性譬諸種子、遇茲霑洽、悉得發生、承吾旨者、決獲菩提、依吾行者定證妙果、聽吾偈曰、
心地含諸種　普雨悉皆萠
頓悟華情已　菩提果自成
師說偈已曰、其法無二、其心亦然、其道淸淨亦無諸相汝等愼勿觀靜及空其心、此心本淨無可取捨、各自努力隨緣好去、爾時徒衆作禮而退。

共修般若恵　當來佛菩提　——師說偈已、令門人且散。
六祖說偈已了、放衆生散。——

此比較對照によつて一見明らかなるが如く、興聖寺本は大體敦煌本に據り、唯二祖以下五祖に至る偈を略し、又六祖の後の二頌を除いたのである。明藏本は此削正した興聖寺本を基とし、前に述べた如く一相三昧、一行三昧の說幷びに師、偈を說き已つて曰く其法無二云々の一段、即ち前記字傍批點を加へた頗る長い文を新たに添加したことが判る。所が此新たに加はつた二段の文は殆んど之と同一の文句を以て景德傳統錄中既に現はれて居る。又達磨及び六祖の偈も全然景德傳統錄に載する所と同じい。（但六祖偈の第二句普雨悉皆萠の萠が生となつて居る。）して見ると景德傳統錄の成れる以前、何等かの傳記の斯く變化したものがあつたので、元代に至り始めて斯く修正せられたのでないことも明らかである。尙ほ序ながら敦煌本二祖以下の傳衣偈と景德傳統錄に載する所を對照すれば次の如くである。二祖の偈中三、四句が「本來無有種、華亦不曾生」と變ぜられ、三祖の偈の三、四句は「若無人下種、華地盡無生」となり、四祖の偈では第一句だけは同じで、二、三、四句は「因地華生生、大緣與信合、當生生不生」と改められ、第五祖の偈は「有情來下種、因地果還生、無情既無種、無性亦無生」と全句に渉つて改修せられて居る。此等も傳統錄の著者が始めて修正したか否か明らかでない。

(一一) 明藏本幷びに興聖寺本壇經の卷末六祖の將さに滅せんとするや、法海が和上如何なる敎法を留め、後代衆生をして佛性を見るを得せしむるかとの問に對し、六祖は「佛在衆生中、一念平直卽衆生成佛」の旨を述べ、終に自性眞佛偈なるものを擧げてある。敦煌本にあつても大體之と同樣であるが、唯彼に於ては此眞佛偈の前に眞佛解脫頌なる一篇が挿入せられて居る、是れは他の二本の全然闕く所である。今其文を左に擧げて置く。

吾今敎汝、識衆生見佛、更留見眞佛解脫頌、迷卽不見佛、悟者卽見、法海願聞、代々流傳、世々不絕、六祖言、汝聽、汝與說、後代世人若欲覓佛、但識佛心、衆生卽能識佛、卽緣有衆〔生字脫〕

離衆生無佛心、

迷卽佛衆生　悟卽衆生佛　愚癡佛衆生　智惠衆生佛　心劒佛衆生　平等衆生佛

一生心若劒　佛在衆生中　一念吾若平　卽衆生自佛　我心自有佛　自佛是眞佛

自若無佛心　自何處求佛

勿論敦煌本以外の二本には此偈はないが之と同樣のことは長行を以て述べられて居る。恐らく此偈は偈としては甚だ拙劣なるものであるから、後人之を長行に變じたのではなからうかと思ふ。で今興聖寺本に就き之に相當する長行を見れば次の如くである。

自性若悟衆生是佛、自性若迷、佛是衆生、自性平等、衆生是佛、自心邪險、佛是衆生、汝等心若

険曲、即佛在衆生中、一念平直、即是衆生成佛、我心自有佛、自若無佛心、何處求眞佛、

而してこれは現明藏本と全然同じい。

(一二)前にも一言した如く敦煌本幷びに興聖寺本壇經の終には壇經傳統者の名を列記してあるが、明藏本には全然之を闕く。而して敦煌本と興聖寺本との間には其傳統者に多少の增補相違がある。明藏本の之を除き去つたのは、或は後世法海系の傳統者が判らなくなつた爲めではなからうか

敦煌本

此壇經法海上座集、上座無常付同學道漈、々無常付門人悟眞、々々在嶺南溪漕山法興寺、見今傳受此法、如付山法須德上座、很知心信佛法、立大悲、持此經以爲衣承、於今不絕、和尚本是韶州曲江懸(縣)人也、如來入涅盤、法教流東土、共傳無住

興正寺本

至元和十一年、詔追謚曰大鑒禪師、事具劉禹錫碑、洎乎法海上座無常、以此壇經付囑志道、志道付彼岸、彼岸付悟眞、悟眞付圓會、遞代相傳付囑、一切萬法不離自性中現也。

明藏本

年二十四傳衣、三十九祝髮說法利生三十七載、嗣法四十三人、悟道超凡者、莫知其數、達磨所傳信衣、中宗賜磨衲寶鉢及方辯塑師眞相幷道具、永鎭寶林道場、留傳壇經、以顯宗旨、興隆三寶、普利群生者。

卽我心無住、此眞菩薩、說眞示行實喩、唯敎大智人、是旨衣凡度、誓修行、修行遭難不退、遇苦能忍、福德深厚、方授此法、如根性不堪林(材)量、不得須求此法、違立不德者、不得委付壇經、告諸同道者、今諸密意。

與聖寺本では尙ほ敦煌本を受け其當時に至る迄の傳統者を補ひ擧げたものらしいが、明藏本では全然之を除き之に代ゆるに他の事實を以てしたのである。

五　壇經三本の比較　(三)

(一三)終りに釋迦佛より達磨に至る付法相承說に就き一言する。明藏本壇經に於ける此等付法の人名は、稍敦煌本や與聖寺本と相違する所がある。敦煌本幷びに與聖寺本は殆んど相一致するが、明藏本壇經は景德傳統錄や正宗記と同一である。而して前者が比較的古い傳說で、明藏本のは現存する所では景德傳統錄に始まる。元來此付法相承の說は支那に於ては彼北魏時代に成れる付法藏因縁傳が其最初のものである。而して隋より唐の初に至る迄は世の學者亦一般に之に導つたものらしい。隋の智者大師が其摩訶止觀の初に擧ぐる所、付法傳と全然同一なるを以ても之を知るべきである。しかしながら付法傳は人の知る如く釋迦佛以後第二十三祖師子比丘なるものに至つて其傳統が絕したことゝなつて居る。唐代禪宗の盛となつて後、此師子比丘から達磨に至る迄の傳統を增補することゝなつた。而して其資料となつたものは言ふ迄もなく彼達磨多羅禪經であつた。（勿論此場合禪經の達磨多羅と菩提達磨とが同一人と見做されて居るのである。）是故に釋迦佛以後迦葉より師子比丘に至る傳統は大體に於て付法藏因緣傳が主ら其依る所であるから、壇經にあつても三本共大なる相違はない。が尚多少の出入があり、又音字に於ても異同がある。此等によつて見ると師子比丘以後の傳統者のみならず、それ以前のそれにあつても明藏本壇經の此傳統錄は直接敦煌本や興聖寺本より繼承したものではなく、景德傳統錄又は之と同一資料より取り來つたことが判るのである。で此には便誼比較の爲め第一表として迦葉より師子比丘に至る迄の傳統者を（一）付法藏因緣傳、摩訶止觀、（二）敦煌本歷代法寶記、（三）我邦傳敎の達磨大師付法相承師々血脈譜、圭峯宗密の圓覺經疏鈔、（四）敦煌本并びに興聖寺本壇經、（五）景德傳統錄、正宗記、明藏本壇經に分類し、其出入異同を記すことゝする。

付法藏因縁傳 摩訶止觀	歷代法寶記	傳敎血脈譜 宗密圓覺疏鈔	敦煌本壇經 興聖寺本壇經	景德傳統錄 正宗記 明藏本壇經
摩訶迦葉	同	同	同	同
阿難	同	同	同	同
｜	末田地	｜	同	｜
商那和修	同	同	同	同
優婆毱多	同	同	同	同
提多迦（止觀作提迦多）	同	同	同	同
彌遮迦	同	同	｜	同
｜	｜	同	｜	婆須密
佛陀難提	同	同	同	同
佛陀密多	同	同	同	同（作、伏…）
脇比丘	同	同	同	同
富那奢	同（作…耶奢）	同（血脈、作富羅奢）	同	同（作…夜…）
馬鳴	同	同	同	同

比羅	同	同	同	同（作迦毗羅摩）
龍樹	同	同	同	同
迦那提婆	同	同	同	同
羅睺羅	同	同	同（興本、作…多）	同（作…多）
僧伽難提	同（作…那…）	同	同（同作…那…）	同
僧伽耶舎	同	同	同	同（作伽耶舎多）
鳩摩羅駄	同	同	同	同（作…多）
闍夜多	同	同	同	同
婆修槃多	同	同	同（同作…頭）	同（作…頭）
摩奴羅	同	同	同（敦、興、作、拏…）	同（作…拏…）
鶴勒那夜奢（止觀作…夜那）	同（無夜奢二字）	同（血脈作…耶舎 圓覺作…夜遮）	同（…同無夜奢二字）	同
師子	同	同	同	同

附記——伽を佉、舎を奢、多を駄、毱を掬と作る如きは、古來常に互用する所であるから、今繁を避け之を略することゝした。又第五祖の提多迦を今本止觀には提迦多とするのは恐らく誤寫であらう。第二十二祖の鶴勒那夜奢を、鶴勒夜那となすのと夜那の二字を誤り倒置したものと思はれる。景德傳統錄に第十八祖（付法傳等の第十七祖）伽耶舎多を伽邪舎多となす如きも古寫本では邪と耶とは極めて混じ易いので、耶を邪と誤ったのである。

此に壇經に就いて注意すべきは

(一)敦煌本幷びに興聖寺本では付法傳以來阿難旁出の弟子と稱する末田地を第三祖とし、師資相承中に加入したこと。

(二)之と同時第六祖彌遮迦を相承中より削除したこと。

(三)明藏本では前二者は付法傳を蹈襲するが、彌遮迦の後第七祖として新たに婆須密を加へたことである。此中末田地を第三祖としたことは敦煌本に始まつたのではない、前表を見ても明らかなる如く法寶記中既に存する。法寶記の著者が始めて斯く變更したか否も明了でないが、元來末田地は商那和修と同時の祖師であつたといふのであるから、後世之を相承中に加へたものもあつたのではなからうか。智者大師の摩訶止觀にも

付法藏人、始迦葉終師子二十三人、末田地與商那同時取之、則二十四人

ともあるのを以て見ても、彼等二人の共に付法の弟子である所から、之を列祖中に算入して居たものがあつたのであらう。而して法寶記は此列祖譜に據つたものと思はれ、敦煌本や興聖寺本も亦直接之を採つたか若くは之と同一資料に據つたと見るべきである。しかし末田地を祖師中に列すれば、其師子に至る迄は二十四人となるべきである。が迦葉より師子に至る間二十三人を算するのが付法傳以來の通說である所から、遂に彌遮迦を除き其二十三人の數を保存したか、或は壇經の據つ

た原資料に偶々彌遮迦を誤脱して居たか、何れかであらう。二十三人の中特に彌遮迦のみを削除すべき特殊の理由も發見せられぬ所から見れば、後の假定が寧ろ可能であつたかも知れぬ。明藏本の婆須密を第七祖としたのは景德傳統錄によつたのであるが、景德傳統錄に始まつたか否は不明である。唐代中葉の傳說では後に記す如く師子比丘以後に配せられて居るのであるが、婆須密は佛滅四百年後の出世とも傳へられる所から、之を適宜第七祖としたのではなからうか。何れにしても興聖寺本は敦煌本に據つたことは疑ないが、明藏本又は又其所依の景德傳統錄は之と系統を異にする資料に據つたことも明らかである。此事は敦煌本や興聖寺本が共に佛陀密多と書するを景德傳統錄乃至明藏本壇經が同樣に伏駄密多となし、前者の富那奢を後者は富夜奢となし、前者の比羅が後者は迦毗摩羅と變じ、前者の僧伽耶舍を後者は伽耶舍多となした所を以て見ても容易に之を證明し得るのである。思ふに唐末から宋初に至る間斯かる傳統譜が何人かに依つて作られたのであらう。

師子比丘より達磨に至り傳統は、唐代六祖以後禪宗の盛に行はれ、特に南北正傍の諍論の起つて後增補せられたものであり、而して此にあつては其の變異も一層甚だしい。

法寶記	血脈譜	圓覺疏鈔	敦煌本壇經	同興聖寺本	景德傳統錄、正宗記、明藏本壇經
(師子比丘)舍那婆斯	同	同	同	婆舍斯多	同
優婆掘	婆須密	優婆掘	同	優婆掘多	不如密多

婆須密多 ―― 僧伽羅叉 ―― 婆須密 ―― 僧伽羅 ―― 婆須密多 ―― 般若多羅
僧伽羅叉 ―― 優婆掘 ―― 僧伽羅叉 ―― （婆須）須婆密多 ―― 僧伽羅叉
菩提達磨 ―― 菩提達磨 ―― 達磨多羅 ―― 菩提達磨 ―― 菩提達磨 ―― 菩提達磨

前表によつて之を見るに師子比丘より達磨に至る間に補入せられた四師の名稱は、法寶記以來興聖寺本壇經に至る迄全然同一である。（但興聖寺本が舍那婆斯を後世壇經の如く婆舍斯多となす點だけが獨り他と相違する。）しかし其順序は互ひに相違し、優婆掘を補入の第二とするあり、第四とするあり、婆須密を第二とするあり、第三とするあり、第四とするあり、僧伽羅叉を第三とするあり、第四とするのがある。如何なる理由によつて斯く相違を來したか。此問題を解決する爲めには先づ以て此等四師の名稱を何れよりして採來つたかを明らかにせなければならぬ。此に補入せられた四師は前にも一言した如く明らかに達磨多羅禪經に本づくのである。禪經の初めには

佛滅度後、尊者大迦葉、尊者阿難、尊者末田地、尊者舍那婆斯、尊者優波崛、尊者婆須密、尊者僧伽羅叉、尊者達磨多羅、乃至尊者不若密多羅、諸持法者、以此慧燈次第傳授

とある。卽ち迦葉より末田地に至る迄は既に前の傳統錄中に列擧せられて居るので、舍那婆斯より達磨多羅に至る五師を取つて此に增補し、最後の達磨多羅と菩提達磨とを同一人となしたのである。是故に圭峯宗密の如きは列祖中には、尙は達磨多羅の名を存してあるが、其傳には支那に來つ

て禪法を弘めた達磨其人となし、法記もその表中には菩提達磨となしながら之に次ぎ、

西國二十九代除達磨多羅卽二十八代也

ともいひ、同じく菩提達磨と達磨多羅とを同一人物となして居る。元來禪經に說く迦葉阿難の後の末田地とは、いふ迄もなく傳統錄中、或は第三祖となし、或は阿難旁出となすものと同一人であり、舍那婆斯とは四祖又は三祖の商那和修であり、次の優婆崛とは五祖又は四祖の優婆毱多であることは疑ない。隨つて此等祖師を二十餘代の後に入れらるべき筈はないのである。が此等の不合理を說くことは今余輩の目的とする所ではない、此では唯其所依の何處にあるかを明らかにすれば足れるのである。で若し此等祖師の名が禪經から採り來られたものとすれば、其歷史的であると否とを問はず、其順次は舍那婆斯、優婆崛、婆須密、僧伽羅叉と列せらるゝのが當然である。乃ち法寶記や興聖寺本が大體正しく、他の諸本は皆之を誤つたものと思ふ。斯かる人物の前後次第を變更すべき特殊の理由や事實が存在した譯ではないのであるから、故意に之を變化したものとは考へられぬ。恐らく後世轉寫の際、次第に誤寫せられ斯く諸種變異を生ずるに至つたと考へるのが穩當であらう。敦煌本壇經も後の二人を前後顚倒して居るに關はらず、興聖寺本は正しく禪經の順次を保持して居るのは、恐らく改修の際之を訂正したものと信ずる。但此に一の奇怪なるのは、禪經を始め敦煌本壇經に至る迄、何れも舍那婆斯とあるのを婆舍斯多と變じたことである。商那和修と同音を

表はしたものとすれば、舍那婆斯が寧ろ之に近く、婆舍斯多の誤なることはいふ迄もない。興聖寺本が優婆崛以後の人名の唐代既に顚倒錯置せられたものをも訂正し、之を禪經の順次に複したに關はらず、婆舍斯多にのみ之を誤つたのは頗る奇怪である。しかしこれも恐らく興聖寺本作者の依つた禪經が偶此に誤寫されて居たのではなからうか。婆舍斯多の名は外には見當らないやうであるから、興聖寺本作者が特に之を改變すべき理由もなかつたことゝ思ふ。

景德傳統錄以下明藏本壇經に至る迄は、婆舍斯多のみは興聖寺本により之を蹈襲するが、優婆崛以下三人の名は全然之を削除し、(勿論婆須密だけは第七祖として前に補入した、)從來の傳統錄に見ざる全然新たなる不如密多、般若多羅の二人を以て之に代へた。此中不若密多の名は禪經にも顯はれて居るが、此には「尊者達磨多羅乃至不若密多羅」とあり、不若密多羅は達磨多羅より以後の傳統者でなくてはならぬのであるから、不如密、般若、達磨と次第するは到底有り得べからざることである。般若多羅に至つては禪經には其名すら現はれて居ない。しかしこれは景德傳統錄著者の始めて唱へた所ではなく、恐らく前者と別系統の傳說に據つたものであらう。所が東晋時代慧觀の「修行地不淨觀經序」(出三藏記集卷九)を見ると、

佛涅槃後、阿難曲奉聖旨、流行千載、先與同行弟子摩田地、摩田地傳與舍那婆斯……傳此法至於罽賓、轉至富若蜜羅、富若蜜羅……後至弟子富若羅……富若蜜羅去世已來五十餘年、弟子去世二

十餘年、曇摩多羅菩薩與佛陀斯那俱共諮得高勝、宣行法本。

といひ、而して此曇摩多羅が天竺より來り、其法を婆陀羅（禪經の譯者覺賢）と佛陀斯那に傳へたとある。今の壇經等の傳統は卽ち此說を承けたのであらう。此には明らかに次第順序を說き、先づ舍那婆斯（後の婆舍斯多）を擧げ、次に富若蜜羅（卽ち後の不如密多）次に富若羅（後に般若多羅と變ず）最後に曇摩多羅菩薩（之を達磨多羅卽ち菩薩達磨となす）が此法を相承したとなすのであるから、其時代の相違は今姑らく之を置く、其順序は全然後世傳統錄や壇經の傳說と符合する。乃ち慧觀の言が抑も後世傳說の据つて生じた根源である。而して尙ほ宋の契嵩の正宗論（第二編）には唐の寶林傳を引き、

寶林傳曰、佛大先乃跋陀之弟子、菩提達磨始亦學小乘禪觀於跋陀、後與大先皆禀法於般若多羅。

といふを以て見れば、寶林傳は今傳はらぬが、慧觀序に基づき此新たなる傳統を作り、序中の富若羅を般若多羅に、從つて恐らく富若密羅を不如密多となしたのであらう。何が故に禪經本文の傳統を採らずして、慧觀序に述ぶる所を取るに至つたかは明らかならぬが、或は本文に述ぶる優波崛や婆須密等の遠く過去の人なるを思ひ、慧觀序の如く師資相承の明らかにして達磨多羅に直接先てるものを擇ぶに至つたのかも知れぬ。佛祖統紀（卷二十一）には宋の子昉が契嵩の二十八祖說に對し止訛を作り之を拆いたことを說き、其略に

契嵩立二十八祖、妄據禪經熒惑天下、斥付法藏爲謬書、此由唐智炬作寶林傳……炬妄陳於前、嵩綴附於後、瀆亂正教、瑕玷禪宗。

といつたとあり、又智昭の「人天眼目」(卷五)にも

二十四祖師子尊者度婆舍斯多、兼出達磨達、其錄具在唐會稽沙門靈徹序、金陵沙門法〔智の誤か〕炬所編寶林傳。

といひ、何れも寶林傳を以て其始となす。寶林傳の制作の果して何年であつたかは確として判らぬが、釋氏稽古略(卷三)には、

寶林傳、貞元十七年建康沙門慧炬、天竺三藏勝持、編次諸祖傳法記識及宗師機緣、爲寶林傳。

とあるから、貞元十七年の頃に編成せられたものと推測せられる。若し貞元十七年に成れりとせば長慶の宗密や我邦弘仁十年の血脈譜よりは約二十年前ではあるが、太曆年間に成れる法寶記よりは約二十餘年後るゝものらしいから、達磨を以て二十八祖又は九祖となす說は必らずしも寶林傳に始まるものではない。しかし寶林傳の婆舍斯多乃至達磨に至る傳統は、法寶記等第一類の諸書と其系統を異にするを以て見れば、景德傳統錄以後の諸書に見る如き傳統は、或は寶林傳に始まるのではなからうかと思ふ。尙ほ前記人天眼目には前文の次ぎに、

據前魏天竺支彊梁樓續法記、具明師子尊者遇難以前傳衣付法之事。

ともいふ。此續法記なるものは甚だ怪しむべきものであり、三國魏の時既に斯かる傳統說があつたとは到底信ずるに足らず、支彊梁樓なるものも亦歴史的人物なるや否は疑はしい。何れにしてもこれは後人の僞作であらうと思ふが、寳林傳制作前後或は俗間斯かる書があつたのでらうと思ふ。しかし此書は契嵩の正宗記によれば、過去七佛より二十五祖婆舍斯多に至るものといふを以て眞なりとせば、婆舍斯多迄は何れの傳統說にあつても大體同樣であり、其異なる所はそれより達磨に至る間に存するのであるから、寳林傳は或は婆舍斯多までは之に據り、それより以後は新たに慧觀序を取つて之を補ふたのであらう。（婆舍斯多の名も或は寳林傳に始まつたのかも知れぬ。）

以上略述する所によつて之を見れば、達磨二十八又九祖說は宋以前唐代より既に幷び行はれた所で、兩者共に大體は法藏傳に本づくものではあるが、一は禪經本文を以て之を補ひ、一は慧觀序を以て之を補ふたのである。而して景德傳統錄の出づる以前は、前說が主として少くとも有識者間に行はれ、同書以後は專ら後說が用ゐらるゝこととなつた。興聖寺本は殆んど前者の終をなしたものと思はれる。

然らば達磨を以て二十八、九祖となす說は果して何時頃よりして生じたとなすべきか。慧觀序に據る第二傳統說（明藏本系）が若し寳林傳から始まつたとすれば、貞元十七年前後からであつたといはなければならぬ。禪經本文による第一種傳說は長慶年間の圓覺疏幷びに之より數年以前の傳教血脈譜共に之を傳ふるを以て見れば、當時は禪學者間一般に用ゐた所であつたらしい。而して若し法寶記が太曆年間に制作せられたとすれば尙ほ之に先つこと數十年、寳林傳の成れる貞元十七年よりも二十有餘年以前、既に少くとも一部の學者によつて唱えられたものと信ずる。最近胡適氏は、

二十八代之說、大概也是神會所倡、起於神會的晚年。

と說き、其證として第一は敦煌本壇經は神會一系に出す所となし、此壇經には二十八代を說くが故に、第二の證としては李華の天台宗左溪大師碑には同じく達磨を以て二十九世となし、而も左溪の元朗は天寳十三年に卒して居るから、此時は神會未だ死せず、其晚年に當るからといふのである。しかし此等の理由は甚だ薄弱であつて吾人の尙ほ容易に信ずべからざるものである。六祖壇經の一篇が神會又は其一系のものゝ作る所となすのが、既に一の假定である。勿論南頓北漸說は神會の始むる所であるから、壇經中の此說は廣い意義に於ける神會一系の手に出たものといはるゝであらう。しかし此に吾人の注意すべきは神會一系とは、神會若くは之と同時の神會門下とは限らぬのである。神會以後其說の既に世に行はれてから、南宗系の人によつて增補せられたとしても何等差支ない。又左溪大師碑にいふ所が、若し左溪の說を記したものとすれば、左溪は天寳十三年歲八十二を以て卒したのであるから、神會と同時先輩である。神會又は神會系のものが敦煌本壇經を作つたとすれば、此傳統は神會又は其一系のものが始めて倡えたといふよりも、左溪の說又は之と同一資

料に據つたものとなすのが、寧ろ穩當であらう。しかし尚此には二個の吾人の注意を要するものがある。其一は李華の左溪碑に述ぶる傳統は左溪の言を傳へたものとは限らぬことである。だから左溪が天寶十三年に卒したからといつて、此傳統說が必らず天寶十三年以前に成立して居たとも斷言すべきではない。其前か後かは秋毫之を證し得ない。が作者李華は太曆の初に卒したのであるから、先づ大體神會と同時在世の人である。で神會時代斯かる傳統說の存したことだけは確かである。但李華は此碑文に南宗の一派のみの傳統を說いたのではない、北宗も南宗も牛頭乃至天台の禪迄も、佛の心法を相承したとなすのである。而して是れは到底神會等の南宗のみが唯一正脈であるとなす說と相容れない。寧ろ其れは神會又は南宗以外の系統の思想に据つたのでなからうかと思ふ。此等の點より見れば李華の二十九代說が神會又は其一系より出たものとは考へられない。其二、特に吾人の注意を要するは、敦煌本壇經は過去七佛より數え慧能を以て三十五代とする、で若し迦葉から之を算すれば二十八代となる。然るに李華の碑文によれば達磨を以て二十九世となす、恐らく是れは法寶記述ぶる所と同一であつたのであらう。若し彼が神會作る所の壇經に據つたとすれば、何が故に之を變更したであらうか。余輩の考ふる所によれば、是れは寧ろ彼と其系を異にした一說であつたと信ずるのである。

一體六祖の頃に至る迄は、達磨以前の傳統說は禪學者の措いて問はざる所であつたらしいが、神會の正傍の辨が倡へられてから、達磨以前に迄溯り、其傳統が論ぜらるゝことゝなつた。しかし神會時代(即ち開元の頃)から元和時代に至る迄は、其傳統說も未だ一定せず、學者の間各其見る所によつて異つて居たらしい。開元二十一年神會が滑臺にあり宗旨を定めた前後、崇遠が「唐國菩提達磨旣稱其始、菩提達磨西國復承誰後、又經幾代」と問へるに對し、神會はいふ。

菩提達磨西國承僧伽羅叉、僧伽羅叉承須婆蜜、須婆蜜承優婆崛、優婆崛承舍那婆斯、舍那婆斯承末田地、末田地承阿難、阿難承迦葉、迦葉承如來付、唐國以菩提達磨爲第八代、西國有般若蜜多羅承菩提達磨後、唐國惠可禪師承菩提達磨後、自如來付西國、與東國總經有一十三代(神會語錄第三殘卷、敦煌本)

十三代とは言ふ迄もなく六祖慧能に至る迄である。而して此に擧ぐる八代とは、全然前記達磨多羅禪經に據つたのである。それ故に更らに崇遠が達磨の何故に八代なることを知るかとの問に對しては、

據禪序中、具明西國代數、又惠可禪師親於於嵩山少林寺問菩提達磨、答一如禪經序中說。

とある。勿論惠可が達磨に斯かることを聞いた抔とは事實到底有り得べからざることであり、是れは慧可が法を達磨に問ふたといふ文を神會が付會强辨したに過ぎないのである。要するに神會時代は達磨の西天傳統說の始めて起つた時で、時代の遠近如何を問はず、一に禪經述ぶる所を以て其儘

達磨の傳統となしたことを知るべきである。尙ほ序に一言すべきは神會の顯宗證である。今此文は景德傳統錄(卷三十)に收載せらるゝが、近時敦煌よりも出土した。之には頓悟無生般若頌と題し、卷首は缺けて居るが、中間より終は全い。現行本と多少文字の異同出入はあるが、內容は先づ大體に同樣である。所で現行本では其末に

菩薩慈悲遞相傳受、自世尊滅後西天二十八祖、共傳無住之心、同說如來知見、至於達磨、屆此爲初。

とあり、神會が旣に達磨二十八祖說を倡えた如く見へるが、敦煌本には自世尊以下前記批點の部分、四句二十三字がない、恐らくこれは後人の增補した所であらう。胡適氏は之を以て神會が晚年其說を變じたものとも考へて居るが、これは單に想像であつて、何等信ずべき理由はない。

敦煌出土本には又楞伽資持記なるものがある。此にあつては楞伽經の飜譯者求那跋陀羅を以て禪の第一祖となし、達磨は其法を繼いだものとするのである。是れは宛も天台に於て龍樹を以て始祖となし、慧文、慧思と次第相承したといふのと同樣である。資持記は景德傳統錄では弘忍の門より出たといふ玄賾の弟子淨覺の作る所といふ。淨覺の生卒年代は明らかならぬが、王維の「大唐大安國寺故大德淨覺師塔銘」に據れば、淨覺は「姓韋氏孝和皇帝庶人之弟也」とあるから先づ開元時代前後に在世した人かと思ふ。で或は此說が達磨の傳統を說いた始めてのものであつたかも知れぬ。

而して之に對し太曆年間に成れると思はるゝ前記法寶記の二十九代說が起つたのではなからうか。

で法寶記には前記達磨以前の傳統を說いた後、

有東都沙門淨覺師、是玉泉神秀禪師弟子造楞伽師資血脈記一卷、接引宋朝求那跋陀三藏爲第一祖不知根由、或亂後學、云是達磨祖師之師求那跋陀、自是譯經三藏小乘學人、不是禪師、譯出四卷楞伽經、非開受楞伽經與達磨祖師、達磨祖師自二十八代、首尾相傳、承僧伽羅叉、

と述べて居る。此には淨覺を以て秀禪師の弟子とある。王偉塔銘には「聞東京有賾禪師、乃脫屣戶前、樞衣座下」といひ、賾の門人であつたことは疑ないが、賾は或は神秀の弟子で、景德傳統錄が誤つて居るのかも知れぬ。楞伽の譯者彌陀を小乘學人となすのは多少誤つて居る。跋陀は開元錄(卷五)にも「以大乘學故世號摩訶衍」ともあり、楞伽以外勝鬘等數部の大乘經典をも譯出して居る。しかし彼は比較的多く小乘經典をも出し、又阿闍若習禪經(闕本)の如き小乘禪經とも思はるゝものをも譯して居るので、或は此には小乘學人と稱したのかも知れぬ。兎に角跋陀を以て達磨の師となすに對し、法寶記は二十九祖說を主張したのである。尙ほ此資持記の著者は無相の弟子らしく、而して無相は處寂を通じ智詵の門人であり、智詵は弘忍の門から出たものである。同じく弘忍の門より出たとしても、前の淨覺と稍其系統が異なつて居たのである。二十九代說は前記李華の左溪大師碑にも載つて居るから、太曆前後に至る迄も世に倡へられたことが判る。達磨二十八代說は現行本

顯宗起の文をして後世攙入とすれば、我邦の傳敎、圭峯の圓覺疏を以て最古のものと見なければならぬ。圭峯の據る所は明らかでないが、傳敎は其血脈譜に「謹案傳法記云」といひ、傳法記なるものを引いてある。傳法記は其前文に又西國佛祖代々相承傳法記とも稱する。斯かる書が何人の作か明らかならぬが當時世に行はれ、傳敎も之と同時の圭峯も之に據つたのであらう。傳敎の越州錄を檢すれば其中「西國付法記」一卷なるものがある、是れが卽ち前の傳法記のことであらう。越州錄は傳敎が唐の貞元二十一年に寫得來つたのであるから、それ以前既に支那に行はれたものに相違ない。尙白樂天の「西京興善寺傳法堂碑銘並序」には

> 釋迦如來欲涅槃時、以正法密印、付摩訶迦葉、傳至馬鳴、又十二葉傳至師子比邱、及二十四葉傳至佛陀先那、先那傳圓覺達磨

といふ。此碑は白樂天が元和十二年六祖下再傳馬祖道一の弟子惟寬(大徹)の卒した記念の爲め建てたものであるから、元和頃の傳說であらうと思ふが、二十四葉佛陀先那に傳へ、先那から達磨に傳はつたとすれば、達磨は正しく二十五代となる譯であり、從來の諸說とも頗る相違する。(其銘の中には「佛以一印付迦葉、至師[大徹]五十有九葉」との句もあるが、五十有九とは何等かの誤寫であらう、如何樣に之を計算するも五十九の數は之を得られないのである。)佛陀斯那(又は佛太先)とは禪經の慧遠や慧觀の序にも其名を出してあるが、何れも達磨多羅と同門の弟子で、達磨は東土に

來り、先那は西天にあつて其法を弘めたといふ。此先那を以て達磨に法を傳へたとするのは、甚だ奇怪なることであるが、事實の眞僞は今此に論じる所ではない。元和の頃に至る迄斯かる傳説が一部學者の間に倡えられ、二十八又は二十九祖説の尙ほ一般社會に行はれなかつたことを知るべきである。

余輩の想像する所によつて見れば、彼の天台が龍樹を以て祖師となし、淨土敎家が龍樹天親の法を傳へたとなすが如く、禪家も先づ初めには淨覺の楞伽の譯者求那跋陀を以て達磨の祖師となす説が起つたのではなからうか。しかし跋陀は譯經者としては知らるゝが、達磨禪を傳へた痕迹もないことであるから、社會は禪經に説く所を附會し、達磨七代説を唱えたのであらう、而してこれは何れも開元年間、六祖入滅後遠からざる時代のことである。しかし佛滅から達磨に至る約一千年の間、僅かに七代とするのは餘りに不合理である所から、次には付法藏傳と禪經とを連結し、此に二十九代説が成立した、これが天寶の末年か太曆の間のことである。(李華左溪大師碑法寶記)傳數や圭峯の二十八代説は、要するに阿難の次に末田地を列するか否に於て二十九代説と相違するだけである。元來末田地は付法傳に於ては之を傍出とするのてあるから、之を祖師世系に列するに多少不合理な點がないでもない、で付法傳の本文に據り之を除外することゝなり、此に二十九代が二十八代説と變つたのではなからうか。而して傳敎の所謂傳法記なるものが何時制作せられたか判らぬが、約太曆以後貞元の頃に至る間のことであらう。しかし此等二十八代說は禪經の本文によつて師子比丘以後を補ふたのであるが、此等の祖師は前にも述べた如く遙か古代の人物であり、之を直ちに菩提達磨に接するは歷史的に頗る首肯し難い所から、舍那婆斯以下諸師の名を削り、或は之を前に補入し、新たに慧觀の序文により不如密多、般若多羅の二人を以て之を代へ、景德傳統錄以降見る所の形をなした、而してこれが寶林傳に本づくとすれば、貞元十七年頃に成れるものといはなければならぬ。斯く考へ來ると、達磨傳統說の次第に變化し來つた順序並びに其理由が善く明了となり得るのである。しかし元和の頃迄は世間尙ほ多少の異說が行はれ、一定する所がなかつた、のみならず宋の初に至る迄は、寶林傳の說が最後に顯はれたに關はらず、學者は之を取らず、寧ろ圭峯等の說を奉じて居たものらしい。思ふに寶林傳は元來俗書で、契嵩の正宗論に「其文字鄙俗、序致煩亂、不類學者著書」とまで評せらるゝ如く、一般學者の讀む所とならなかつたに對し、前者は圭峯の如き其學識禪思一代に卓越したものが、其著作に明記したが爲め、其說は永く後世に行はるゝに至つたのであらう。しかし宋時代歷史的研究が進むに隨ひ、俗書でも寶林傳が寧ろ事實に近い所から、遂に景德傳統錄以後專ら之に據るやうなことゝなつたのであらう。而して敦煌本並びに興聖寺本は內容に於ては達磨二十九代說に相似、而も何故か彌遮迦を除いたが爲め二十八代說の形を保持して居るのである。

（一四）此篇を終るに臨み尙ほ最後に敦煌本に就き一言附記して置きたい。前に引用した郎侍郎作の六祖法寶記叙に「六祖之説、余素敬之、患其爲俗所增損、而文字鄙俚繁雜殆不可考」といふものは、果して敦煌本を意義するか否を知らぬが、敦煌本壇經も其文字頗拙劣であるのみならず、誤寫誤字乃至同音互用の字甚だ多く、意義の頗る明了を缺く所も少くない。中に就き吾人の稍興味を感ずるのは其互用の字である。唐代俗間如何に亂雜に同音字を互用して居たかの一斑を知る爲め、左に之を列擧して置かう。（初に擧ぐる所は敦煌本に用るもの、括孤内のはその正字である。）

姓（性）	流（留）	悟（吾）	名（迷）	門（問）	淸（情）
假（繫）	明（迷）	鏡（境）	章（障）	量（慮）	名（明）
西（星）	敬（境）	名（命）	到（倒）	道（導）	過（愚）
海（悔）	志（至）	議（疑）	諦（帝）	德（得）	問（聞）
指（旨）	聞（文）	僧（曾）	聞（問）	敬（啓）	幸（行）
淨（靜）	摩（魔）	花（化）	性（世）	求（救）	保（報）
油（由）	性（聖）	弟（定）	懸（縣）		

等以て之を推測すべきである。

又敦煌本の文章が如何に錯亂顚倒して居るかの一例として、興聖寺本、第十一敎示十僧傳法門の初五對、十二對、十九對等の文を擧げて置く。

敦煌本

外境無情對有五、天與地對、日與月對、暗與明對、陰與陽對、水與火對、語與言對、法與相對、有十二對、有爲無爲〔對〕有色無色對、有相無相對、有漏無漏對、色與空對、動與淨(靜)對、淸與濁對、凡與性(聖)對、僧與俗對、老與少對、大々(衍)與少(小)々(衍)對長與短對、高與下對、自性居(衍カ)起用對有十九對、邪與正對、癡與惠對、愚與智對、亂與定對、戒與非對、直與典(曲)對、實與虛對、嶮與平對、煩惱與菩提對、慈與空對喜與嗔對、捨與慳對、進與退對、生與滅對、常與無常對、法身與色身對、化身與報身對、體與用對、性與相〔對〕有淸(親カ)無親

興聖寺本(明藏本)

外境無情五對、天與地對、日與月對、明與暗對、陰與陽對、水與火對、此是五對也、法相語言十二對、語與法對、有與無對、有色與無色對、有相與無相對、有漏與無漏對、色與空對、動與靜對、淸與濁對、凡與聖對、僧與俗對、老與少對、大與小對、此是十二對也。自性記用十九對長與短對、邪與正對、癡與慧對、愚與智對、亂與定對、慈與毒對、戒與非對、直與曲對、實與虛對、險與平對、煩惱與菩提對、常與無常對、悲與害對、喜與嗔對捨與慳對、進與退對、生與滅對、法身與色身對、化身與報身對、此是十九對也。

對、言語與法有十二對、内外境有無五對
三身有三對、都合成三十六對法也。

即ち第一の外境の五對中、敦煌本では語言、法相をも其中に列擧するが爲め實は七對となり、而して次の十二對とは何の十二對か更らに判らぬことゝなつた。即ち「語與言對、法與相對」は「法相語言」の誤寫である。次の十二對の中「語與法對」が前の五對中に繰上げられた代り、終の十九對中の長短と、更らに新たに高下の二を加へ、其數十三となる。最後の十九對には長短が十二對の中に加へられ、新たに體用、性相、有親無親の三對が增加せられた、而も中間慈と毒、悲と害の二對が缺け、之に代るに唯慈と空との一を以てしたるより、全數二十となる。其本文の錯亂以て知るべきである。尙ほ最後に「言語と法とに十二對あり、内外境に五對あり、三身亦三對なり」といふが、此では「都合三十六對」とはならぬのである。此等は實に奇怪なる誤寫である。

敦煌本壇經は斯く善本とは稱し得ないものではあり、又これが決して壇經最初の形でもない、が之あるによつて吾人は唐末に於ける壇經の如何なるものであつたかゞ判り、又興聖寺本は多少之を修正したとはいへ、尙ほ大體に於て唐本を繼承したものたることも明らかにし得る點に於て、吾人に貴重なる資料となるのである。而して現藏本は興聖寺本を基礎としたとはいへ、既に其篇章をも前後錯置し、曾溪別傳や景德傳統錄や恐らく又契嵩の三卷本等をも雜糅し、更らに一層增補し成れるので、壇經の舊を去ること愈遠く、六祖の面目は愈渺乎として認め難きに至つたのである。

（附記——余輩が初め本篇起稿に際しては、最後の結論として「六祖壇經の作者幷びに年代考」の一章を附する豫定であつたが、餘りに紙數を費すこと多くなつたが爲め、本篇は一先づ此に擱筆することゝなし、他日機會を得て更めて之を發表し、江湖の批評を仰ぐことゝした。昭和七年五月）

兜跋毗沙門攷

松本文三郎（1869—1944）

《東方學報京都》10-1，1939

兜跋毘沙門天像

教王護国寺

兜跋毗沙門攷

松本文三郎

一

兜跋毗沙門の形像は近時特に我邦學者の注目する所となり、之に關する紹介や、研究の發表せられたもの亦二三に止まらぬ。が「兜跋」の語義に至つては未だ一たびも人をして首肯せしむるに足るべき解釋の擧示せられざるは余の最も遺憾とするところである。これ余が本小篇に於て一新解釋を試み、世の批判を請はんと欲する所以である。斯く本篇は「兜跋」なる文字の解說を以て主たる目的となし、其形像や緣起に就いて論述せんと欲するものではない。がしかし此等の事項は「兜跋」なる語義の解釋に當つても密接なる關係を有するのみならず、從來學者の所說にあつては、所謂兜跋毗沙門像なるものゝ特徵とする所の頗る曖昧不明なる點も尠からず、又旣に此特殊の形像が成立した後に僞作せられたと思はるゝ經典を典據とし記述せらるゝこともないではない。で余が今此等の點に就き豫め簡單に論議して置くことも勢の止むを得ざるところであり、又必らずしも無用の業ではなからう。

先づ形像から之を述べる。元來兜跋毗沙門とは一般毗沙門天なるものゝ一種特殊の形像に過ぎぬ。從つて鎭護國土の武神であることも言ふを俟たぬ。然らば如何なる點に於て兜跋毗沙門が一般毗沙門と相異すとなすべきであらうか。我邦に於ては假令ひ同一根本像から派生し來つたとしても、諸種の時代、諸種の地方に製作せられた兜跋像の今に存するものの亦必らずしも少くなしとせないが、支那本土にあつては未だ一も發見せられないから、古代支那にあつては如何なる形式を以て製作せられたかは全然不明である。而して我邦に於ける此形像も時代の降るに隨つて次第に變化し、兜跋毗沙門も一般毗沙門に近似し、其差別の點も漸に曖昧不明とならんとする傾向を有する。幸ひに近時西域地方の探檢によつて所謂兜跋毗沙門像の、繪畫に彫刻に發見せらるゝもの少くない。で此等兩者を比較し、彼此共通の點を捉らへ來らば、假令ひそれらが各多少づゝ地方的變化を受けたとしても、先づ以て原始的形像に最も近いものを髣髴せしむるに足ることゝ考へる。① 斯かる方法によつて吾人は兜跋毗沙門像に於て先づ大體次の三種の特徵を認め得るのである。

(一)地天が地中より半身を現じ、其兩手を以て毗沙門天の兩足を支持する。

(二)襟の稍開いた、長さ膝に達する、一見外套樣の鎧を着け、腰に帶を纏ひ、長劍を斜に釣下げる。

(三)頭には高くして精細なる裝飾を附した寶冠とも稱すべきものを戴く。
此中第一の特徴を以て後世では兜跋毗沙門の最も著しく異なる所となし、之あるを兜跋となし、之なきを普通毗沙門となして居るやうである。又時としては地天も地中より現出せずして、宛も雲中に半身を現ずる如く作れるもののもないではないが、是れは全然原義を失つたものである。元來地天(叉神)とは印度のPrithivīであつて、これは大地(土地)を神化したものであり、大地は萬物を生產するものであるから女性とし、女神の形を以て之を表はしたのである。又之を堅牢地神ともいふが、堅牢は卽ち大地の性質に外ならぬ。地天を神王の足下に安くに至つた動機は、金光明經の所說に本づくことは疑を容れぬ。同經(堅牢地神品、曇無讖譯)には次の如く言ふ。
爾時地神堅牢白佛曰、……隨是經典所流布處、是地分中敷師子座、令說法者坐其座上、廣演宣說是妙經典、我當在中常作宿衞、隱蔽其身於法座下、頂戴其足。②
卽ち此經典の言ふ所は地天が經の講說者を守護するにあるのであるが、兜跋像にあつては之を更らに毗沙門天に適用したものと思はれる。地天を天王の足下に安いた理由が既に斯の如くであつたとすれば、これは從來の毗沙門像には未だ見ない新意匠を出したものではあるが、云はゞこれは座の一變態であつて、其主體たる天王自身には何等關係を有するものではない。
次に第二の特徴として擧げた、長く膝(時としては膝の下に)まで達する鎧を着けることは、古今東西何れの此像にも均しく見る所であるが、其鎧は鎖繋ぎのものもあり、小板繫ぎのものもあり、更らに又龜甲形のものを繫いだのもあり、必らずしも一様ではない。彫像にあつては或は元と表面に此等の模樣が描かれて居たのかも知れぬが、今は何等此類の文様はなく、普通の衣と同樣なものもないではない。此等鎧の樣式は各其時代や民族によつて多少變化せられたか、或は作者の隨意に多少の變異を加へたものであらう。兎に角毗沙門天は護國の天王であり、怨敵を防禦する武將であるから、其鎧を着けるのは當然であつて、秋毫も怪しむべきではない。而して其着方も左衽のものもあれば右衽のものもあるが、前者は恐らく其原始の形を保存したものではなからうか。後世では何れの民族にあつても一般に右衽が行はれて居るのであるから、左衽のものを右衽に變化することは極めて可能のことであるが、右衽のものを特に左衽にすべき何等の理由もないからである。又其鎧の周邊には諸種の装飾を施した縁を繞らしたことも、殆んど何れの像にも共通するところである。帶劔も現存する我邦の彫像には全く之を缺くが、西域地方に發見せられた繪畫や、我邦古代に傳はつた圖像には何れも之を認め得るのであるから、これも原形に近いものと思はれる。[3] 此等特殊なる服装に就いては嘗て源豐宗氏が説けるが如く、龜茲國に於ける壁畫中に顯はるゝ武人像に於て殆んど之と同一なるものを見るのである。[4] 其襟の稍寬かに開いた長き縁取りたる鎧を着け、長劔を帶したる等の諸點に於ては龜茲像は全然所謂兜跋毗沙門像と異ならぬ。斯かる武装は此等民族若くは此等地方に行はれたものであらう、而して兜跋像は此等民族の始めて製作する所であつたに相違ない。所がスタインのコータン地方ラワック(Rawak)塔趾に發見した石像にも亦之と頗る相似たものがある。此は崖の面に彫刻したもので上半身は既に破毀せられ見るを得ないが、兩脚の中間下部に地天が半身を顯じ、上の像の兩足を支持し、又長き衣を着けた點に於て所謂兜跋像と全く異ならぬ、此點よりして此像をも兜跋毗沙門と推定するのは必らずしも理由のないことではない。しかしながら多少此に疑問とすべきは其上半身が破毀せられ、其頭部や持物が判らぬのみならず、其衣の果して武裝であるか否も明らかでなく、帶は腹部の前面に結ばれ、其兩端を長く垂れ、衣の裳にまで達せしめ、寧ろ人をして平服にあらずやと思はしむるものがある、此等の諸點に於て他の兜跋像と頗る趣を異にするので、果してこれが毗沙門像として製作せられたか否は容易に斷言し得ないのである。[5]　但毗沙門像にも諸種の變態があるのであるから、必らずしもこれが所謂兜跋にあらずと斷言することも出來ない。今假りに之をして所謂兜跋像なりとしても、古來龜茲と于闐地方との間、彼此の交通既に開けて居たことであるから、同一民族の移住者が之を作つたと考へられぬこともなく、或は一地方の思想が他地方に移入したものとも考へられる。又之を以て所謂兜跋像にあらずとするも、于闐地方の佛教者が金光明經の思想によつて、一定の像を造り、其思想が他地方に轉入し、更らに之を毗沙門天に適用したとも想像し得るのである。但後世の兜跋毗沙門像なるものは、後に說く其緣起によるも(假令ひ其緣起は後世杜撰の作であるとしても)安西卽ち龜茲地方と密接なる關係を有する所から見れば、龜茲地方が少くとも支那兜像跋の直接根據地であつたことは疑ない事實であらう。　此武裝の樣式が如何なる民族によつて作り出されたかは今日の所何人も能く斷言し得ないことであらうと思ふが、又之と頗る相似た武裝を揵陀羅出土の月氏の迦膩色迦王像(ペシャヷール博物館藏)にも見得るのである。　迦膩色迦王像は、王の貨幣面に於けるそれも同樣であるが、外套樣の腰邊稍緊り、裳に於て左右に廣がり、膝より下に達する長いものを着け、前面には大なる劍を持して居る。　但兜跋像と稍異なる所は外套樣のものゝ內部に帶を纏ひ居ることゝ、外套樣のものには緣縫はあるが、別に裝飾した布片を付してないことである。　が、これも兜跋像の服裝と直接間接多少の關係がないとはいへぬ。

兜跋像の寶冠に至つては一層複雜であり、其原形の果して如何なるものであつたかは殆んど想像にも困難である。　吾人は唯其複雜精細なる裝飾を施し、而して比較的高いものであつたらしく考ふるに止まる。　覺禪鈔、毗沙門天の條下に「普賢延命口決」なるものを引きいふ、

多聞天身色黃金、頭冠上有赤鳥形、如金翅鳥。

又更らに之に次ぎいふ、

惠什云、毗沙門頂上有鳥似鳳凰、未見說所。　但有證據事、天竺于闐國有古堂、安置毗沙門、戴鳳凰也、件堂修理料、堂內庭埋寶物、于時盜人入欲盜之時、彼頂上鳳凰羽打鳴、仍盜人大惶怖、不取寶物逃去畢、傳記中注之、云々

と而して此に鳳凰の冠を着けた天像を戴する。　後世我邦の造像にも此類の鳳凰を附したものもあり、或は鳳凰とは思はれぬ鳥の形を附したのもある、前の赤鳥といふのは恐らく此一類を指すのであらう。　悳什の于闐國に於ける鳳凰の傳說なるものは如何なる傳記に本づくかは明らかならぬが、固より怪誕信ずるに足らず、又于闐國に鳳凰を堂上に置いたといふのも極めて怪しむべきである。　燉煌出土の天王像や、我邦の圖像抄等の古鈔本を見れば寶冠の左右兩側に宛も鳥の翼を張つたやうな裝飾を附したのがある、これは勿論裝飾に過ぎず、鳥を形取つたものでもない。「燉煌畫の研究」には之を以てサッサン系の Kosroës II の王冠に比擬してあるが[6]、これも或點に於ては能く似たものであるが、サッサン王の冠には其頂に日月の形を作つてあるが毗沙門像のものには勿論之はない。Kosroës II は五百年代の末から六百年代の初に亙り在世した人であるから、時代も相近く、或はそれらからヒントを得たものかも知れぬ。　しかしサッサン王系の歷代諸王が皆斯の如き寶冠を用ゐた譯ではなく、前諸王の寶冠には斯かる裝飾のない所から見ると、これは同王に始まつたものらしい、だから果してこれがサッサン民族特有のものか否も明らかではない。　何れにしても一度西域地方に於て所謂兜跋毗沙門の寶冠として斯かる特殊のものが制作せられ、而して之が支那に傳はるや、支那の技術家は之を誤解してか、或は之を更らに一層美化して鳥冠と變じたのではなからうか。　而して鳥冠と變ずるに當つて、(支那には今遺作の存するものがないのであるから、何とも斷言は出來ないが、之を傳へた我邦の制作から推測すれば、)此に二種の變態が生じたものと考へられる。其一は卽ち鳳凰冠である(東寺兜跋型)。鳳凰は古來支那人の靈鳥とする所であり、六朝時代から佛殿屋上にも之を造り莊嚴したことは、旣に靈巖石窟の彫刻に於て之を見るのであるから、之を以て毗沙門天の寶冠となす、亦必らずしも怪しむに足らぬ。其二は所謂赤鳥冠であるが、赤鳥とは其色の赤きにより假りに附した名稱であらうと思ふ(兵庫縣達身寺型、但達身寺の像には兩型共存するやうであるが、就中比較的大像)。鳳凰ならば何人も知る所であるから、之を特に赤鳥抔と稱することはない筈である。而して此所謂赤鳥と極めて類似の冠を戴ける像は、唐代土偶中にも屢發見せらるゝ所であり、これは明らかに鳳凰ではない。余の想像する所によればこれは或は支那に於て古來武人の象徵とする鶡鳥ではなからうかと思ふ。許氏說文には

鶡　似雉出上黨

といひ、其段註に

後漢書輿服志、虎賁羽林皆鶡冠、鶡者勇雉也、其鬬對一死乃止、故趙武靈王以表武士、加双鶡尾、豎左右爲鶡冠。徐廣曰鶡似黑雉出於上黨。

卽ち鶡は雉の類といふのであるから圖像の鳥は頗る之に近い、而して此鳥は敵を倒さゞれば死しても止まない所から、武人の冠に之を表はしたのである。毗沙門は本來武神であるから鶡を以て之を冠する亦最も其當を得たものである。但古の鶡冠は鶡尾を冠の左右に樹てたのであるが、毗沙門のは唐代土偶のそれと同じく鳥の全形を冠の前面に顯はし出し

たのが其相違の點である。而して此相違は後世兜跋の冠の支那の鶡冠から來たのでなくして鳥翼に似た冠からの變形であることを證するものである。

所謂兜跋毗沙門像の特徴とする所は略前掲三項に盡きて居るが、尙二三の此に附記して置きたいことがある。

(一)西域並びに我邦の兜跋像は、共に一手には寶塔を捧げ、一手には矟を執る。しかしこれは唐の阿地瞿多譯の陀羅尼集經(卷十一)に四天王の像法を説ける中

毗沙門天王像法。其像大小衣服准前、左手同前(前に同じとは「其像身長量一肘作、身著種々天衣、……左手申臂垂下」の文を指すのである)執矟拄地、右手屈肘擎於佛塔。

とある如く、此等は一般毗沙門像に共通の持物であり、兜跋も亦唯其一種であるから、之と同一の持物を有するので、兜跋像に特殊なものではない。不空の金剛頂瑜伽護摩軌には矟が棒となつて居るが、何れにしても武器である點に於ては同一である。

(二)我邦の兜跋像には左右足下に各一鬼形を造る、醍醐寺の智泉本と稱せらるゝ圖像鈔にも地天の左右に各鬼形を添へてある。然るに西域地方に發見せらるゝ地天を現はした毗沙門(所謂兜跋像)には、此等鬼形は一つも見えないやうである。此等鬼形は本來無かつたものが後に添加さるゝやうになつたのか、或は本と存したのを西域地方では後に略するに至つたかは疑問である。しかしながら前記陀羅尼集經にありても、又瑜伽護摩儀軌にあつても、其像法を説くに當り鬼に關しては一言も述べて居ない所を以て之を考ふれば、毗沙門天

像には必らずしも鬼形は存せなかつたのではなからうか。毗沙門の鬼形に就いて說いたものは何れも比較的後世に成れる僞經のみである。同じ僞經でも不空譯と稱せらるゝ北方毗沙門天王隨軍護法儀軌には毗沙門の像法を說きて

其神足下作一藥叉女住趺坐、並作青黑色少赤加

といふのみで、まだ鬼形を說かぬ。然るに更らに之に次ぎて成れる僞經(同不空譯と稱する)の北方毗沙門天王隨軍護法眞言に至つては

其神脚下作二夜叉鬼、身幷作黑色

といひ、前經の地天のことは之を闕く。毗沙門像の脚下に鬼形を造るのは此僞經が顯はれてから後のことではなからうか。或は當時技術家が武將たる毗沙門の下に女身を造るよりも鬼を蹈む形を造ることの寧ろ適當なるを考へたのかも知れぬ。更らに他の僞經、般若斫羯囉譯と稱する摩訶吠室囉末那野提婆喝囉闍陀羅尼儀軌に至つては

其(毗沙門天)脚下蹈三夜叉鬼、中央名地天、亦名歡喜天、左邊名尼藍婆、右邊毗藍婆。[7]

といひ、前兩經の所說を合し三鬼となし、斯くして中央地天、左右二鬼なる後世我邦に傳はれる如き兜跋毗沙門の形をなしたのである。若し果して然りとすれば我邦に傳はれる兜跋の圖像や彫像は何れも其原始の形ではなく、寧ろ西域地方のそれを以て兜跋本來の形を保存したものと稱すべきである。不空の譯と稱する前記隨軍護法儀軌や同護法眞言の僞經たることは貞元釋敎錄中收載せざるによつて明らかである。不空は大曆九年(西紀七七四

年)に歿し、貞元釋敎錄は貞元十六年(同八〇〇年)に成れるのであるから、當時不空の譯經の知られざる筈はない。而して此二經は何れも後に說く同不空譯と稱する毗沙門儀軌に揭ぐる傳說によつて次第に作られたことも疑を容れぬ(此事は更らに後に說く)。最後の般若斫羯囉(智慧輪)の陀羅尼儀軌に至つては、飜譯といふべきではなく、支那人の作である。同書結界品には結界をなさんとする時には諸天鬼神に請願し咒を誦せなければならぬといひ、諸種鬼神の名を擧げたる中、五道將軍、太山府君、司命司祿等の名を列し、又病を治せんとする時には五方の藥叉を請すべきを說き、東方青帝、南方赤帝、西方白帝、北方黑帝、中央黃帝等といひ、印度には存在せず、純粹支那的思想によつて成れる諸種の神名の現れ居るのを以ても知るべきである。[8] 而して此等三經の何れも同一系統のものであることは毘沙門天の像法を說くに殆んど同一の文字を用ゐ、而も前記陀羅尼集經や瑜伽護摩儀軌と異にして「右手托腰上」する樣式のものであるを見ても、容易に推測し得るのである。 斯く兜跋の形像も次第に變つたとはいふものゝ、智慧輪の陀羅尼儀軌は既に我邦弘法大師の請來目錄(卌帖策子にあり)に揭げられ、隨軍護法眞言は圓行の將來目錄に載せられて居るのであるから、平安朝の初、大同承和以前(卽ち西曆八〇〇年前後、不空の末年か其歿後間もなく)我邦に傳へられた變體も支那に於て既に成立したものと考ふべきであらう。

(三) 倘兜跋毗沙門の古圖には一種奇怪な背光が附せられて居る、彫像には今ないが本と存したのかも知れぬ。 これは一見鳥の羽を左右に附したものゝ如くであるが、何を模したものか不明である。或は之を以て火燄と解するものもあるが、火燄としては極めて稚拙である。が若し火燄とすれば四天王には何れも火燄が附せられてあり、經典にも四天王には總じて之を説くのであるから[9]、必らずしも兜跋像のみに限つたことではない。假令ひ又火燄でないとしても、是れは唯背光の一變態に外ならぬのであるから、これまた兜跋像そのものゝ特徴とするに足らぬ。

二

支那に於ける兜跋毘沙門制作の因緣に就いては普通不空譯と稱せらるゝ毘沙門儀軌の末に記された説話が擧げらるゝのである。其説話は次の如くである。

唐天寶元載壬午歲、大石康五國圍安西城、其年二月十一日有表諸(請ノ誤寫カ)兵救援。聖人(皇の誤、玄宗皇帝、下同)告一行禪師曰、和尙安西被大石康□□□□□國圍城、有表請兵、安西去京一万二千里、兵程八箇月然後到其安西即無(非カ)朕之所有。一行曰陛下何不請北方毘沙門天王神兵應援。聖人云、朕如何請得。一行曰喚取胡僧大廣智即請得。有勅喚得大廣智到內云、聖人所喚臣僧者、豈不緣安西城被五國賊圍城、聖人云是。大廣智曰、陛下、執香爐入道場、與陛下請北方天王神兵救。急入道場請、眞言未二七遍、聖人忽見有神人二三百人、帶甲於道場前立。聖人問僧曰、此是何人、大廣智曰此是北方毘沙門天王第二子獨健、領天兵救援安西城故來辭、聖人設食發遣。至其年四月日、安西城表到云、去二月十一日巳後午前、去城東北三十里、有雲霧斗闇、霧中有人、身長一丈、約三五百人、盡著金甲、至酉後鼓角大鳴、聲震三百里、地動山崩、停住三日、五國大懼盡退軍、抽兵諸營墜中、並是金鼠咬弓弩絃、及器械損斷盡不堪用。……尋聲反顧、城北門樓上有大光明、毗沙門天王見身於樓上。其天王神樣、謹隨表進上者、中華天寶十四載、於內供奉僧大悲處、寫得經及像、至大曆五年於集洲見內供奉僧良賁法師、移住集洲開元寺、勘經像與大悲本同。

此傳説は其後宋代の初、端拱元年贊寧の書いた宋高僧傳(巻一)や同僧史略(巻下)乃至佛祖統紀(巻四十一)にも多少其文を節略修正して掲げ、尙ほ宋僧傳には「帝覽奏謝空、因勅諸道、城樓置天王像、此其始也」といひ、僧史略にも「帝因勅諸道節度、所在州府於城西北隅、各置天王形像部從供養、至於佛寺亦勅別院安置、迄今朔日州府上香華食饌、動歌舞、謂之樂天王也」ともいひ、佛祖統紀にも「今城樓軍營立天王堂者因此」と注してある。 此傳説には兜跋の名は顯はれて居ないが、我邦の兜跋像も寺院の樓門に置いたといふ點から見ても、此傳説を以て兜跋像の緣起とする必らずしも理由のないことではない。 然らば此傳説にいふ所は果して事實であつたらうかといふに、由來諸寺佛像の緣起なるものには頗る附會胡論なのが多いのであるが、これも亦其例外をなすものではない。

(一)第一此に注意せなければならぬのは、彼傳説が不空譯と稱する經末に記されて居るが爲めに從來學者はそれが不空譯經中の記錄であるが如く一般に考へられて居ることである。が、此經も亦僞經であり、決して不空の譯したものではない。 その事は彼貞元釋敎錄、不空譯經中に此經名の擧げられてないことによつて明らかである。のみならず此傳說は毗沙門儀軌なる僞經の一部を成すものでもない。此經は傳說の前に於て終つて居るのであるから、經にも「已上儀軌了」と注し、而る後「北方大毗沙門天王、唐天寶元載云云」と前引用の文を記し、又其後には「中天竺國三藏婆羅門達摩伽陀那譯」と稱する陀羅尼等をも附記する。乃ち何人かゞ毗沙門に關する諸種傳說や陀羅尼の類を、不空に歸せられた僞經の後に集め記したのであるから、不空の末年か或はその歿後、民間無知の輩によつて作られたものと思ふ。

(二)此傳說の初には「天寶元載壬午歲、大石康五國」が安西城を圍むとあるが、先づ天寶元載。といふも誤である。天寶元年にはまだ年を載とはいはなかつた、新唐書(卷五)にも「二載正月丙申改年爲載」とある。次に大石康五國の五は三の誤寫かも知れぬが、大石康では三國にもならぬ。宋僧傳には「天寶中西蕃大石康居三國」と改めたのは恐らく此等の誤を正したのであらう。所で天寶元年に西蕃等の三國が安西城を圍んだといふことも事實ではないらしい。唐書には天寶元年の條下何等此等の事を記さぬ。而して天寶十載の條下に

十載正月……戊申安西四鎭節度使高仙芝執突騎施可汗及石國王。

とあり、又

七月高仙芝及大食戰于恒邏斯城、敗績。

とある。尙資治通鑑(卷二一六)には天寶九載の條下に

二月、安西節度使高仙芝破朅師、虜其王勃特沒。

十二月、安西四鎮節度使高仙芝、偽與石國約和、引兵襲之、虜其王及部衆以歸、悉殺其老弱。

又天寶十載の條下に

春正月、安西節度使高仙芝入朝、獻所擒突騎施可汗、吐蕃酋長、石國王、朅師王、加仙芝開府儀同三司。

夏四月高仙芝之虜石國王也、石國王子逃詣諸胡、具告仙芝欺誘貪暴之狀、諸胡皆怒、潛引大食欲共攻四鎮、仙芝聞之、將蕃漢三萬衆、擊大食、深入七百餘里、至恒羅斯城、與大食遇、相持五日、葛羅祿部衆叛、與大食夾攻唐軍、仙芝大敗。

此時右衛將軍李嗣業の策により高仙芝は漸く遁れ安西に還るを得たといふ。前記傳説にいふ所は正さに此天寶十載のことなるべく、元年といふの誤なるは明らかである。

(三)又若し天寶元年にそのことがあつたとすれば、不空は開元二十九年其師金剛智の入滅するや其後事を終へ、曾ての先師の遺旨により南天に詣らんと欲し、同年十二月既に崑崙の舶に乘じ支那を出發したのである。而して彼の再び還來つたのは天寶五載である。天寶元年は正しく不空の不在中である。如何にして玄宗の之を請ずることを得ん。假令ひ又天寶十載の誤としても、宋僧傳や趙遷の不空行狀によれば、不空は「天寶八載許廻本國、乘驛騎五匹至南海郡」とあり、不空の帝京に居なかつたことは前と同樣である。不空に關する話の虚誕なるは唯此一事によつても知るべきである。

(四)此傳説に據れば玄宗は始め一行禪師に對し安西を救ふべき方法を問ひ、一行の勸めにより不空を召されたといふのである。所が一行禪師は宋僧傳に據れば「開元十五年九月於華嚴寺疾篤、……十月八日隨駕幸新豐、……忽然浴香水、換衣趺坐正念、怡然示滅」といふ。開元十五年に卒した一行が更らにそれより十五年以後の天寶元年に玄宗と相見すべき筈もない、況んや天寶十載に於てをや。總べて是れ架空の談である。

(五)翰林待詔趙遷は多年不空に侍し、嘗ては其譯場にも參し、最も詳かに不空行化の迹を知るものであり、不空の歿後「不空三藏行狀」を作つた。[10] これは不空の行蹟を見るに最も正確なものであり、又其先師の德を贊嘆するが爲め諸種靈驗の事蹟をも述べて居るが、此「行狀」にも前記傳説にいふ兜跋毗沙門に關することはない。若し斯かる事實があつたとすれば、趙遷亦必らず之に説及んだことであらうと思ふ。之に由つても傳説の全然一場の小説たるを推知すべきである。

(六)尚彼傳説の終に説く金鼠敵の弓弦を嚙み、皆其用をなさゞらしめたといふのは、全く西域記から採來つたものである。西域記(卷十二)瞿薩旦那國條下に「王城西百五六十里、大沙磧正路中、有堆阜、並鼠壤墳也」といひ、之に次ぎ其緣起を説き、土俗にいふ此沙磧中に大鼠あり、其毛は金銀色を異にす、昔匈奴數十萬來つて邊城を寇掠す、國王の兵力敵せず、神鼠に請ふに少しく軍力を加へんことを以てした。鼠は其請を容れ敵の「馬鞍人服弓弦甲縺、凡厥帶系、鼠皆齧斷、兵寇既臨、面縛受戮。……瞿薩旦那王感鼠厚恩、建祠設祭、奕世遵敬」とある。彼の緣起は之を取り來つて話中に點綴したものである。

以上の所説によつて、彼毘沙門儀軌に附記する傳説の全然架空の小説たるは秋毫の疑を容れぬ。然らば何が故に斯かる架空の傳説を作るに至つたか。其動機は亦頗る明了である、卽ち毘沙門像の偉靈奇特なるを説かんが爲めに外ならぬ。而して其靈驗の偉大なるを説き深く人心を感動せしめんが爲めには、歷史的事實の如何を問はず、成るべく大人物を取來つて話中に活躍せしむるに如くはない。是れが抑も俗界の第一人者玄宗皇帝に配するに、僧界の傑物一行や不空を以てした所以である。而して後世でも、如何なる寺院や佛像の緣起にあつても、緣起が作られて後にその佛像や寺院が出來るのではなく、寺院や佛像が先づあつて、而る後其靈驗を説く爲めに緣起が作らるゝと同じく、此緣起も西域地方に一定の天王像があつて而る後其靈驗を説く爲め捏造せられたのである。だから西域に果して何時頃から斯かる像が制作せられたかは勿論判らぬ。西域地方にはイラン系の佛敎者が、其容貌服裝全然イラン式の菩薩像をも作つて居るから、是れも亦其類であらう[11]。緣起では表と共に神樣を進上し「天寶十四載於內供奉僧大悲處、寫得經及像」とあるが、支那へ此神樣を將來した時には此緣起も之と共に携へ來つたか、或は後に支那に於て緣起を作つたかも明らかならぬが、何れにしても天寶十四載には、不空はまだ帝京には還つて居ないが、生存中であるから、斯かる虛構の説は捏造し得なかつたことであらう。大曆五年には良賁法師の處で經像を勘し大悲本と同じであつたといふから、圖像だけは多少支那に傳寫されて居たかも知れぬ。で緣起も不空の滅後間もなく作られたものではなからうかと思ふ。但その像が今日所謂兜跋であつたことは前に述べた單に寺院樓門上に置くといふ傳說よりも、一層有力に之を證明することが出來る。 前記毗沙門天王隨軍護法儀軌の終りに

昔五國大亂、有八箇月經月行多法、遂無法驗、行此法降伏五國五萬軍自平安故、是名隨軍護法。

とある。 これは明かに前の毗沙門儀軌に載する緣起の傳說に本づくものたる明らかである。 而して緣起には神樣を說かぬが、護法儀軌には前にも一言した如く、其像法を叙し「其神足下作一藥叉女住趺坐」とある。 卽ち是れは西域地方に發見せらるゝ兜跋像と全く一致するからである。

但吾人の此に注意すべきは彼の毗沙門儀軌の緣起を始めとし、之によつて造られた隨軍護法儀軌や護法眞言等が、明らかに後世兜跋像に相當する記述をなしながら、何れも單に毗沙門と稱し、未だ一度も兜跋の名を出さないことである。 のみならず「燉煌畫の研究」(圖版一二〇)に掲ぐる。

于時大晉開運四年丁未歲七月十五日紀

との識語を有する所謂兜跋像にも圖の上には單に「大聖毗沙門天王」と題し、識語の初めにも亦「北方大聖毘沙門天王」云々とある。 尙ほ降つては宋代の高僧傳や僧史略、乃至佛祖統紀にあつても之と同樣である。 特に僧史略の如きは「城闍天王」と題し、前記緣起の文を引いて居る。 闍は城上の重樓又は城臺の義であるから、此像が城門樓上に置かれたので姑らく斯く名づけたのであらう。 若し此時兜跋の名稱が既にあつたとすれば、此處にも必らず其名を

顯はしたに相違ない。僧史略は宋の咸平二年に重修されたのであるから、少くとも此頃に至る迄兜跋の名は未だ支那に行はれなかつたものと推測する。然らば兜跋の名は何時頃から起つたか。阿娑縛抄や圖像集其他の書にも往々にして大梵如意兜跋藏王呪經なるものが引用せられ、其中に如意藏王が能く萬像を變じ諸の衆生を度する爲め、十種降魔の身を現ずることを説く。其十種の身とは

(一)無畏観世音自在菩薩　(二)大梵天王　(三)帝釋天王　(四)大自在天　(五)摩醯首羅天　(六)毘沙門天王　(七)兜跋藏王　(八)多婆天王　(九)北道尊星　(十)牛頭天王

であり、此に兜跋なる名が始めて出て居る、而して其兜跋藏王は「威德自在亦如毘沙門天」といひ「權現兜跋國大王形像、……帶持大刀横劔、……大地神如(他本作女)自然踊出、以掌承大如意藏王足」とあるから今の所謂兜跋像であることは疑ない。此經中第九變身として北道尊星を擧げて居るのを以て見ても勿論支那に制作されたものであることは明らかであり、又第四に大自在天を、而して之と別に第五に摩醯首羅天を擧げるのは極めて奇怪であり、大自在天といふも摩醯首羅天といふも本來同一神であり、一は梵語、一はその支那譯に外ならぬ。之によつて之を見るも此書の極めて俗間庸陋輩の妄作であるを知るべきである。兜跋の國王といひ、又之を毘沙門と分つて二體となすのも、此點から考ふれば必らずしも怪しむに足らぬ。其解釋は兎も角として、兜跋なる名稱は此書製作の時既に顯はれて居たことは明らかである。阿娑縛抄にも「彼兜跋經新渡經也」ともある、阿娑縛抄は建長文永の頃に編輯せられたの

であるから、彼經も恐らく我邦平安朝末、支那にあつては南宋になつてから僞作せられたものでなからうかと思ふ。尙金剛智の譯といふ吽迦陀野儀軌三卷なるものがあり、阿娑縛抄にも處々引用せられて居る。同書上卷には

先中主毘沙門天、身著七寶金剛莊嚴鉀冑、其左手捧塔、右執三叉戟、其脚下三夜叉鬼、中主名地天、叉名歡喜天、左右名使女、左名尼藍婆女天、右名毘藍婆神王。

とある、これも今所謂兜跋像であるが、此には兜跋の名はなく單に毘沙門天とある。而して其後

卽都鉢等諸夜叉大將軍座所也

といひ、都鉢を以て夜叉大將軍となし、更らに其後には

中央主都鉢主多聞天王彌山上居、山下三夜叉鬼女有、大天王腰大長大刀者、

これは都鉢と多聞天とを一體となしたものであり、同中卷には「世界主都鉢王」の語もあり、これは都鉢を以て國王となしたものゝやうでもあり、甚だ要領を得るに苦しむものである。元來此經は其文章に於ても平安末若くは鎌倉時代の和臭を帶び、呪を說くに當つても往々「梵本曰」とか「梵本眞言明曰」とあり、印度の翻譯本でもなく、又支那人の作でないことは明らかである。で阿娑縛抄にも「不入祕錄、法性房御作也云云」ともいふ。果して然るか否を知らぬが、法性房は高野山の僧で、寬元三年に歿したものといふ。乃ち鎌倉時代の初頃に作られたものと思ふ。其他「別尊雜記」にも都拔毗沙門と題し、今の兜跋像と同樣の解說と圖樣とが擧

げられて居る。　別尊雜記は平安朝末承安三年に編纂されたものといふが、其後も增補せられたやうである。　果して此像が初めより其中に存したか或は後に增補せられたかは明らかでないが、假りに初めより存したとしても、平安朝末、支那では南宋の乾道頃を溯らぬ。　兜跋の名も或は此頃支那民間に唱へられ、我邦にも傳來したのかも知れぬ。　若し南宋の初頃既に其名があつたとすれば佛祖統紀は南宋の咸淳五年に成れるものであるから、其著者も必らず其名を聞いて居たであらうが、之を記さなかつたのは俗間の名稱で正經の述ぶる所でなかつたが爲めであらうかと思ふ。

三

兜跋の語は古來諸種の文字を以て書かれてある。　兜に代ゆるに都、堵、睹、覩等を以てし、跋は又鉢、鈸、犮等を以てする。　此等は何れにしても其文字の表はす所では意義の解釋し得ないものである。　兜、都乃至覩は其音何れもtuであり、跋鉢乃至犮は隋唐時代ではpo, pa, bo, ba bha)の音に充てられてある、同音相通ずる所から諸種に書き表はされたのであらう。　又時としては屠半の字を以て之を表はすものもある。　屠はtuに近いが、半は古音今音共にpanであつて、boやpoの音に用ゐられた例はないやうである。　して見ると跋と同音の播番等の字が用ゐられた所から、我邦では播と半とが同音である所から、我國人が半を以て之に當つるに至つたのではなからうかと思ふ。

兜跋の意義の明らかでない所から古來諸種の解釋が試みられて居るが、未だ一として吾人をして首肯せしむるに足るものはない。今左に簡單にそれら諸説を列擧し、其取るべからざる理由を述べて見やう。

(一)先づ第一には之を以て支那固有の語となし、又之を文字通りに解釋せんとするもの。阿娑縛抄には

兜跋名字、雖問師無詳答、而間見玉篇、自然得意、兜字訓云首鎧也云々是卽似鉢甲歟、着之故爲名歟云々

卽ちこれは鉢に似たる兜と解釋せんとするものである。兜跋像の寶冠は一種特殊のものであるから、寶冠によつて其名を得たとするのは必らずしも理由のないことではない。が兜鉢といふ成語は支那にはないことゝ思ふ。これは餘りに文字に拘泥して解釋せんとした爲め、斯かる附會の説をなすに至つたのであらう。しかし支那の俗間にあつては文字の意義の如何に拘はらず、同音互用の例は甚だ多いのである。燉煌出土本唐時代の抄寫と認めらるゝ六祖壇經(矢吹慶輝氏鳴沙餘韻圖版一〇二－三)を見ても

敎是先性取(所の誤)傳。(今本緣起說法門)

願聞先性敎者。(同上)

此性は共に聖の音通であり、又

智惠常名。於外看敬。(傳香懺悔發願門)

遇善知識開眞法、吹却名。妄、内外名。徹、於自姓中、方法皆見。（上同）

常名の名は明、敬は境、次の名妄の名は迷、名徹の名は明、姓は性の音通互用である。甚だしきに至つては明と迷との如き、文字の上では全く反對の意義を顯はすものすら互用する場合がないではない。兜跋が俗間の名稱であつたとし、而して之を支那の古語で解釋せんとするならば、寧ろ兜鍪なる語の當字となした方が遙かに勝れるものと思ふ。是れは其音に於ても最も近いものであり、其語も古來用ゐ來つた所である。說文解字兜の下には

兜鍪　首鎧也、从兜从皃省。皃象人頭形也。

とあり、其段註には

鎧者甲也、鍑屬曰鍪、首鎧曰兜鍪、謂其形似鍪也。月部曰冑、兜鍪也、古謂之冑、漢謂之兜鍪。

又鍑字の下には

如釜而大口者

とあり、註に「方言曰、釜自關而西或謂之鍑」ともある。尙、尙書費誓、孔穎達疏には

冑兜鍪也、兜鍪首鎧也、經典皆言甲冑。秦世已來始有鎧兜鍪之文。古之作甲用皮、秦漢已來用鐵。鎧鍪二字皆從金、蓋用鐵爲之、而因以作名也。

之によつて見れば兜鍪とは金屬を以て作つた首鎧で、下方釜に似て口の大なるものであるから、阿娑縛に擧げた解釋と殆んど同意義であるが、彼よりも遙かに穩當である。而して俗間では兜鍪の如き複雜な文字を知らず、之と同音の兜鉢又は跋の文字を用ゐたとすれば、是

れ亦必らずしも怪しむべきではない。しかし唯一つ此に疑問とすべきは單に鐵カブトといふだけならば、唐代以來四天王の寶冠も亦殆んど同樣であるから、所謂兜跋像の特色は十分之によつて現はし出したとはいへない。若し冠の特殊なる性質形式によつて之に名づけたとすれば、或は其高さによつて高冠とか、或は其鳥形に似た點から鳥冠、鳳冠等といつた方が寧ろ妥當である。此點からして此解釋も吾人は容易に首肯し得ないのである。

(二)次には外國の人名(又は神名)或は國名とする說である。

(イ)先づ國名とするものにあつては、彼の阿娑縛抄等に引用せらるゝ大梵如意兜跋藏王呪經に如意藏王なるものが

權現兜跋國大王形像

とあり、又同抄に双身八曇茶抄(六)を引用しいふ

昔有國名都鉢羅國

といひ、其國に大疫癘發り人民皆悉く病死したにより、國王が發願し觀音に歸依した所が、彼觀音が毗沙門等の變化身を現じ衆生を救ふたといふ。此等は何れも兜跋又は都鉢羅を以て國土の名となしたものである。しかしながら斯かる名稱の國土は印度に於ても、西域に於ても之を求め得られない。此等の書に說く所によつて見ても、これは空想的國土であつて、此世に實在するものとは考へられぬ。思ふに此等の作者は兜跋の語の如何なる意義を有するかを知らなかつたので、之を國土の名と附會したに過ぎないのであらう。殊に都鉢

に羅の一字を加へ、都鉢羅と稱するが如き、印度西域の國名に擬し、覩貨羅國などを意識的か無意識的に連想し、空想的に作り出したものに外ならぬ。要するに此國名説は全然信ずるに足らぬ。

(ロ)次に人名又は神名説も亦前と同樣、信ずべき價値を認め得られぬのである。前記金剛智譯と稱し、我邦に作られた僞經の吽迦陀野儀軌には

都鉢等諸大夜叉大將軍座所也

といふが如き、夜叉の名としたもの、又

世界主都鉢王

とある如きは一見此世界の國王の如くなるも、實は牛頭羅刹鬼神等を以て眷屬となす等といふ所を以て考へても、是れ亦空想的人格に過ぎないのである。斯かる空想的人格や夜叉の名としての都鉢なる語は、他の經典の中にも未だ發見せられないのであるから、是れ亦作者の揑造たることは疑を容れぬ。

同書には又

中央主都鉢主多聞天王、彌山上居

ともある。若し之によれば都鉢は卽ち多聞天の別名の如くに見え、此書の餘處の記述と稍一致しない。が作者の意の何處にあるかは姑らく之を置き、此解釋を離れ別に次の如く考ふることも全然不可能でないかも知れぬ。毗沙門の梵語は Vaiśravaṇa (俗語 Vessavaṇa) であ

り、之に對する西藏語は rnam-thos-kyi-bu である。此中西藏語の kyi は屬格を示すだけであるから之を略しても差支ない、更らに梵語 vai (vi) に對する rnam が略し得らるゝとすれば thos-bu の形となり、兜跋、都鉢等と極めて近い音となるのである。若しこれが可能であるとすれば兜跋毗沙門とは藏漢並び擧げたことゝなる。梵漢並び書する例は支那には決して尠くないから、これも少くとも支那にあつては不可能ではなからう。しかし梵語の śravaṇa は「聞」の義、之に vai「普ねく」なる詞を付し多聞の義をなすのであるから、西藏語の梵語 vai に相當する rnam を略して、多聞の義を現はすことは多少無理があるかも知れぬ。又假令ひこれが多聞の義を略稱したものとするも、毗沙門天が卽ち都鉢であれば、此兩者の差別は明らかならぬことゝもなる。都鉢主としての毗沙門天といふ解釋も成立たぬ譯ではないが、それでは都鉢の意義は依然として判らぬ。加之都跋毗沙門と稱するものは其手法に於ても、其容貌に於ても、其他如何なる點に於ても西藏の彫像や繪畫と同じからず、彼の影響を受けたと考へらるゝ特徵もなく、又西藏から傳來したといふ傳說もないのであるから、特に此に於てのみ西藏語を以て之を言現はすことは殆んど其理由を發見するに苦しむのである。

(三)第三には梵語に於て其起源を求めんとする說である。勿論阿娑縛抄に

兜跋字諸文不一准、恐是梵語歟

といふが如きは、其意義の全然不明なる所から之を梵語に歸せんとするのみで、梵語の如何なる語とも比定せないのであるから、是れは何等の根據も價値もなく一考に價せないもの

である。が近時「燉煌壁畫の研究」の著者は一の假説として「之を梵語よりの寫音であらうとの見當からすれば、毗沙門天の掌上に小塔の存する事と關聯せしめて、之をStûpa(塔)(巴利 Thûpa)の寫音と見做す程度の詮索以上に出づる事は先づ困難であらう」といふ。⑫ 如何にも俗語 thûpa は其音の上からいへば兜跋と相近いのは疑を容れぬ。しかし塔を捧げることは前にも一言した如く毗沙門天に殆んど共通する事實であるから、兜跋像の特徴とするに足らぬ、寧ろこれは毗沙門天一般の性質ともいふべきである。此點からしても兜跋像に限り、特に「塔(を捧ぐる)毗沙門」などゝ稱する理由は成立せぬ。且塔なる語は、隋唐時代以後は支那俗間にあつても一般に用ゐられ居るのであるから、塔を特に斯かる普通多く用ゐられない兜跋なる語によつて言表はすことも甚だ理解し難いのである。何れにしても印度起源説は頗る根據の薄弱たるを免れぬ。

(四) 最後に吐番説に就いて一言せなければならぬ。兜跋卽ち吐番の説は最近我が學界では一般に認められて居るやうである、而してこれは音譯字としては最も異議を挿む餘地のないものである。元來西藏人は自國を Thub-bod といふ(此中 Bod が其名であつて、Thub は「有力なる」の義であるから、大 Bod を意義するのである、で又 Bod-kyi-yul 卽ち Bod の國とも、略しては Bod-yul 卽ち Bod 國ともいふ。) 唐代の吐番とは正しく此音譯である、而して兜跋は同じく tu-bo 又は tu-po の音を表はすのであるから、こゝに兜跋卽吐番、西藏なる説が成立つのである。斯く音韻上では西藏説は充分成立すべきであるが、然らば何故に所謂兜跋像を西藏毗沙門と稱するかの問題に至つては、吾人は秋毫其解釋を得ないのを遺憾とする。前にも一言した如く此像は西藏人の作とも考へられず、又其影像の影響を受けたものとも認め難く、西藏より傳來したといふ傳說もなく、之を特に西藏毗沙門と稱すべき何等の理由も存在せないのである。これが近時我邦學者によつて唱道せらるゝに拘はらず、吾人の斷じて承認し得ない點である。且唐人は一般に吐番の字を以て之に當て、爾來久しく吐番が通用語となつて居るのであるから、如何に民間の俗稱であるとしても、殊に兜跋の如き六ケしい字を以て之に充て、未だ一度も吐番の字を用ゐないのも、亦頗る怪しむべきであるといはなければならぬ。

四

以上余輩は從來我が學界に提唱せられた兜跋に關する諸說を概論し了つた、而してそれらは字音上からは多少首肯し得らるゝ點もないではないが、未だ何れも能く其名稱の由來意義を說明するに足らないのである。元來兜跋の意義が不明であるから、其如何なる國土の文字から來たかも判らず、宛も盲龜の浮木を探ぐるが如く、唯字音の稍相似たものを任意に彼此探り來つたに過ぎない、容易に其目的に達し得ないのも當然である。而して從來の學者は兜跋なる文字の俗間の用語なるに注意せず、餘りに六ケしく又餘りに遠きに其解釋を求めたが爲め、愈霧中に彷徨することゝなつたのではなからうか。

支那に於ては古くは漢代から現代に至るまで兜跋と同音の「斗袯」(略して袯)又は「斗篷」の字が用ゐられて居る。清の乾隆五十六年、蜀から打箭鑪を經て西藏へ入つた金山の周藹聯が「竺國紀游」(巻四)なるものを書いて居る。(癸丑仲冬江安傅氏活字版印行)此書は竺國とは題するものゝ、天竺國のことではなく、其自序にも「計在藏八閱月、軍符稍暇、凡山川風俗草木蟲魚之異、耳目所及輙筆之、得百餘條」とある如く、西藏に於ける彼の見聞録である。同書(巻一)西藏人の衣服のことを說く中、次の如くいふ、

喇嘛冬衣　氆、夏衣細毯、一件價有四五十金者。其達賴以下大喇嘛、冬皆披貂鼠斗袯。帽則夏朱漆皮描金笠、冬用元狐或貂皮桃兒帽。

此に斗袯の字を用ゆ。斗が兜と同音に用ゐられたことはTuṣitaを兜率陀と音譯し、Stûpaを藪斗婆と音譯するに於ても之を見るべく、而して袯と跋とは何れも犮から其音が來たのであり、或は衣に从ひ、或は足に从ふは唯其物の性質により定まることはいふ迄もない。例へば梵語Pātra俗語Pattaは普通鉢字を以て之を音寫する、而して土器の鉢ならば、皿に从ひ、盋となし、金屬の鉢ならば金に从ひ鉢(鈸)となすが如くである。而して今の鉢字を構成する本は元と夲の誤であり、夲は叉犮の誤で、本字は金に从ひ犮に从ふべきである。是れが袯亦袜に作り、集韻「袯に同じ」とある所以である。然らば斗袯とは何物であるか。此本文に由つて見るも冬時寒を防ぐ爲めに被る外套様のものであることは何人も容易に推測し得らるゝが、說文には「袯、蠻夸服」、「夸は夷の本字」とあり、又注に「左衽衣」ともある、而して同書又「一曰蔽厀」

〔今の膝字〕ともあるから長く膝を蔽ふ上衣たることは疑ない。⑬　更らに棲霞郝懿行の著「證俗文」(巻二。光緒十年東路廳署開雕)には次の如くいふ。

科袯　方言無袂之衣謂之褙。玉篇科衫袖也。說文袯、蠻夷服也。(玉篇或作襏。案襏襫、農家以禦雨、卽今蓑衣。)科袯者、狀如袍而無襟袖、披之以禦雨雪。今禮會試有散科袯官四員。(俗謂之科朋。)

科袯斗篷乃至兜跋皆同音異字たるのみならず、又時には襏とも科朋とも書いた。而して兜跋に關する解釋は、此にあつては最も明了で、秋毫吾人の疑を挿む餘地の存せないものである。又これは喇嘛の外套のみならず、現代支那に於ては一般に雨雪衣を意義するものとして用ひられて居ることも明らかである。で Giles の Chinese-English Dictionary にも

斗篷　A coarse canonical rain-hat of straw. Also, an *oil-cloth, rain-coat.*

といひ、又 Couvreur の Dictionaire Français-chinois にも

Manteau　兜篷

ともある。卽ちこれは同じく兜篷若くは斗袯(又篷)を以て冬期着用する外套(又雨衣)を意義するものとなしたのである。若し果して然りとすれば兜篷、斗袯等と同音を有する兜跋の冬期着用し、長く膝に達する外套を意義したことも言ふを俟たぬ。

斗袯乃至兜跋の何れの國語であるかは今確として知るを得ないが、說文には既に蠻夷の衣とあるから、早く蠻夷から其衣と語とが共に支那に入來つたものであらう。而して竺國紀游には達賴喇嘛が之を用ゐたといふ點から、或は西藏から支那に傳へられたのではなか

らうかと思ふ。Jäschke の藏語字典を見るに
Dug-po, esp. Ü (Central Tibet—Ü dialect), *Coat, Garment dress.*
とある、これが、抑も兜跋乃至斗袚の由來した原語ではなからうか。しかし西藏語の Dug-po も或は又龜茲等の異民族から輸入したものかも知れぬ。
兜跋の語源の何れにありとするも、多期に用ゆる外套の意義を有することは秋毫の疑を容れぬ所であるとすれば所謂兜跋毗沙門天とは長き外套様の上衣を着けた毗沙門の義であつて、俗間には他の毗沙門と之を區別する爲め斯く名づけたものと思はれる。而して此長き外套様の武裝は亦實に此類毗沙門の最も著しい特徵の一であるのである。尙一言附記すべきことは假令ひ兜跋の語が本と西藏地方から起つたものとしても、之に由つて所謂兜跋像が西藏から來たことにはならないのである。兜跋の語は古くから支那に傳はり、今喇嘛僧の着用する如き外套様のものを斯く稱したのである(勿論漢代には喇嘛僧は未だ居ないのであるから、今喇嘛僧の用ゐる外套も實は古代から羌屬上流社會の服裝であつたか或は他の民族から輸入し來つたものであらう)から、之を彼の毗沙門天の名稱に適用したに過ぎないと考ふべきである。
以上余の論じ來つた所を要約すれば大體次の如くである。
(一)所謂兜跋毗沙門なるものゝ形像は、隋唐以前既に西域地方に居住した一民族(恐らくイ

ラン系の佛教信仰者か)によつて作られた。但此時に於ける像は地天のみが天部の足下に置かれ、未だ左右の二鬼像もなく、又未だ兜跋の名稱もなく、唯單に毗沙門天と稱せられた。

(二)唐時代、恐らく大歷前後、何人かにより其圖樣が支那に將來せられた。彼毗沙門儀軌に附記する縁起は其將來の時か、又は將來の後直ちに製作せられたものと思ふ。而して之を城門樓上に置いたといふことも、西域地方では必らずしも常にさうではなかつた(スタインの古于闐ラワック塔庭のそれは、門の兩側に刻され、宛も今の夜叉即ち二王像の位置を占むるのを見て知るべきである。)が偶、安西の像が樓上にあつたか、若くは彼縁起が作られて後、之によつたか、孰れかで樓門上に置くものとなつたのであらう。

(三)一度び此像が支那に將來せらるゝや、間もなく地天の外、二鬼が左右の足下に置かるゝことゝなつた(此變化は貞元より元和に至るまでに既に成立した。)而して恐らく之と前後して寶冠も鳥冠や鳳冠に變つたのであらう。

(四)我邦にあつては弘法大師が大同元年に、又圓行が承和六年に、少くとも其經典像法を傳へた。而して前者の將來した摩訶吠囉末那野提婆喝囉闍陀羅尼儀軌や、後者の北方毗沙門天王隨軍護法眞言は、共に二鬼を足下に置くものであるから、我邦では初めから地天のみの形像はなく、何れも支那に於て變化せられた後の兜跋像のみを傳へたのである。

(五)兜跋の名稱は何時から起つたかは確言し得ないが、北宋の初にはまだなかつた。其始めて唱へられたのは北宋末か南宋の初頃ではなかつたらうか。或はそれ以前既にあつたかも知れぬが、それは單に民間の俗稱に過ぎなかつたので、學者の採る所とならなかつたのであらう。

(六)兜跋の名稱が稍世に知らるゝに至つたのは、彼大梵如意兜跋藏王呪經なるものが僞作せられてから後のことであり、我邦に於ても平安朝の末頃其經が渡來し、更らに我邦人によつても亦彼吽迦陀野儀軌が僞作せられ、兜跋なる名稱が一般に普及するに至つたものである。

(七)兜跋なる語は恐らく西藏より輸入せられたものらしく、本來今日の達賴喇嘛等が冬期服するやうな長い外套のことである。此語は漢代から既に支那に傳はり「袚」の字を以て之を略稱し、今日に至る迄も時として之を用ゐるが、斗篷又は兜跋等の字を以て之に當てる、何れも其音を寫すに過ぎない。所謂兜跋毗沙門の武裝が宛も此外套を着けたると同樣な所から、俗間斯かる名稱を以て之を呼び、一般護國天中の毗沙門像と之を區別するに至つたのである。

【附註】

① 近時發表せられた兜跋毗沙門像に關する研究の主なるものとしては、昭和五年一月發行の「佛教美術」(第十五册)掲載の源豐宗氏の「兜跋毗沙門天像の起源」、昭和十三年三月東方文化學院東京研究所發行松本榮一氏の「燉煌畫の研究」圖像篇、第三章第九節「兜跋毗沙門天圖」の解説等が擧げられるべきであらう。我邦の兜跋像は「日本國寶全集」(第八輯、東寺像)第十五輯(棲霞寺像)第八十二輯(井上侯像)等に、又圖像は「別尊雜記」多聞天の條下に掲載せられ、西域のそれはスタインのセリインデア第四卷第百圖、同「古于闐」圖版第十四等にも之を見るを得るが、それらの主なるものは前記源氏の論文中、特には又松本氏の「燉煌畫の研究」(圖版一一九a—一二四b)及其解説中に集載せらる。

② 義淨譯金光明最勝王經には「爾時堅牢地神…白佛言…有此經王流布之處、世尊我當往詣其所供養恭敬擁護流通、若有方處爲説法

師敷置高座、演説經者、我以神力不現本身、在於座所、頂戴其足」とあり、識譯の「常作宿衞」等の語はないが、其意義に於ては殆んど全く同一である。

③ 智泉本と稱する醍醐寺の圖像抄の都跋毘沙門や、前記セリインデアの第四卷第百圖等。

④ グリユーンウエデルの「古龜茲」解説二八—二九頁、同圖版四八—九參照。

⑤ スタイン「古于闐」圖版第十四。此像は本文に言ふ如く平服のやうでもあるが、スタイン氏の説明によれば腰に劔を帶びて居るといふから武裝かも知れぬ。

⑥ Marcel Dieulafoy—L'Art antique de la Perse. 第五卷 Pl. XXII 並びに II 歷代貨幣の圖錄參照。

⑦ 此文には地天を又歡喜天と名づくとあるが、之によつても此經の極めて杜撰なるを知るべきである。地天は本文に述べた如く大地の神で、印度の Prithivī であり、歡喜天とは Gaṇeśa 又は Gaṇapati（共に衆主の義）のことである。是等二神は全然其性質形狀を異にするものであり、前者は女人の形を以て之を現はし、後者は象首人身である。

⑧ 晉書天文志（卷十一）に「黃帝坐在太微中、含樞紐之神也、…四帝星夾黃帝坐。東方蒼帝靈威仰之神也、南方赤帝、赤熛怒之神也、西方白帝、白招矩之神也、北方黑帝、叶光紀之神也」といふ。これは言ふまでもなく支那古代に行はれた五行說によつて五方に配當せられた思想であり、印度には未だあらざる所である。

⑨ 例令ば法天譯、佛說毘沙門天王經にも「東方世界有乾闥婆主、名曰持國、具大威德、身放光明、譬如日出普照世間」といひ、之と同じく南方世界の鳩盤拏主尾嚕茶迦にも「具大威德、身有光明、如日照世」等といひ、西方世界の大龍王、尾嚕博叉にも亦「有大威德、光明遠照」といふ。

⑩ 續藏經第一輯第二編乙第二十三套第一册。

⑪ スタイン氏「古于闐」圖版五十九、Dandân-Uiliq 發見像參照。

⑫ 「燉煌壁畫の研究」解說四四二—三頁。

⑬ 說文解字「一曰蔽厀」とあるは、元來袚の長く膝を蔽ふが爲め、斯かる名稱の起つたことは疑ひない。而して蔽膝の下の注に「方言曰、蔽厀、江淮之間、謂之褘、或謂之袚」とある。しかし褘衣とは古、王后の六服の一で、畫衣をいふのであるから本來外國から輸入せられたものではない、但其長く膝を蔽ふ所から遂に之と同一視せられたものと思はれる。で說文「褘」の下之を解して「褘、蔽厀也」とあるが、其注には「按蔽厀非褘也、許釋韠市皆云所以蔽前。鄭注禮同。韠以蔽前、而非專蔽厀也。方言曰、蔽厀江淮之間、謂之褘、或謂之袚、魏宋南楚之間、謂之大巾、自關東西謂之蔽厀、齊魯之郊、謂之衻、許不云褘者韠也、則知許不謂一物也。釋名曰、褘所以蔽厀前也、婦人蔽厀亦如之、亦不以爲一物而已、與許異」とある。

老子化胡經の研究

松本文三郎（1869—1944）

《東方學報》15-1，1945

老子化胡經の研究

松本文三郎

一

老子化胡經に就いては内外學者の既に之を研究し、若くは之に論及したもの必らずしも尠しとせぬ、しかし何れも未だ徹底的とはいはれぬ。特に化胡經の依つて作られたと稱せらるゝ西域傳とは、後世坊間不傳の書とはいへ、其の本質の如何なるものであつたかに關しては殆んど全く闡明せられないのみならず、時としては大なる誤解混同を免れないのは、吾人の甚だ遺憾とするところである。[1]で余は此の小篇に於て化胡經の由來を再檢討し、聊か此等諸論の足らざる所を補足し、其の誤れるを是正せんと欲するのである。

梁の慧皎の高僧傳は老子化胡經製作の緣起を說いた現存する最古の記錄であることは人の皆知るところである。がこれが今日化胡經研究の根底をなすものであるから、此に其の全文を引用することゝする。同書巻一帛遠傳には左の二項の話が載つて居る。

後少時有一人、姓李名通、死而更蘇云、見祖波〔法祖の誤字〕師在閻羅王處、爲王講首楞嚴經、講竟應往忉利天。又見祭酒王浮、一云道士基公次、被鎖械求祖懺悔。昔祖平素之日與浮每爭邪正、浮屢屈。既瞋不自忍、乃作老子化胡經、以誣謗佛法、殃有所歸、故死方思悔。

慧皎の此の文は一見したところ一場の夢物語と同様、信ずるに足らざるもの〻如くにも感ぜられるが、由來支那人は怪奇小説を好み、特に當時の佛敎者にあつては、地獄極樂の說は確實疑ふべからざるものとも考へられたから、法祖の高德を彰はす爲め、慧皎も此等逸話をその傳中に點綴挿入し、而る後王浮在世中化胡經を僞作し佛敎を誹謗した事實を以て之を說明せんとしたのである。勿論事實は化胡經の僞作先づあつて而る後之に附隨し地獄物語の製作せられたことは疑ないのである。然らば慧皎は果して如何なる資料に據つて此の文を作つたか。唐の法琳の辯正論卷五には晉世雜錄なるものを引きいふ、

晉世雜錄云、道士王浮每與沙門帛遠〔法祖〕抗論、王屢屈焉、遂改換西域傳爲化胡經、言〔關尹〕喜與〔老〕聃化胡作佛、佛起於此。

同處、唐の陳子良又之に注していふ、

裴子野高僧傳云、晉惠帝時、沙門帛遠字法祖、每與祭酒王浮、一云道士基公次、共諍邪正、浮屢屈焉。既瞋不自忍、乃託西域傳爲化胡經、以謗佛法。遂行於世、人無知者。殃有所歸、致患累載。

幽明錄云、蒲城李通死、來云、見沙門法祖爲閻羅王講首楞嚴經。又見道士王浮身被鎖械、求祖懺悔、祖不肯赴、孤負聖人、死方思悔。

辯正論卷六にも又いふ、

案晉世道士王浮改西域傳爲明威化胡經、乃稱老子渡流沙敎胡王爲浮圖、變身作佛、方有佛興、蓋誣謂之甚極也。

此にいふ晉世雜錄とは唐時代まで存して居たやうであるが、後世傳はらず、何時何人の作るところたるかは確として明らかならぬ。隋書經籍志や新舊唐書にも其の名は見えぬ。隋書を始め唐書「雜史」の中に「晉朝雜事二卷」なるものが擧げられてあるが、これと果して同書なるか否かも判らぬ。假令ひ同書であるとしても其の製作年代幷びに作者の不明なるは

同じである。がその書名から推測すれば恐らく東晉末か劉宋時代、何人かによつて作られたものかと思ふ。若し果して然りとすればこれは王浮が西域傳に據つて化胡經を僞作したといふ說の現存する最古の記錄であるといはなければならぬ。而して慧皎も亦直接間接之に據つたことは秋毫疑を容れぬ。次に陳子良の引用する幽明錄も今その完本は傳はらぬが、其の殘缺本は諸種の叢書中に收載せられる。②これは劉宋の劉義慶の撰するところであつて、隋書經籍志（雜傳）には「幽明錄二十卷」とあり、新舊唐書には三十卷とある。幽明錄は慧皎の高僧傳敍文にも「臨川康王義慶宣驗記及幽明錄」等と其の書名を擧げてあるから彼の之を見たことは疑なく、李通の地獄物語は慧皎の之より採り來つたことは殆んど明瞭である。最後に裴子野の高僧傳も今傳はらぬが、隋書經籍志（雜傳）に「衆僧傳二十卷裴子野撰」とあり、舊唐書には「名僧錄（傳の誤か）十五卷裴子野撰」とあり、卷數は稍異なるが恐らく同一本であらう。尙は唐の道宣の內典錄卷十には「梁著作中書監裴子野撰沙門傳三十卷」とあり、又其の注に「其十卷劉璆續」といふ。卽ち其の書名は名僧傳とも衆僧傳、乃至沙門傳とも種々に傳へられた、而してその二十卷本は裴子野自身によつて編纂せられ、更らに劉璆が之を補足し三十卷となしたものらしい。で今高僧傳の文と陳子良引用するところとを比較するに、本文中「一云道士基公次」の七字は晉世雜錄にはなく、此の兩者に共に存し、而して「乃託西域傳」の四字が高僧傳に見えないのみで、他は殆んど全く同文である。して見れば慧皎は裴子野の高僧傳に據つて化胡經製作の因緣を書いたものゝやうにも思はれる。現に藤田豊八君の如きも「この慧皎の高僧傳の所傳（老子化胡經僞作のこと）は殆んど梁裴子野の高僧傳に依つたものらしく、唐道宣の續高僧傳卷七慧皎條に依ると慧皎が高僧傳を作る前に江南地方には裴子野の高僧傳十卷が行はれて居たやうである」といふ。がしかしこれはしかく容易に斷言し得ないのである。慧皎の生卒の年代は不明であるが、彼の高僧傳は梁の天監十八年を以て打切つたのであるから、恐らく梁の普通、大通の頃に出來たものであらう。而して裴子野は梁書列傳卷十三に依れば中大通二年、年六十二を以て卒したといふ。果して然らば高僧傳の著者慧皎と衆僧傳の著者裴子野とは大體に於て同時在世であつたといはなければならぬ。假令ひ裴子野の衆僧傳をして慧皎の高僧傳より多少前に成れりとするも、果して慧皎が之を見たか否かは頗る疑はしい。唐の道宣の續高僧傳卷六慧皎

傳の終りには、

江表多有斐子野高僧傳、一袠十卷、文極省約、未極通鑒。

といふも、記事甚だ曖昧であつて果して慧皎以前のことか將たそれ以後のことか一切不明であり、之により慧皎がその書を見たとも斷言は出來ない。慧皎は高僧傳敍文に於て彼以前に成れる諸種の書名を列擧し、之を批判して居る。此等の書は彼の既に見たところであり、又その高僧傳編纂に當り多少參考に供したものに相違ない。其の文にいふ、

衆家記錄敍載各異。沙門法濟偏叙高逸一迹、沙門法安但列志節一行、沙門僧寶止命遊方一科、沙門法進廼通撰論傳、而辭事闕略、並皆互有繁簡、出沒成異、考之行事、未見其歸宗。臨川康王義慶宣驗記及幽明錄、太原王琰冥祥記、彭城劉俊益都寺記、沙門曇宗京師寺記、太原王延秀感應傳、朱君台徵志傳、陶淵明搜神錄、並傍出諸僧、敍其風素、而皆是附見、亟多疎略。齊竟陵文宣王三寶記傳、或稱佛史、或號僧錄、既三寶共錄、辭旨相關、混濫難求、更爲蕪昧。瑯琊王巾所撰僧史、意似該綜、而文體未足。沙門僧祐撰三藏記、止有三十餘僧、所無甚衆。中書郄景興東山僧傳、治中張孝秀宋元明本作季廬山僧傳、中書陸明霞沙門傳、各競擧一方、不通今古、務存一善、不及餘行。逮乎即時、亦繼有作者、然或褒贊之下、過相揄揚、或敍事之中、空列辭費、求之實理、無的可稱。下略

慧皎が斯く諸家を批判し、その著書を列擧して居るに係はらず、斐子野の名を出さないのを以て見れば、彼は未だ之を見なかつたのではなからうか。斐子野は慧皎と同時在世であつたから彼は「逮乎即時、繼有作者」の中にあるものかも知らぬが、それにしても慧皎が衆僧傳から文辭までも殆んど其儘に引用した位であるとすれば、斐子野の名を擧げても宜いやうに思ふ。此等の點から余は斐子野も慧皎も倶に共同の資料から之を引用したと考うるのが最も穩當の結論であると信ずるのである。③

尚ほ晉世雜錄や幽明錄では王浮を以て化胡經の作者となすが、斐子野や慧皎は「一云道士基公次」の七字を挿入し、一說では基公次なるものを以て經の作者となすことである。基公次の何人なるかは全然判らぬが、斯かる異說も梁代以前既

に存したことは疑ない。若し斯かる異説があつたとすれば、所謂化胡經の作者も王浮と斷定する譯に行かないことゝなり、後世王浮説が專ら行はれたのは或は晉世雜錄や幽明錄が多く世に行はれた結果でないともいはれぬ。しかし基公次説が果して如何程信用の價値を有するかも明らかでなく、裴子野や慧皎も（又その共通の根本資料も）坊間斯かる説もあつたので、多少の疑を存する爲め斯く書いたのかも知れぬ。或は又思ふに道士基公次なるものが多少文筆の才能を有して居たので、王浮が其の旨を含め、彼をして筆を執らしめ、化胡經を作成せしめたのではなからうか。若し然りとすれば王浮説も眞實であり、基公次説も同時に成立の可能性を有することゝなる。而して化胡經僞作の根本動機は王浮にあつたのであるから、後世專ら王浮説を採るのも決して誤であるとはいへないのである。

二

然らば王浮が託して化胡經を僞作したといはるゝ西域傳とは果して如何なるものであつたらうか。藤田君は嘗て此事に論及していふ、「〔王浮が〕その托して化胡經を作つたといふ西域傳は殆んど魏略の西戎傳、一名西域傳を謂ふらしく、王浮の化胡經は逸して傳らないから、その書に就いて之を證明することは出來ないが、而も正史の西域傳に老子化胡の説を載せて居るのは魏略が始めであるところから視ると、王浮の托したといふ西域傳はこの書の西戎傳即ち西域傳に外あるまいと想はるゝのである」[4]と。余は此點に就いても遺憾ながら藤田君の説に賛意を表するに躊躇せざるを得ないのである。魚豢の魏略の西戎傳は魏志注や世說新語注には魏略西戎傳とあり、太平御覽人事部や太平寰宇記等には西域傳とあり、本來西戎傳と稱したものを後世では西域傳ともいつたことは事實である。が、これは西戎傳を唐宋前後から漢書の西域傳などと混じ、之を誤つたものらしい。現に唐の道宣の佛道論衡巻丁には王浮が漢書西域傳を取り化胡經を作つたとあるが、その誤なることは言ふまでもない。唐以前果して魏略西戎傳を西域傳と稱したか否かは頗る疑はしい。若し梁代之を西域傳と稱せなかつたとすればその所謂王浮の托して化胡經を作つたといふ西域傳の魏略西戎傳と別本であることは明瞭である。

尙ほ梁以前にあつては東晉の道安が西域志一卷を著はしたといひ沙門曇無竭が外國傳五卷（竭自述西域事）を作つたとも傳へるが此等も此に問題となつて居る西域傳と何等關係のないことは其の書名によつても容易に推測し得らるゝのである。

前記唐の法琳の辯正論並びに同書陳子良の注には、或は「魏略及西域傳」或は「及」の一字を略し「魏略西域傳」或は單に「西域傳」と稱し、其の文を引用する、而して此の西域傳とは王浮の依つて化胡經を僞作したそれであることは本文中「遂改換西域傳爲化胡經」といへるより秋毫疑を容れない。同一文を引用し、而も一方には「魏略及西域傳」といひ、他方には「魏略西域傳」といふを以て見れば、單に魏略西域傳といふ場合は明らかに及の一字を略したものであり、魏略の西域傳（正しくは西戎傳）の意義ではなく、魏略や西域傳の意義と解すべきである。藤田君は此の及の一字に注意しながら輕々に之を看過し、宛も及の一字を以て偶誤入したものゝ如くに考へたものらしい、而してこれは全く後世魏略の西戎傳も西域傳とも稱せられたことが先入見となつたが爲めであらう。然らば何故に法琳や陳子良は魏略の文字を西域傳と共に擧げたかといふに、これは此にいふ西域傳なるものは魏略西戎傳の文によつて之を變改したが爲めである。このことは其の引用する所により明かに之を認め得るのである。卽ち魏略がその根本資料となり、之に據つて所謂西域傳なるものが何人かにより僞造せられたのである。元來晉宋時代前後には「魏書外國傳、皇甫謐高士傳、並曰桑門浮圖經老子所作」といはれ、又「袁宏後漢紀云、老子入胡分身作佛」ともいはれた時代であつたから、此の說を完成せしむるが爲め魏略西戎傳を改變して西域傳なるものを作り、老子を以て釋迦の前身となさんとしたことも容易に想像し得るところである。而してその西域傳の文として引用するところを見るに魏略と頗る相似た點もあるが、又大に之と異なり、此の說に對し有利に變異せしめた迹は一見蔽ふべからざるのである。

辯正論卷六には前にも一言した如く魏略及び西域傳にいふとして、

臨猊國有神人、名曰沙律之所傳也。沙律年老髮白、常敎人爲浮圖。人有災禍及無子者勸行浮圖、齋戒令捨財贖愆。臨猊王久無太子、其妃莫耶因祀浮圖而生太子、遂名其子爲浮圖焉。

とあるが、これは同書卷五陳子良の引用する所に參照するに多少其の文を節略したものゝやうである。で此には便宜陳子良の引用するところを以て原文か若くは最も之に近いものと認め、試みに之を魏略西戎傳と比較することゝする。

魏略西戎傳

臨兒（毘の誤）國浮屠經云

其國王生浮屠、浮屠太子也。父曰屑頭（陀）邪（耶の誤寫）母云莫邪。

浮屠身服（衍か）色黄、髮青如青絲、乳（有）青毛、蛉（爪の誤か）赤如銅。始莫邪夢白象而孕。及生從母左（右の誤）脅出。

生而有結。（卽髻字）墮地能行七步。

此國在天竺城（域の誤か）中。

天竺又有神人、名沙律。

昔漢哀帝元壽元年、博士弟子景盧受大月氏王使伊存口受浮屠經曰復立（土の誤）者其人也。浮屠所載臨（傴の誤）蒲塞、桑門、伯聞疏間、白疏間、比丘、晨門皆弟子號也。

浮屠所載與中國老子經相出入。蓋以爲老子西出關過西域之天竺敎胡。⑤

西域傳

臨倪國王無子、因祀（麗本作在）浮圖、

其妃莫邪夢白象而孕。太子生亦從右脅而出。自然有髻。

墮地能行七步。

其形相似佛、以祀浮圖得兒、故名太子爲浮圖也。國有神人、名曰沙律、年老髮白、狀似老子。常敎民爲浮圖。（近世黃巾見其頭白、改彼沙律題此老聃、曲能安隱誑惑天下。）

前漢哀帝時、秦景至月氏國。

其王使太子口授浮圖經、還漢。

浮圖所載略與道經相出入也。

以上對照する所によつて見れば所謂西域傳なるものゝ魏略西戎傳に據れることは秋毫の疑を容れない事實であるが、之と同時に此の兩者の全然同一本にあらざることも亦明瞭であり、西域傳の著しく西戎傳の文を節略增益歪曲したことを知るべきである。今その改換歪曲の最も著しいものを擧ぐれば次の如くである。

(一) 魏略では單に其の國王浮屠を生ず、浮屠は太子なりとあり、佛傳に述ぶるところを其の儘に述べて居るのに、西域傳では王に子なく、浮圖を祀るにより太子が生れたといふ一新事實を虛構し、まだ明らかに老子の名は出さないが後の釋迦以前老子の彼にあつて敎を立てたといふ說の素地をなした。

(二) 尙ほ之に次ぎては其の形相佛に似たりといひ、又浮圖を祀つて得た兒であるから太子をも浮圖と名づけたといふ全然架空の說をなす、此等は魏略の秋毫も言はざるところであるのみならず、佛傳中未だ曾て存せざることである。特に奇なるのは魏略には常に浮屠の字を用ゐて居る所を西域傳に浮圖の二字に代へ、今又佛の字を用ゐたことである。浮屠も浮圖も佛も皆同一 Buddha の音譯字である、而も浮屠の二字は最も古く、浮圖之に次ぎ、佛字は最後に用ゐられたものである。六朝時代には浮圖の二字は多く塔の義に用ゐられた。又悉多太子が佛となつたのであるから、「其形相似佛」とは全く無意義の語である。又浮圖を以て太子の名とするも事實ではない、のみならず太子が佛となつたのは其の眞理に悟入したが爲めであつて、浮圖の貰ひ子であつた爲めでないことは言ふまでもない。此等の揑造の說は要するに釋迦以前印度に佛敎なるものが存在したことを言はんが爲めに外ならぬ。

(三) 魏略には天竺に神人あり沙律と名づくといふだけであるが、西域傳では之を以て老子を點出せしむる恰好の文字となし、之に次ぎ「年老髮白、狀似老子、常敎民爲浮圖」といふ。斯くして老子は明らかに釋迦に先んじ、佛敎は釋迦以前既に彼によつて說かれたことゝなるのである。「近世黃巾見其頭、改彼沙律、題此老聃、曲能安隱、誑惑天下」の二十三字は恐らく西域傳の文ではなく、陳子良の挿入するところであらう。道家自身が天下を誑惑すなどゝいふべき筈はないからである。しかし道家の徒が魏略の文字を改換した意志の此にあつたことは疑ふべき餘地はない。一體魏略にいふ神人とは果して何人を指示するのかは甚だ不明であつて、吾人の解釋に苦しむところであるが、魚豢が之を以て老子に擬したものとは考へられぬ。何故かといへば魏略に說くところは大體古來佛敎家の間に傳へた事實をそのまゝに擧げたに過ぎず、何等附會歪曲の痕迹を認めないからである。しかるに藤田君は前揭論文に於て「魚豢が特に之(有神人名沙律)を揭げたるはその意中之を老子に擬するにあつたらう。卽ちその下文に於て「蓋以爲老子西出關、過西域之天竺敎胡、浮屠屬弟子」とあるは正に之に照應するのに相違ない。然らずんば此二句は孤立して意義なきものとなるのである。予輩は更に進んでこの二句の下になほそが老子と類似するを說明せる二三句があつたのではなからうかとさへ疑つて居る。……從つて予輩は魏略西戎傳の原文は「天竺又有神人名沙律」の下に「年老髮白、狀似老子」などいつて居たのであらうと想ふのである」といふ。がこれは餘りに穿鑿に過ぎた議論ではなからうか。元來魏略の「浮屠經云」として擧げたところは何れも佛敎々典に據つたものであるが、「浮屠(經)所載、與中國老子經相出入」とか、或は「老子西出關過西域之天竺敎胡」等の文字は魚豢が當時俗間に行はれた說を採つて之を挿入したに外ならぬ。當時の俗間一般に行はれたとすれば魚豢も自から斯かる思想を懷いて居たかも知れぬが、佛敎々典の說とは截然之を峻別して見なければならぬ。魏略の著者も一見何人にも區別し得らるゝやうに書分けて居るところによつて見ても、彼には敎典の本文を混亂せしむるが如き意志のなかつたことは言ふまでもない。だから藤田君の想像するが如く西戎傳の本文に「有神人名沙律」の下「年老髮白、狀似老子」等の文字があるべき筈はない、何故かといへば佛典に斯かることの敍述せらるべき理由がないからである。元來魏略にいふ神人沙律とは抑も何を意義するか、此の解釋が根本問題である。佛國の學者レヸィ氏等は之を以て舍利弗に宛てゝ居るのである(藤田君も之に從ふ)が[6]果して然るか否かはこれ亦容易に決すべきではない。沙律と舍利弗とは音韻上に於ては稍相近いものではあるが、舍利弗は言ふまでもなく釋迦の弟子である。又後世では十大弟子の一人にも算せられ、又智慧第一とも賞讃せられたものではあるが、その他にも彼と相幷び立つべき弟子は決して尠くなかつたのである。何が故に舍利弗のみを擧げて特に之を神人となしたか、又斯かる傳說は印度にもまだ曾て存しないのである、これが舍利弗說に對し吾人の到底首肯し得ない點である。余の考ふるところを以てすれば魏略の沙律とは佛舍利(卽ち舍利塔、śarīra-stupa, 俗語、sarira-thupa)を音譯したものではなからうかと思ふ。

これは音韻の上に於ても舍利弗よりも一層相近いのみならず、佛舍利、從つて又之を藏する舍利塔の崇拜は佛滅後甚だ盛となり、佛敎徒は佛に供養禮拜したと同樣に舍利塔に奉仕したものである。特に此には「神人」の語に注意すべきである。肉身の釋迦や老子は之を神人とはいはない。神人とは天神ではなく、而も又人身を有するものでもない。卽ち人にして神となつたものである。佛舍利は佛敎徒にあつては宛も神に對するが如き尊崇の念を有したのであるから、人にして既に神となつたものとも考へ得らるゝのである。印度に於て佛滅後に於て塔崇拜が盛であり、又之を勸說した經典も頗る多いので、魏略がその終りに之に言及んだことも亦當然であつて何等怪しむに足らぬことゝ思ふ。

若し余の推定した如く沙律が舍利塔の音譯であるとすれば、魏略の年老へ髮白く狀老子に似たりなどの文字のあるべき筈のないことは愈明らかであり、若し之ありとすれば無意義にして寧ろ滑稽に類することゝなる。西域傳の作者は印度の事情を知らず、神人の語を支那風に解釋し、沙律を生ける人間と見做し、斯かる滑稽なる語を補足し、强ゐて之を老子に配し、佛敎此に興るとなしたのである。特に知らず佛舍利崇拜は佛滅後のことであり、佛教は此時既に成立し居たのである。

（四）最後に一言すべきは魏略には前漢哀帝の時大月氏國伊存より佛經を口授せられたものを以て景盧となすが、西域傳には之を以て秦景となす。當時支那には既に明帝求法の傳說も成立して居たので、西域傳は之を混同し秦景となしたのであらう。又魏略には大月支王が伊存をして佛經を口授せしめたとなすが、西域傳には何故か太子をして口授せしめたとする。伊存なる無名の人物よりも太子とした方が重きを加へるとでも考へたのであらう。これ皆事實に相違するものである。

以上略述するところにより化胡經の據つて作られた西域傳なるものゝ一般的價値は容易に之を知り得たことゝ信ずる。要するにこれは魏略に據つたとはいふものゝ、作者が元來印度の事情に通ぜざるが爲め、魏略の文を誤り、又故意に道家に利せんが爲め、虛構の文字を挿入した極めて杜撰庸陋の書たることを知るべきである。之を以て西戎傳と同一視する如きは誤れるの最も甚だしきものである。

尙ほ序ながら此に一言して置く。藤田君は前にもいつた如く化胡經の據つて作られた西域傳を以て全然魏略西戎傳と同本となしたが爲め、辯正論の本文並びに其の注に西域傳の文として引用した文章の、西戎傳と大に異なるところあるを認め、之を以て佛敎者の更改したものとなし、「かく魏略西戎傳若くは西域傳の文は道士に依つて改作せられたといふが、しかもその論敵たる佛徒に依つても痛く更改せられて居るのである」といふ。是れは謬論の最も甚だしきものである。元來佛敎徒たるものが佛典に未だ曾て言はざる神人沙律の傳ふるところなどゝいふのは奇怪千萬のことである。而して著者が果して沙律の本義を解したとすれば、前にも既に述べた如く是れは滑稽至極のことであり、又之を以て舍利弗を意義するものとしたとしても、舍利弗は佛より以前既に入滅し從つて佛敎傳統者の中にも列擧せられないのであるから、此點からしても沙律の傳ふるところとはいへないのである。次に何れの佛傳を見ても莫耶夫人が其の子を授けられんことを浮屠に祈請したといふことはない、釋迦佛の未だ生れざる以前佛敎のあるべき筈もないからである。從つて又浮屠を祀り太子を生むだので其の子を浮屠と名づけたといふ如きも餘りに愚昧な話で、苟くも佛敎徒たるものゝ口にすべき筈もない。如何に道家に對する說としても、佛徒が斯く魏略の文を變改したとは吾人の想像だに及ばぬところである。

西域傳が如何なる內容を有して居たかは今や全然不明であるが、前記引用したところ以外、尙ほ辯正論巻五には次の如き注意すべき文が引用されて居る。

案西域傳云、老子至罽賓國見浮圖、自傷不及、乃說偈供養、對像陳情云、

我生何以晚。新本改云、佛生何以晚。 佛出一何早。新本改云、泥洹一何早。 不見釋迦文。心中常懊惱。

勿論唐の法琳の破邪論巻上や同唐廢省佛僧箴廣弘明集巻十一所收には我生何以晚以下四句の偈を擧げ「化胡經云」としてある。思ふにこれは本西域傳に記されて居た偈を、後化胡經を作るに當り又之を採り來つたのであらう。而して之を化胡經に轉載するに當り、多少其の文字を變更したのではなからうか。前記諸書に「新本改」と稱するものは恐らく之を意義するのであ

らう。元來老子が罽賓に往いた時には釋迦は既に入滅したので、像に對し情を陳べたといひ、又我が生何を以て晩く、佛出一に何ぞ早きといふは明らかに老子の釋迦より後くれ出世したことを愁嘆したことゝなり、老子が釋迦となつたとか、老子によつて佛敎が興つたといはれないのである。で化胡經の作者は恐らく西域傳に於ける自から及ばざるを傷むとか、像に對し情を陳ぶ等の文字を抹殺し、その偈のみを取り、而も其の文字を變更し「佛生何以晩」等となしたのであらう。さうすれば釋迦は老子より後に出世したことゝなる。しかし斯く變改すれば第二句「泥洹一何早」の五字は全然無意義となる、佛泥洹の遲速は此に何の關係もなく、早きも遲きも、老子以後のことゝなるからである。そこで此泥洹の二字は佛の入滅ではなく强ゐて老子自身の入滅を意義せしめたのである。元來此の四句の偈なるものは涅槃經中佛の入滅するや、初心の弟子が愁嘆の餘り、

何其駛哉　佛般涅洹　何其疾哉　世間眼滅。

といつたといふ偈に倣ひ作つたものである。

以上說くところによつて之を見れば西域傳なるものは西戎傳の文を著しく歪曲したとはいふものゝ、是れは必らずしも佛敎に對抗する爲めではなくして、寧ろ佛敎に於て無知なる結果であり、而して彼の書製作の眞の目的は寧ろ後漢以後次第に民間に盛となつた老子が西、關を出で印度に入り胡王を敎化したといふ說を具體的に表顯せんとするにあつたものと考へなければならぬ。これが老子をして釋迦に後くれ親しく面授し得なかつたことを愁嘆せしめた所以である。更らにこれを改變し佛敎對抗の意旨から老子をして釋迦以前たらしめんとし、西戎傳の沙律を老子に配したのは、王浮化胡經の爲すところであつたらしい、而してこれが辯正論注に「近世黃巾、見其頭白、改彼沙律、題此老聃」といつた所以でもあらう。

三

晉世雜錄を始め裴子野の衆僧傳や慧皎の高僧傳等には王浮が西域傳を改換して化胡經を爲るとあるが、前記辯正論卷六や唐の道宣の廣弘明集卷十三注には

案晉世道士王浮改西域傳爲明威化胡經、乃稱老子渡流沙敎胡王爲浮圖、變身作佛、方有佛興。

といひ、又元の祥邁の辯僞錄卷一にも

漢時張道陵造靈寶經、王褒造洞玄經、吳時葛孝先造上清經、晉時王浮造明威化胡經云々

といふ。果して然らば老子化胡經とは俗稱で、本來その書は明威化胡經と題したのかも知れぬ。辯正論卷六には「至漢安帝時授張天師正一明威之敎」とある。明威の字は恐らく夫から來たのであらう。又辯正論や笑道論を始めとし其の他佛敎典籍には「化胡經云」として其の文を援引するもの頗る多いが、後にも說く如く化胡經は次第に增益せられたので果してそれが王浮の作つたそれか否かは不明である。例へば元の劉謐の三敎平心論卷上には

王浮作化胡經稱、老子尹喜欲化胡成佛、道變身爲釋迦文殊、而後胡人受化也。

とあるが、これは元代に行はれた老子化胡成佛經であるらしく、果して王浮の作つたものか頗る疑はしい、後世では化胡を說いた一切此等の經を總じて化胡經と稱し、何れも王浮の作と考へられたものらしい。が辯正論卷六や廣弘明集卷十三等には明らかに明威化胡經の名を擧げ次の話を傳へる。

明威化胡等一本無等字經並云、胡王不信老子、老子神力伏之、方求悔過、自髡自剪、謝愆謝罪。老君大慈愍其愚昧、爲說權敎、隨機戒約、皆令頭陀乞食、以制兇頑之心、赭服偏衣、用挫强梁之性、割毀形貌、示爲剠劓之身、禁約妻房、絕其勃逆之種。

此等は佛敎と事實に於ても又その動機に於ても頗る相違するが、道家が印度僧團の風儀を傳へ聞き、揣摩臆測して之を記述解釋したものである。

佛敎經錄には隋の法經等の衆經目錄卷二を始めとし、同七卷本卷四唐の道宣の內典錄卷十同明佺の武周刊定衆經目錄卷十四乃至

智昇の開元釋教錄卷十八等には僞經としてゞはあるが、正化內外經二卷一名老子化胡經、傳錄云、晉時祭酒王浮作。といふ。然らば王浮の化胡經は又正化內外經ともいつたらしいが、これは果して舊題であつたか否かは頗る疑はしい。元來王浮の作つた經は一卷本であつたことは佛祖統紀卷三十六咸康六年の條下化胡經製作の因緣を說き、其の下補注を引き「其文本一卷」とあるによつても知り得る。然るに此には二卷とあるを以て見れば、更らに其の後一卷が增益せられ、其の經名をも變更したのであらう。正化內外の題名から推測すれば、王浮の作る所は老子が印度に至り佛となり胡王を敎化したことを說いたのであるから、本來正化內外とはいへない筈である。が其後何人かによりその前か後かに其の敎化の舞台を支那に變更し、支那民衆を敎化したことを述べたので之を斯く名づけたものと思はれる。若し果して然りとすればこれは化胡經の本名ではなく、後人の付した題目といはなければならぬ。佛敎經錄には何れも此經名を擧げて居るから斯かる經名を有したものゝ隋以前既に存したことは疑ないが、佛典中諸種の名稱を有する化胡一類の經典が少からず引用せられ居るに拘はらず、正化內外經の名の一たびも現はれないのは又頗る奇怪といはなければならぬ。或は後世では化胡經の名の下に包含せられたが爲め單に化胡經の通名を以て擧げられて居るのかも知れぬ。

敦煌出土の化胡經は今卷一、卷十の兩卷が發見せられ各々卷末には「老子化胡經卷第一（又は第十）」とあるが、その卷首第一卷には「老子西昇化胡經序說第一」と題し第十卷には「老子化胡經玄□第十」と署する。[7]第十卷は始めには「我往化胡時」とか、「我在舍衞時」とか乃至「我昔學道時」とかいひ、各その時に於ける諸種の話、計八則を述べ、次に尹喜哀歌五首と太上皇老君哀歌七首とを擧げ、最後は老君十六變詞を以て終つて居り、頗る後世の作に係るものゝやうである。第一卷の西昇化胡經とは一見道安二敎論注や破邪論辯正論等に引用する老子西昇經なるものと同本かとも思はれるが、これ亦然りとはいへない。破邪論卷上には西昇經の言として

老子西昇經云、吾師化遊天竺、善入泥洹。

といひ、辯正論卷五には

西昇又云、天下大術、佛最（宋元明本作術）第一。

ともある。が道安二敎論注には、第二の文は「老子西昇經云」として之を擧げ、前の文は「又西昇玄經云、吾師化由天竺、善入泥洹」となし、單に西昇經と稱するものと之を區別する。果してこれが西昇經中の語か否か多少の疑なきを得ない。しかし宋の晁公武の郡齋讀書志（巻十六）には徐道邈の西昇經注なるものを擧げ、

其本以有古先生善入無爲、作善入泥丸（洹）、古先生者吾之師也、化平竺乾、作吾之身也。

等とあるを以て見れば少くも唐以後の西昇經には斯の如き語があつたものと思はれる。所が敦煌出土の第一巻老子西昇經中には前記二種の語は何れも見當らぬ。敦煌本も唐人の抄寫する所であることは疑ないから、西昇經に二種あつたものかとも考へられるが、或は又敦煌本には「老子西昇化胡經序説第一」と題するを以て見れば、本來存した西昇經の序説なるものを新たに作つて之を補足したものかとも思ふ。而して序説であるから之を第一巻に編入したのかも知れぬ。若し然りとすれば敦煌本化胡經第一は所謂老子西昇經と別本であるといはなければならぬ。尚ほ敦煌本化胡經第一巻末には次の如き注意すべき文がある。

又經六十餘載、桓王之時歳次甲子、一陰之月、我令尹喜乘彼月精、降中天竺國、入乎白淨夫人口中、託廕而生、號爲悉達、捨太子位、入山脩道、成無上道、號爲佛陀。……歴年七十、示人涅槃。襄王之時其歳乙酉、我還中國、敎化天人、乃授孔丘仁義等法、爾後王誕六十年間、分國從都、王者無德、我卽上登崑崙。……後經四百五十餘年、我乘自然光明道氣從眞寂境飛入西那玉界蘇鄰國中、降誕王室、示爲太子、捨家入道、號末（衍カ）摩尼轉大法輪說經誡律定慧等法、乃至三際及二宗門、敎化天人、令知本際、上至明界、下及幽塗、所有衆生、皆由此度。

といひ、更らに摩尼敎の中國に傳來したことを說き、

當此之時、黃白氣合、三敎混齊、同歸於我。仁祠精舍、接棟連甍、翻演後聖、大明尊法、中洲道士、廣說因緣、爲世舟航、大弘法事、動植含氣、普皆救度。

ともいふ。これは佛、儒、摩尼の三敎をも合同し、之をして悉く道敎中に收取せんとしたもので、之を「總攝一切法門」と名づくるのである。斯くの如きは固より摩尼敎の支那に傳來し稍々世に行はるゝに至つて後に製作せられたものと思ふ。

又辯正論同上や唐の玄嶷の甄正論卷中元の祥邁の辯僞錄卷二等には

老子西昇經云、聞道竺乾、今改爲開道竺乾有古皇先生、善入無爲(泥洹)、古先生者、是吾師也、遊化天竺、今將返神還乎無名、絕身滅有、不死不終、綿々常存、吾今逝矣

とあるが、この文も敦煌本にはなく、郡齋讀書志に載する西昇經に存するところを見ても敦煌本の愈、西昇經の原本にあらざるを知るべきである。

西昇經成立の緣起に就いては甄正論卷中には又次の如くいふ。

老子後遂西之流沙、至函谷關爲關令尹喜演黃帝書、重廣其文、爲道德二篇上下兩卷、……成五千餘言。尹喜又錄老子與喜談論言旨、爲西昇記。其中後人更增加其文、參糅佛義。大旨略與道經微同、多說人身心情性稟生之事、修養之理、夭壽之由。後人又改記爲經。

是れに由つて觀るも王浮の化胡經と全然其の製作動機を異にするものたるを知るべく、而して同處又いふ、

此經首章云、老子西昇、聞道竺乾有古先生、不生不滅、善入無爲、綿々長存、是以昇就。經末又云、老子謂尹喜曰、古先生者吾之師也、還乎無名、吾亦昇就、亦返一源。

敦煌本には此等の言もない、乃ち敦煌本の西昇經にあらざることは愈明らかである。

次に化胡經の卷數に就いては前にも一言した如く、王浮の作るところは止だ一卷であつたが、正化內外經は二卷となり、唐寫敦煌本や、我邦平安朝に於ける藤原佐世の日本國見在書目錄道家や宋の晁公武の郡齋讀書志卷十六道書類等には十卷となり、宋の志磐の佛祖統紀卷三十六補注には「其徒增爲十一卷」ともあり、遲くも隋唐頃には既に十卷本の成れるを知るべきである。恐らく此れは各時代を異にし、人を異にして化胡を說いた經典の輯錄とでも稱すべきものであらう。勿論此等以外、說の

化胡に及ぶものも少からず存したやうであるから、必らずしも之を以て化胡全書とはいへない。而して此の十巻或は十一巻本化胡經の内容は（その第一巻及び第十巻を除き）今固より知るを得ないが、佛祖統紀前同處（補注）には

第一巻說化罽賓胡王。

第二巻倶薩羅國降伏外道。

第三巻化維衞胡王。

第四巻化罽賓王兄弟七人。

第五巻化胡王經十二年。

と說き第一巻より第五巻に至る題目を擧げて居るが、第六巻以下に就きては何故か之に說及ばぬ。當時著者は第六巻以下之を見得なかつた爲めか、或は第一巻から第五巻までは印度敎化の事であるが第六巻以下は印度以外のことであるので之を省略したか、或は內容第十巻に見るが如き諸種の事項に渉り、其の要點を簡單の數語に纒め得なかつた爲めかも知れぬ。尙ほ前記郡齋讀書志によれば十巻本化胡經には「魏明帝爲之序」とあり、又王國維の記すところによれば、英京倫敦博物館所藏の化胡經巻一は巴黎國民圖書館本に比すれば初十一行ばかり多く、「此の巻序題の下には尙ほ一「魏」字を存する。則ち下の闕くところは當さに是れ明帝の二字なるべく卽ち希弁所見の本ならん」ともいふ。⑧ 魏明帝序といふが如きその僞妄固より論ずるを俟たぬ、若し之をして三國時代魏の明帝なりとせば王浮の化胡經すら未だ製作せられない時である。如何にして明帝之が序を作るべき。又北魏孝明帝とすれば、明帝時代には道士姜斌と佛僧曇謨最との法論の結果、道士の議破れ、朝臣亦姜斌の罪衆を惑はすに當ると奏したので、帝は斌に極刑を加へんとしたが、菩提流支の諫により漸く事なきを得たのである。（佛道論衡甲）何んぞ道經の讃序を作るべき。

又隋の黄長房の歴代三寶記（巻十一）には

釋老子化胡傳一巻　十八條難道章一巻

なるものを擧げ、いふ

右新州願果寺沙門僧勐（宋本作勔）撰……其序略云勐、以老子與尹喜西渡、化胡出家、老子爲説經戒、尹喜作佛敎化。又稱是鬼谷先生撰、南山四皓註、未善尋者、莫不信從、以爲口實、異哉此傳、君子尙不可罔、況敗大聖乎。今誠尋此説非眞、人世差錯、仮託名字、亦乃言不及義翻、辱老子意者勝人君子不出此言、將是無識異道、誇競佛法、假託鬼谷四皓之名、附尹喜傳後、作此異論用迷凡俗。……今考校年月究尋人世、依内經外典採群達誠言、區別眞假、使一覽便見。

とは宇文周時代の人である。道敎經典製作の盛なる時代には啻に佛敎經典を改造したのみならず、頗る奇怪にして一見識者をしてその愚妄に驚かしむる如きものまでを公々然世に行はしめたものゝやうである。此書は化胡傳といふものゝ實は尹喜傳で、舊唐書經籍志等に關令尹喜傳一巻（鬼谷先生撰四皓注）なるものと同本であらう。

四

王浮の始めて作つた化胡經は、老子が西、關を出で印度に行き、自身佛となり胡王を化しといふにあつたものゝやうである。で甄鸞の笑道論等に

化胡消冰經皆云、老子化罽賓、身自爲佛。

とあるのが經本來の説である。所が後世化胡一類の典籍の製作せらるゝや、二教論注や笑道論に引ける如く、釋迦を以て老子の師となすものもある。

西昇王經云、吾師化由(遊)天竺、善入泥洹。

符子曰老氏之師、名釋迦文。

符子とは名は朗、字は元達、符堅の從弟といふ、(北山錄卷一、注。)。隋書經籍志に「符子二十卷、東晉員外郎符朗撰」といふもの即ちそれである。又老子を以て佛の侍者となすものあり、魏世姜斌の引ける開天經に(佛道論衡甲)

老子西入化胡、佛時以充侍者。

或は老子を以て佛弟子迦葉に宛てるものあり、笑道論にいふ、

化胡經云、周莊本初三年太歲丙辰、白淨王子既得正覺、號佛釋迦、老子見其去世、恐人懈怠、復下多羅聚落、號曰迦葉、親近於佛、焚屍取骨、記塔分布。」化胡云、老子化罽賓、一切奉佛、老子曰劫後百年兜率天上更有眞佛、託生舍衞白淨王宮、吾於爾時亦遣尹喜下生從佛、號曰阿難、造十二部經。老子去後百年、舍衞國王果生太子、六年苦行、成道號佛、字釋迦文、四十九年欲入涅槃、老子後見於世號迦葉、在雙樹間爲諸大衆請啓如來三十六問訖、佛便涅槃。迦葉菩薩焚燒佛屍、取舍利分國造塔。」

此老子再生說によつては老子の釋迦以前の出世なることも、又釋迦の弟子たり、侍者たることも、將た又釋迦の弟子迦葉に宛てられることも一應は解決されるやうにも見え、又斯かる目的を以て此說が作り出されたのかも知れぬが、しかし釋迦は六年苦行の後自から其の法を發見し佛となつたので決して老子の創めた法を繼承したのでないとすれば、佛敎は老子によつて興つたとはいへない筈である。

更らに又尹喜を以て佛となす說もある。文始傳笑道論引にいふ、

（罽賓）王求哀悔過、老子推尹喜爲師、語王曰吾師號佛。……委尹喜爲罽賓國佛、號明光儒童。

笑道論の著者甄鸞が「推此衆途、師弟亂矣」といふ如く、其の說如何にも混亂錯雜し、殆んど其の要を得ないのである、（其の言ふところの事實の孟浪杜撰なる今一々之を列擧せず。）特に奇怪なるは五佛同時出世の說である。笑道論にはいふ、

玄妙篇云、老子入關至天竺維衞國、入於夫人淸妙口中、至後年四月八日、剖左腋而生、擧手曰、天上天下惟我爲尊、三界皆苦、何可樂者。尋罽賓一國乃有五佛倶出、一是尹喜、號儒童者。二是老子化罽賓者。三老子之妻憤陀王號釋迦者。[9]四老子在維衞國作佛、亦號釋迦。五白淨王子悉達作佛復號釋迦。

五佛倶出の說の如き亦一場の囈語たることは論を俟たないが、之に由つても當時道家者流の間に如何に多くの異說が存在

したかゞ判るのである。

更らに他面佛教者の一層之を混亂せしめたことを忘れてはならぬ。佛教者も始めは單に道家の反抗に對する自家防衛の爲め、更らに進んでは道經を利用し民衆をして佛教に轉向せしめんが爲め、諸種經典を僞造したものらしい。例へば廣弘明集巻十一唐の法琳の唐癈省佛僧箴中に引くところによれば、

化胡經云、願採優曇華、願燒栴檀香、供養千佛身、稽首禮定光。

上品大戒經校量功德品云、施佛塔廟得千倍報、布施沙門得百倍報。

昇玄經云、若有沙門欲來聽經觀齋、供主不得計飲食費過截不聽、當推置上座、道士經師自在其下。

昇玄又云、道士設齋供、若比丘來者、可推爲上座、好設供養、道士經師、自在其下。若沙門比丘尼來聽法者、當穩處安置推爲上座、供主如法供養不得遮止。

此等の文は佛家の言として始めて能く理解し得べく、道家が何を苦みて自からを卑くし、沙門を尊ぶべきであらう。佛教家が道經僞造の盛なるに乘じ、諸種の經典を作り己れに利用せんと試みたことは是れによつても明らかである。斯くして佛教の經典か道家の經典か、更らに判然しないものが多く現はれたのである。これが古來佛教の經錄に或は正經とし、或は僞經として、此等化胡一類の經を收錄する所以である。始めよりして道家の經と認めたとすれば、之を佛教經錄に載すべき理由はない筈である。正經はいふまでもなく、僞經と稱するものも佛教經典ではあるが、印度翻譯にあらず、又その教義の正眞ならざるものゝ義たるは言ふまでもない。で唐の智昇の開元釋教錄巻十八に於ても「清淨法行經一巻記説孔老類同事」等其他七部此等七部は化胡と關係ありの經名を擧げいふ、

右八部古舊錄皆編僞妄、大周刊定附入正經。……仍俟諸賢共詳眞僞。

乃ち佛教學者の間に於てすらも尚ほ眞となすものゝあつたことが判る。道安の二教論や法琳の破邪論等に據れば前揭清淨法行經には

佛遣三弟子震旦敎化、儒童菩薩彼稱孔丘、光淨菩薩彼云顏回、摩訶迦葉彼稱老子。

といひ、明らかに支那に造られた僞敎であり、化胡一類の經典と密接な關係を有するものである。而してこれは梁の僧祐の出三藏記集（巻四）から既に載つて居る。僧敏の戎華論（弘明集巻七所收）に

故經云、大士迦葉者老子其人也、故以說敎五千翼正周世、化緣旣盡廻歸天竺、故有背關西引之邈、華人因之作化胡經也。

といふのも恐らく之から來たのであらう。その外經錄中には前に擧げた化胡經の正化內外經や、空寂菩薩所問經一卷、天地圖像經一卷、須彌四域經一卷等が收載せられて居る、此等は何れも淸淨法行經と一類の經典であり、恐らく佛敎徒の僞作したものと思ふ。辯正論（巻五）等によれば、

案佛說空寂所問經及天地經皆云、吾令迦葉在彼爲老子、號無上道、儒童在彼曰孔丘、漸々敎化令其孝順。

同書（巻六）には又

須彌四域經云、應聲菩薩爲伏羲、吉祥菩薩爲女媧、居淳風之初三聖立言。

とあり、而して師子比丘注析疑論（巻五）には佛說空寂所問經といひ、又法琳の破邪論には內典天地經ともいふ。其他老子大權菩薩經や道士法輪經等と稱するものも亦此類に屬する經典かと思ふ。

老子大權菩薩經云、老子是迦葉菩薩化遊震旦。（破邪論所引）此等一類の經典は何れも既存の佛典に就き之を改變したものであり、全部空想を以て新たに製作せられたのではない。勿論道家の僞經にも佛典を改變し、成すところのものがないではないが、それらは既に洽ねく世に流通したものが多いが、佛敎者の僞作する所は餘り人の讀誦せざるもの、特に失譯經が多いやうである。一世に洽ねく流通するものにあつては、其の僞造は直ちに看破せられる恐れがあるが、人の多く讀誦せず、又譯者の明らかならぬものにあつては、その僞造も容易に知られないからであらう。（但空寂所問經の如きは三國の支謙、西晉法護の譯するところである。）又此等一類の經典は印度を中心とし、印度より支那に渡り敎化したことゝなつて居り、前の道家の經は主として支那から印度に到り敎化したことゝなつて居る。此等は此二種經典の著しく異なつた點である。特に吾人の注意すべきは廣弘明集

卷十一法琳の引用した道士法輪經なるものである。

道士法輪經云、若見沙門思念無量、願早出身以習佛眞。

又云、若見佛圖思念無量、當願一切普入法門。

此の第一の文により此經の前一類のものたるを知るべきであるが、第二の文に於ける「一切普入法門」とは抑も何を意義するか、單にこれだけでは解釋の端緒を得難いが、或はこれは隋唐時代信行の唱へた三楷敎の所謂普法を說いたものではなからうかと思ふ。三楷敎では佛法に別法と普法とを分ち、所謂別法とは一乘とか三乘とか自己の意によつて佛法の優劣批判をなし、其の優れる法を修せんとするものをいひ、所謂普法とは法に於て愛憎差別を立てることなく、苟くも佛說ならば一切撰擇するところなら、普ねく之を修するをいふ。而して今や末法第三楷（時、處、人最惡の時機）の時であるから、人は普法を修すべく、別法を行ずべきではないとなしたのである。此にいふ一切普入法門とは卽ち之をいふのではなからうか。若し然りとすれば此等は三楷敎徒の僞造したところといはなければならぬ。三楷敎では無佛世界に於ける地藏を信じ、地藏十輪經なるものが屢、引用せられて居る、或は十輪を法輪と轉用したものとも推測せられぬではない。三楷敎徒が武后時代大雲無相經から大雲經を僞造したことは世人の皆善く知るところである。而して經典製作の前後は固より判然しないが、佛家にあつては儒道二敎のみならず、伏義女媧に至るまで佛敎の支流となすに對し、道家に於ては儒佛はいふを俟たず、最新輸入の摩尼敎までも之を總收し、道敎の末派となすに至つたのであらう。

斯く道佛二家が入り亂れて佛典か道書か判然區別し難いやうなものが盛に製作せられたが爲め、當時の一般社會は其の上層と下層とを問はず、老子の出關作佛の說は普ねく人の認むるところとなり老子成佛の地方まで定められた。魏書卷一百二于闐國條下にいふ、

于闐西五里有比摩寺、云是老子化胡成佛之所。

と。又唐會要卷七十三にも

于闐西南有北(比)摩伽藍城(衍カ)、相傳云、是老子化胡之所建也。初老子至是白日昇天、與群胡辭訣曰、我暫返天上、尋當下生。其後出天笠國、化爲胡王太子、自稱白淨、因造此寺焉、

老子は罽賓に詣り佛となり胡王を化したといふのである、然るに于闐に於て老子成佛の舊蹟が造られたのは頗る奇怪であるが、當時西域や印度の地理的知識の貧弱なる、亦必らずしも怪しむに足らぬ。吾人は之によつて此傳說の社會上層の知識階級に至るまで信仰せらるゝに至つたことを知るべきである。又辯正論(卷五)や辯僞錄(卷二)等には次の話が載つて居る。

隋僕射楊素、從駕至竹林宮、經過樓觀、見老廟、上畫作老子化罽賓國度人剃髮出家之狀。問道士云、道若大佛、老子化胡應爲道士、何故乃爲沙門。將知佛力能化得胡、道力小不能化胡、此是佛化胡、何關道化胡。時道士無言以對也。

楊僕射の議論の是非は姑らく論ぜず、是れに由つて當時道觀に於て老子作佛の圖を壁上に描いてゐたことが判る。沙門形とはいへ、老子を道觀に描くは必らずしも怪しむに足らぬやうでもあるが、佛敎寺院にあつても亦之と同樣であつた。唐の中宗神龍元年化胡經を禁ずる敕⑩には

朕叨居寶位、惟新闡政、再安宗社、展恭禋之大禮、降雷雨之鴻恩、爰及緇黃、兼申懲勸。如聞天下諸道觀皆畫化胡成佛變相、僧寺亦畫元々之形、兩敎尊容、二俱不可。勅到後限十日內、並須除毀。若故留、仰當處官吏、科違勅罪。其化胡經、累朝明勅禁斷。近知在外仍頗流行。自今後、其諸部化胡、及諸記錄、有化胡事、並宜除削、若有蓄者、準勅科罪。

何時如何なる國土にあつても下層社會の宗敎意識なるものは、極めて漠然として、宛も我邦に於ける神佛混淆時代や將た現時南海諸國に於けるそれの如く、有識階級の判然峻別する諸神をも之を平等に見做し、何れも靈驗著しいものとして之に崇拜供養怠らないのである。況んや學者の間にすら既に判別し得ないものに於ては尙ほ更らである。而も斯かる信仰は極めて根强いものであつて、一片の法令などによつて容易に剪除され得べきではない。中宗の勅中「累朝明勅禁斷」とあるのは、神龍元年に先つこと約四十年、高宗の總章元年にも老子化胡經に對する法論の結果、勅により天下の化胡經を搜聚し之を焚棄すべきを命ぜられたことを指示するのであるが、實際は餘り行はれなかつたらしい。中宗の令も頗る峻嚴な

るものではあつたが、これも實際どの程度行はれたかは疑問である。敦煌出土本は唐代の抄寫ではあるが、之を埋藏したのは五代宋初であり、又晁公武が此書の十卷本を見たとすれば、南宋の頃尚ほ世に存したことが判る。元の世祖至元十八年焚毀せられた道經中「化胡經王浮撰」なるものがある、その王浮撰といふのは兎に角、これが十卷本化胡經であつたか否か不明である、寧ろ當時問題となつた老子化胡成佛經ではなかつたかと思ふ。⑪勿論祥邁の辯僞錄卷二には「古本化胡經云」として前掲「我生何以晩」云々の偈を引用して居るが、これも果して其の古本なるものを親しく見たか否かは疑はしく或は古書に屢〻引用するところによつたのではなからうかと思ふ。假令ひ又それであつたとしても至元十八年蒙古帝の焚毀に遭つて一切其の迹を地上に沒したのである。

附記。

① 老子化胡經に關する研究の主なるものは先づ故桑原博士の「老子化胡經」(東洋史說苑收載、明治四十三年十二月藝文所揭)、名畑順應師「老子化胡說の由來」(佛教研究五、—六卷)羅振玉氏「老子化胡經考」(敦煌石室遺書十二種第三册)福井康順氏「老子化胡經の諸相」(支那佛敎史學第一卷第三號、第二卷第一號)等、故藤田豐八氏「佛教傳來に關する魏略の本文につきて」(東西交涉史の研究、西域篇、收載)、拙稿「支那に於ける佛道二敎の暗鬪」(佛敎史論所收)中にて多少之に論及する。

② 幽明錄は、述古堂叢抄、琅琳秘室叢書第三集、五朝小說本(魏晉)、說郛第三、重校說郛一一七、等に其殘缺本を收載するが、陳子良の引用する文は見當らぬ。近時魯迅が諸書に引用する幽明錄の文を蒐集編次し、魯迅全集第八、「古小說鈎沈」に收載する。

③ 余も前には斐子野衆僧傳と慧皎高僧傳の文の餘りに能く相似たるにより「支那に於ける佛道二敎の暗鬪」の中にも「慧皎の文は全く斐子野の高僧傳に依つたもの」と說いたが、今やこれは疑問として存せなければならぬ。

④ 藤田豐八氏東西交涉史の研究(西域篇)所載、「佛教傳來に關する魏略の本文につきて」。

⑤ 魏略の此文には誤寫が頗る多く、そのまゝでは文意の通ぜざるところがある。佛國の學者レヴイ氏やシヤヷーン氏の研究により稍訂正され、其の後我邦の藤田氏によつて更らに修補せられたので、其の意義も粗通ずるに至つたが、尙ほ全部氷釋せられたとはいへぬ。今此等諸學者の說を綜合し、更らに多少の私見を加へ、次の如く解釋し讀者の參考に資することゝする。(一)臨兒國の兒は或は倪に作り、或は猊に作り、何れも兒の誤を承け、更らに誤を重ねたものである。レヴイ氏等は此儘を以て佛降誕の地 Lumbini に宛てたが、藤田氏は史記大宛傳の唐張守節の正義に臨毘國に作るので、兒は毘の誤寫となした、此說は最も正しいものと思ふ。(二)屑頭邪これは言ふまでもなく Suddhodana であつてダの音を略したものである。而して邪の字は六朝時代の寫本には屢〻邪に誤まられる。(三)身服色黃。史記正義には(浮)屠身色黃とあり、服の字がない。此文は浮屠の肉體のこと

を説き、衣服のことに及ばぬのであるから、服の一字は誤入かと思はれる。（四）乳青毛蚙赤如銅。これは文意通ぜぬが、杜佑通典（卷一九三天竺條下）には此二句を缺き、史記正義には「乳有青色、爪赤如銅」とあり、藤田氏は前句を「乳有青毛」の誤かといふ。又梁の劉孝標世說新語註（卷上之下）には前の一句を缺き、次の句を「爪如銅」に作る。此等の文では何れも意義通ずるが、果して原文が斯くあつたか否かに就いては頗る疑問とせなければならぬ。（五）左脅の右脅であることは言ふ迄もなく、結の髻があることも論を俟たない。（六）沙律は從來の學者舍利弗の音譯となすが、余は後本文に說くが如く之を以て舍利塔に配する。（七）復立は通典や世說註には復豆に作る。恐らくこれは身毒を賢豆ともなす所より推測したものではなからうか、立と豆とは其の字形必らずしも近しとはいへぬ。余は寧ろ復土と原文にあつたのであらうと思ふ。古寫本には屢〻土字には其の右側に、を附する、之を行體に書すれば立と酷似するのである。而してその佛を意義することはいふまでもない。（八）臨蒲塞、後漢明帝の詔に伊蒲塞とあるものと同じく、通典には臨を傴に作る、傴はウの音に當るから、恐らくこれが正しいのであらう、upasaka の音譯。（九）伯聞・疏問・白疏問　通典は伯開・疏開・白開に作る。思ふに伯聞疏問の聞・問は何れも間の誤寫であらう、通典の開となしたのは果して實を得たものか否か疑はしい。何れも此等は Sk. śrâvaka 俗語 savaka の音譯で、聲聞の義である。但伯は va 聞は ka 疏は sa 音に當るのであるから、伯聞といふ時は始めの sa 音を略し、疏間といふ時は中の va 音を略したのである。從つて最後の白疏間は疏白の二字倒置されたので、實は疏白間でなければならぬ。通典に白間に作るのは明らかに誤である。（一〇）晨門　通典には之を桑門に作るが、前に既に桑門の名を擧げたのであるから此に再び之を繰り返すべき答はない、通典は意を以て之を換へたに外ならぬ。桑門は後の沙門と同じく śramaṇa 俗語 samana であるから、此に比丘に次ぎ晨門といふのは恐らく śramaṇera 俗語 samanera 沙彌を意義するのであらう。レヴィ氏の論文は Journal Asiatique. 1897. 1900 Notes sur les Indo-scythes. シヤヷーンヌ氏の論文は一九〇五年「通報」Les pays d'occident d'après Wei Lio 參照。

⑥ 前記 Journal Asiatique.

⑦ 存古學會編定石室秘寶乙集。前記羅振玉氏敦煌石室遺書十二種。

⑧ 王國維觀堂集林卷十七。

⑨ 老子の妻憤陀力王のことは同笑道論に廣說品なるものを引き次の如くいふ。

始者國王聞天尊說法、與妻子俱得須陀洹。（小乘四果の中の初果。）淸和國王聞之與群臣造天尊所、皆白日昇天。王爲梵天之首、號玄中法師、其妻聞法同飛爲妙梵天王。後生罽賓號憤陀力王、殺害無道。玄中法師須化度之、化生李氏之胎、八十二年、剖左腋、生而白首、經三月乘白鹿、與尹喜西遊歷檀特。三年憤陀力王獵見便燒沈、老子不死。王便剃髮改衣、姓釋名法號沙門。

⑩ 唐釋教文卷一。舊唐書卷七、中宗本紀、神龍元年條下、九月壬午「禁化胡經」とあり。

⑪ 化胡經は唐時代から既に化胡成佛經とも稱したらしく、宋高僧傳（卷十七）法明傳には「適遇詔僧道定奪化胡成佛經眞僞」とある。しかし元代の老君化胡成佛經は多少之に依つたものかも知れぬが、又別本で新たに編成せられたものらしい。元の釋念常の佛祖歷代通載（卷三十三）には「昔在憲宗皇帝朝、道家者流出一書曰老君化胡成佛經及八十

一化圖、鏤板傳布」とあり、又祥邁の辯僞錄（卷一）にも「李志常矯飾端時、萃逋役之罪徒、集排釋之僞典、令狐璋首編妄說、史志經又廣邪文、效如來八十二龕、集老子八十一化、…行板流通。」とあり、同卷三にも「志常…縱庸鄙之徒、作無稽之典、令狐璋首集僞說、史志經、又廣邪文、菽麥不分、古今匪辯、採王浮之詭說、取西昇之鄙談」ともあるから、多少古來の化胡經や西昇經の說を採集し、更らに之を變更增益したものらしい。

道教思想に影響せられたる僞經

望月信亨（1869—1948）

《大正大學學報》1，1927

道教思想に影響せられたる僞經

望月信亨

一

符秦道安(西紀三八五)の譯經目錄は出三藏記集の中に引いてあるが、それに依つて見ると、符秦の頃既に數百部の大小乘經典があつて、その中には譯人の名のわからぬ失譯經が一百三十四部もあり、又同じ譯名の詳かならぬもので眞の古典と信ずべき古異經が九十二部、凉土から出た凉土異經が五十九部、關中から出た關中異經が二十四部もあり、しかのみならず佛教の眞典と認むべからざる疑經が資如來三昧經已下二十六部三十卷もあつたことが記されてある。後漢桓帝已後譯經が始まつてから僅か二百年內外であるのに、斯く多數の失譯經があり、又疑經までも出來たことは頗る驚くべきことゝいはねばならぬ。

ついで梁僧祐は出三藏記集を撰し、その中に失譯雜經(別生を含む)として大方便報恩經已下一千三百六部一千五百七十卷(內八百四十六部八百九十五卷當時現在、四百六十部六百七十五卷闕本)、又抄經として抄華嚴經已下四十六部三百五十二卷(內三十八部一百五十一卷當時現在、八部二百一卷闕本)を列ね、疑經僞撰として比丘應供法行經已下四十六部五十六卷、並に僧法尼誦出の寶頂經已下二十一部三十五卷を舉げてゐる。

隋法經等の衆經目錄には大小乘經律論の下に各失譯と別生と疑惑と僞妄とを分ち、その中、失譯として出要經已下計四百三十一部、六百三十一卷。別生として華嚴經十種生法經已下計六百五十五部七百五十七卷、疑惑として仁王經已下計五十四部六十六卷、僞妄として大法尊王經已下計一百四十一部三百三十五卷を列ねてゐる。この中の疑惑及び僞妄には道安及び僧祐の疑僞經の外、更に像法決疑經、須彌四域經、占察善惡業報經、梵網經、大乘起信論、遺教經論、五凡夫論等の多數の經論を編入してゐるのみならず、亦僧祐が失譯雜經錄の中に列ねた仁王般若經、清淨法行經、隨願往生經等を新たに疑惑とし、梵天神策經、安宅神呪經等を僞妄に加へた。隋彥琮等の衆經目錄、唐道宣の大唐內典錄、武周明佺等の武周刊定衆經目錄等にも亦更に多數の疑僞を舉げてゐるが、その中には造天地經、須彌像圖山經、十往生阿彌陀佛國經、延壽經、續命經、盆算經等の名も列ねてある。智昇の開元釋教錄には僧祐、法經等が疑僞とした寶如來三昧經、十二卷灌頂經、仁王經、梵網經、大乘起信論等の幾多の經論を眞典として入藏し、又從來の失譯經中に於て少なからざる部數を翻譯有源として有翻錄に編し、別に毗羅三昧經已下十四部十九卷を疑惑とし、佛名經已下三百九十二部一千五十五卷(抄經を含む)を僞妄亂眞錄に收めた。之を法經錄に比較して見ると僞妄の數は餘程の增加であるが、疑惑は却てその數が減少してゐる。これは彼の疑惑を多く眞典に編入したからである。

今日の大藏經は開元錄を本としたものであるから、智昇が鑑別して眞典としたものは藏中に收められてゐるけれど、疑僞として捨てたものは載せてない。それ故に多數の疑僞經も今日は殆んど皆散逸して了つたわけであるが、然し開元錄に幸にも幾多の疑僞を眞典として入藏し、又諸書中に若干僞經の文が引用してあり、のみならず淨度三昧經、像法決疑經、十往生阿彌陀佛國經等が先年續藏經の中に編錄され、後又矢吹博士が大英博物館から燉煌出の數多の遺經を寫傳されたからして、今はそれ等の文獻について僞經に關する幾分の研究を試みることも出來るのである。

蓋し僞經といふ語が若しも佛陀の眞說でないものを意味するとしたなら、今日の研究からは大藏經の大部分が即ちそれに屬するとせねばならぬ。さりながら經錄にいふ所の疑僞經なるものは左樣な意味ではなく、譯經三藏が梵語等の原本から飜譯したものは悉く眞典とし、然らざるものを僞經とするのである。中には飜譯されたものでも、其の記事が佛教の普通の教義と餘程異なつてゐるといふ點から、僞經としたものもあるやうであるが、然し其れは極めて少數であるから、僞經といへば先づ支那撰述のものを重もに指すと見るべきである。然し何分にもその僞經が上に擧げた如く多數に上るのであつて、その中にはいろ〳〵な動機から造られたものもあり、又いろ〳〵な影響を受けて出來あがつたものもあらうが、今はその中に於て道敎思想の影響を受けたと思はるゝものゝみについて少しく述べて見ることにする。これも小柳博士の「道教と眞言密教との關係を論じて修驗道に及ぶ」といふ論文にヒントを得たからである。

二

老子化胡經は西晉の時、祭酒王浮が造つたものと傳へられるのであるが、その中には尹喜が老子と共に印度に入つて釋尊となり、經戒を說いて胡人を教化したのだといふことを書いてゐる。今から見れば實に馬鹿な說であるが、然し當時に於て般若の皆空說が老子の虛無說に似てゐる所から、道教者流が佛教の上を行かうといふ考で妄作したものとすれば一往道理あることゝせねばならぬ。佛教側では恐らく最初は之を一笑に附したものであらうが、後好事者があつて遂に淸淨法行經を造つて之に酬ひた。淸淨法行經は天台の維摩經玄疏第一、摩訶止觀第六下等に引用されてあるが、それに依ると月光菩薩は支那に生れて顏回となり、光淨菩薩は孔子となり、摩訶迦葉は老子となつて無爲の教を設けたのだといつてゐる。その後又此の話が段々名高くなつたと見えて、灌頂經第六塚墓因緣四方神呪經(成六49 a)にも左の記事を載せてゐる。

閻浮界內有震旦國、我遣三聖在中化導、人民慈哀禮義具足、上下相率無逆忤者……震旦國中又有小國、不識眞正無有禮法、但知殺害無有慈心、三聖教化遺言不著、至吾法沒千歲之後、三聖又過法言衰薄、設聞道法不肯信受、但相侵陵爭于國土、欲滅三寶使法言不行、破塔滅僧眞言無用

蓋し此の二經は共に出三藏記集第四失譯雜經錄の中に編せられてゐるので、梁代已前既にそれが存してゐたことは明かであるが、その中、塚墓因緣經に唯だ三聖を遣すとのみいつて三聖の名を擧げて居らぬ所を見ると、此の經は淸淨法行經の後に編纂されたものと想像される。且つ今擧げた所の文に震旦國中又有小國乃至破塔滅僧云云とあるのは、恐らく北魏武帝太平眞君七年(西紀四四六)の破佛を指したものと認められるのであるから、此の經は卽ち太平眞君七年已後、梁代に至るまでの間に南方に於て僞作されたものと見る

ことが出來る。法經が此の經を僞妄に編入したのは固より當を得てゐるのであるが、それを開元錄に東晉帛尸黎蜜多羅の譯として入藏したのは、如何にも粗忽であることが何人にも理解さるゝであらう。

それから又此の三聖の說が轉じて、今度は阿彌陀佛が二菩薩を支那に遣はされたといふ話が起る。道綽の安樂集下卷に

須彌四域經云、天地初開之時未レ有二日月星辰一、縱有二天人來下一但用二項光一照用、爾時人民多生二苦惱一、於レ是阿彌陀佛遣二二菩薩一、一名二寶應聲一、二名二寶吉祥一、即伏犧女媧是、此二菩薩共相籌議、向二第七梵天上一取二其七寶一來二至此界一造二日月星辰二十八宿一、以照二天下一定二其四時春秋冬夏一、時二菩薩共相謂言、所二以日月星辰二十八宿西行一者、一切諸天人民盡共稽二首阿彌陀佛一、是以日月星辰皆悉傾レ心向レ彼故西流也

といつてゐるのが即ちそれである。蓋し須彌四域經は法經錄第二の衆經僞妄に編入された經であるから、隋開皇已前既に僞造されたものであることは明かである。この事は又造立天地經にも記載されたやうで、天台の維摩經玄疏第一に次の如き文がある。

造立天地經云、寶應聲菩薩示二號伏犧一、以二上皇之道一來二化此國一

造立天地經と須彌四域經との同異は詳ならぬけれど、開元錄第十八僞妄亂眞錄の中に造天地經と須彌四域經とを並べ列ねてゐる所を見ると、別經であつたものゝやうに思はれる。又同僞妄亂眞錄に須彌像圖山經一卷を擧げ、その下に今疑與二法經錄中須彌四域經一文同名異と注してゐる。これに依ると須彌四域經は一名須彌像圖山經と呼ばれたやうで、多分その中には須彌山及び日月星辰の圖が畫かれたものであらう。

又隋那連提黎耶舍の譯した德護長者經下卷（宙六71 b）に依つて見ると

又此童子（卽ち月光童子）我涅槃後於ニ未來世一護ニ持我法一供ニ養如來一受ニ持佛法一安ニ置佛法一讃ニ嘆佛法一於ニ當來世佛法末時一於ニ閻浮提脂那（脂那、麗本に大隋に作る）國內一作ニ大國王一名曰ニ大行一能令下脂那國內一切衆生信ニ於佛法一種中諸善根上云云

といふ文句がある。これは德護長者の子月光童子が支那に生れて大國王となり、國內の人民をして佛法を信じ諸の善根を種ゑしめるといふ話であるが、歷代三寶紀第十二には之を隋文帝の佛教復興に關する懸記であるとして引用し、盛に帝の德を稱讃してゐる。但し此經の異譯なる申日經（西晋竺法護の譯か）にも

我般涅槃千歲已後、經法且欲ニ斷絕一月光童子當下出ニ於秦國一作ニ聖君一受ニ我經法一興中隆道化上、秦土及諸邊國、鄯善、烏長、歸茲、疏勒、大宛、于塡、及諸羌虜夷狄皆當下奉レ佛尊レ法普作中比丘上

とあるから、必ずしも文帝の懸記と見ることも出來ぬが、然し前の清淨法行經の三聖派遣說と異曲同工のものであることは言を俟たぬ。特に月光童子の名稱が彼此同一であることは、二者の間に聯絡のあつたことを證據立てるものと認められるのである。

則天武后代に則天武后の懸記に關する僞經を造つたものがあるが、それは亦今の德護長者經の故智を襲つたものであることは疑を容れぬ。

三

道教では天地に司過の神なるものがあつて常に人の行爲を伺ひ、その犯す所の罪の輕重に隨つて算を奪ふといふことを說いてゐる。抱朴子內篇第六に

按易內戒及赤松子經及河圖記命符皆云、天地有二司過之神一、隨二人所レ犯輕重一以奪二其算一、算減則貧耗疾病屢逢二憂患一、算盡則人死、諸應レ奪レ算者有二數百事一不レ可二具論一

又言、身中有二三尸一、三尸之爲レ物雖二無形一而實魂靈鬼神之屬也、欲レ使二人早死一此尸當レ得レ作レ鬼、自放縱遊行饗二人祭酹一、是以每レ到二庚申之日一輒上レ天白二司命道人所爲過失一、又月晦之夜竈神亦上レ天白二人罪狀一、大者奪レ紀紀者三百日也、小者奪レ算算者三日也

といつてゐるのが卽ちそれである。これは人の行爲の善惡に應じて年壽の長短が異なるといふので、卽ち吾々の壽命は現在一生の間の行爲に對する賞罰としてその長短が定まるものとするのであるから、佛教の三世因果說とは全く違つたものであるが、然し宋齊の頃に至ると佛教中にも漸次これ等の說を取込むやうになつて、その結果一方には藥師經の如き續命說が起り、他方には四天王經の如き案行伺察の說が行はれて來るやうになつたのである。四天王經（宿八8 a）の初に

愼二汝心念一無レ受二六欲一、漱レ情去レ垢無求爲レ首、內以清淨、外當レ盡レ孝、……壽命猶レ電恍惚卽滅、齋日責レ心愼レ身守レ口、諸天齋日伺二人善惡一、須彌山上卽第二忉利天、天帝名レ因福德巍々典二主四天一、四天神王卽因四鎭王也、各理二一方一、常以二月八日一遣二使者一下案二行天下一、伺二察帝王臣民龍鬼蛆飛蚑行蠕動之類心念口言身行善惡一、十四日遣二太子一下、十五日四王自下、二十三日使者復下、二十九日太子復下、三十日四王

復自下、……具分㆓別之㆒以啓㆓帝釋㆒、若多修㆑德精進不㆑怠、釋及輔臣三十三人僉然倶喜、釋勅㆓司命㆒增㆑壽益㆑算、遣㆓諸善神㆒營㆓護其身㆒……民逆㆓佛敎㆒無㆓復孝子㆒司命減㆑算壽日有㆑減

と書いてあるが、これは四天王及び其の使者等が六齋日に天下を案行して人の善惡を伺ひ、忉利天に上りて之を天帝釋に啓すと、天帝釋は司命に勅して人の壽命を增減するといふので、彼の三尸及び竈神が天に上りて人の罪狀を申上げ、罪の輕重に應じて其の算を奪ふといふのに甚だ善く似てゐる。特に此經に司命の名稱を用ひ、又益算減算の語を使つてゐるのは、疑ひもなく彼の抱朴子から取つたものと認められるのである。但し四天王案行の說は本と長阿含經第二十（昊九108b）に出てゐることで、多分印度已來の思想であらうと思はれるが、然し彼の經には唯だ天下萬民の孝不孝等を觀察して、不孝等の者多ければ諸天衆の減損、阿修羅衆の增益として愁ひ、孝順等の者多ければ阿修羅衆の減損、諸天衆の增益として喜ぶことを述べてゐるだけで、益算減算のことには一言も及んでゐない。のみならず彼の經には唯八日十四日十五日の三齋日にだけ天下を案行すといつてゐるのに、此經には更に二十三日二十九日三十日の三日を加へて六齋日とした。これは恐らく亦抱朴子に庚申の日及び月晦の夜上天するといつてゐるのに導かれたものであらう。兎も角此經の說は長阿含經に基き、これに道教思想を混入したものと認めなければならぬ。出三藏記集第二には此經を宋文帝元嘉四年（西紀四二七）智嚴、寶雲の二人が共譯したものだとし、爾後の經錄も皆これに倣つてゐるけれども、それは頗る怪まざるを得ない。出三藏記集第四の失譯雜經錄の中に、別に四天王經と題する經が二部擧げてある、一部は卽ち一卷にして他は卽ち四卷である。又此の外に四天王案行世間經といふ一卷の經も列ねてある。こ

れ等は皆同種類の經と見るべきもので、恐らく宋齊代の好事者に依りて相次で妄作されたものであらう。

蓋し四天王經には斯の如く四天王及びその使者等が天下を案行して人の善惡を伺察し、これを其の主なる天帝釋即ち因陀羅 Indra に申上げるとしてゐるけれど、灌頂經等には天帝釋の代りに之を閻羅王に奏上するとしてゐる。即ち灌頂經第十二（成六66 b）に

閻羅王者主二領世間名籍之記一、若人爲レ惡詐二諸非法一無二孝順心一乃至不レ持二五戒一不レ信二正法一、設有レ受者多レ所二毀犯一、於レ是地下鬼神及伺候者奏二上五官一、五官料二簡除死定生一、或注二錄精神一未レ判二是非一、若已定者奏二上閻羅一、閻羅監察隨二罪輕重一考而治レ之、世間痿黄之病困篤不レ死、一絕一生、由二其罪福未一レ得二料簡一、錄二其精神一在二彼王所一、或七日二三七日乃至七七日、名籍定者放二其精神一還二其身中一

といひ、又同第一（成六37 a）に

人若不善使爲作レ寄、疏二記善惡一奏二上大王一、大王執持隨二罪輕重一盡二其壽命一、如レ法若治不レ令レ有レ怨

といつてゐるのがそれである。又淨度三昧經（續藏八十七 297 a）にも

凡人無レ戒復無二七事行一者死屬二地獄一、爲五官所司錄命屬二地獄天子一、天子名二閻羅一典二主佛界一、諸天人民鬼神龍飛鳥走狩皆盡屬二天子一、小王有二八王一、復有二扶容王三十國一、扶容王各復有二小統九十六國一、各各所レ主不レ同、復有二外監五官都督司察司錄八王司者司隷等一、與二伏夜大將軍都官一承二天帝符一與二五道大王一共於二八王日一風行觀司案二行諸天人民吏狄雜類鳥狩一、以知二善惡一分二別種類一、若干億萬里數分二部疆界一、所屬司徵二君王臣民一疏レ善記レ惡以奏二上扶容一、扶容王轉奏二八王一、八王復轉奏二大王一大王奏二天子一……考二校功最一有レ福增レ壽、有レ罪

減レ壽奪レ算、制二命長短一毛分不レ差

と書いてゐる。これ等は皆閻羅王が奏上を受けて自ら罪の輕重を考覈し、以て人々の壽命の長短を制するのだといふのである。蓋し閻羅王は印度已來の思想ではあるが、然し今のやうに人の現世に於ける行爲の善惡を監察して其の壽命の長短を定めるといふことは彼の思想中に顯はれて居らぬことであり、且又五官王とか伺候神とか、乃至八王とか十王とかいふことは全く印度にはないことであるから、これは支那に於ける道教思想の影響と見なければならぬ。灌頂經第三（成六40b）に異道師の言として、上通二五官一下言二地祇一といひ、又爲二五官所一レ錄受二諸罰罰一云云と書いてゐるが、これは疑ひもなく道教者流の說を指したのである。されば當時既に五官王說が彼等の間に行はれてゐたことが知られる。

無量壽經下卷の五惡段は四天王經及び灌頂經の思想に頗る類するものがある、特に彼の經中に、今復爲レ惡天神剋識別二其名籍一といひ、神明記識犯者不レ赦といひ、如レ是衆惡天神記識といひ、如レ是之惡著二於人鬼一日月照見神明記識といひ、又其名籍記在二神明一殃咎牽引當二往趣向一といつてゐるのは、今擧げた灌頂經の閻羅名籍說と全く同一と見なければならぬ。のみならず亦彼の經（地八24b）に

遂二逆天地一不レ從二人心一、自然非惡先隨與レ之、恣聽二所爲一待二其罪極一、其壽未レ盡便頓奪レ之下入二惡道一

といふのは、抱朴子の所謂奪算說を受けたものと認められる。此の五惡段は大寶積經無量壽會、並に現存の梵本及び西藏本にも闕けてゐるのを見ると、恐らく後人が支那に於て之を雜糅したのであらう。大阿彌陀經及び平等覺經には無量壽經と殆んど同一の文段がある。大阿彌陀經は與支謙の譯であるから、若しも果して

彼の經中に最初から此の五惡段があつたとすれば、その雜入は既に三國時代に行はれたとせねばならぬが、然し四天王經及び灌頂經の編纂が宋齊代に在るとすれば、そは聊か早きに失するものと認められる。宋寶雲が新無量壽經を譯したことは出三藏記集第二にも載せてゐる所であり、又四天王經は上にも述べた如く宋寶雲が智嚴と共譯したものであるから、それ等のことを併せ考へて見ると、この五惡段は宋代頃に至て作られたもので、そして同時に古譯の諸本にそれが雜糅されたのではないかと想像されるのである。

それから又北斗七星護摩秘要儀軌（餘一41 a）に依つて見ると、北斗七星は人の善惡を司り禍福を分つものであるから、護摩の儀則に依りてそれを供養すれば、彼の七星は人の死籍を削り生籍を還付するといふことを說いてゐるが、これは抱朴子の司過神、灌頂經の閻羅王の代りに新に北斗七星を立てゝ來たのである。これに依つて彼の司命思想が支那に於ても幾變遷したかを見ることが出來る。

四

四天王經の中には四天王及び其の使者等が天下を案行して人の行爲の善惡を伺察し、若しも其の多くが二親に孝順し、三尊に奉事し、德を修めて怠らなければ僉然として喜び、それ等諸人の壽を增し算を益すのみならず、亦諸の善神を遣して其の身を營護すべきを說き、且つ五戒を持つべきことを敎へて、若しも一戒を持てば五神をしてその身を護らしめ、五戒を具足して持てば二十五神を遣して其の人の門戶を衞らしめる、さすれば殃疫衆邪陰謀は消滅し、縣官盜賊水火災變は起らず、日月清明にして風雨時に順ずるやうになる。

若しも之に反して殺生盗竊邪婬兩舌惡罵妄言綺語をほしいまゝにすれば、諸天は悦ばず善神は護らず、日月をして光なく、風雨をして時を違はしめるやうになるといふことを述べてゐる。灌頂經は大體に於て此の思想を發展せしめたものであるが、中にも其の第一卷の三歸五戒帶佩護身呪經に、若し三歸を受ければ佛は天帝釋に勅して三十六神を遣し、五戒を持てば二十五善神を遣してその人を衛護せしめるといひ、而してそれ等の三歸五戒の六十一神の名を說き、その神名を書して之を身に帶佩すれば、軍陣の中に入ても傷かず、乃至鬼神羅刹も近づくことが出來ぬといつてゐるのは、正しく四天王經の二十五神衛護思想を布演したものと見られるのである。

就中、二十五善神說は淨度三昧經にも說かれてあつたやうで、善導の觀念法門には次の如き文を揭げてゐる。（續藏中の淨度三昧經は闕卷であつて此の文がない）

又如二淨度三昧經說一云、佛告二瓶沙大王一、若有二男子女人一於二月々六齋日及八王日一、向二天曹地府一切業道一數々首過受二持齋戒一者、佛勅二六欲天王一各差二二十五善神一常來隨二逐守二護持戒之人一、亦不レ令レ有二諸惡鬼神橫來惱害一、亦無二橫病死亡災障一常得二安穩一

この經は出三藏記集失譯雜經錄の中に二卷經としてかゝげ、抄經錄には抄淨度三昧經四卷、及び淨度三昧抄一卷の二部を列ねてゐる。現に魏梁代已前既に存したことは明かであつて、恐らく灌頂經と相前後して造られたものであらう。法苑珠林第八十八（兩十25 a）には七佛經を引いて、その中にも五戒を受持すれば二十五神の侍衛を感得することが出來ると書いてあるといつてゐるが、然し現藏の七佛經には左樣な記事がない。

これは或は武周刊定衆經目錄の僞經錄（結三66 a）に列ねてある七佛神符經を指すのではなからうかとおもふ。

二十五善神思想は轉じて又二十五菩薩擁護の說を生じたやうである。この說は十往生阿彌陀佛國經に至つて唱へられた所で、道綽、善導等の著書中に頻に引用されたものである。即ち彼の經に

若有二如レ是等人一、我從二今日一常使三二十五菩薩護二持是人一、常令三是人無病無惱一、若人若非人不レ得二其便一、行住坐臥無レ問二晝夜一常得二安穩一、若有二衆生一深信二是經一念二阿彌陀佛一願二往生一者、彼極樂世界阿彌陀佛即遣二觀世音菩薩大勢至菩薩藥王菩薩藥上菩薩普賢菩薩法自在菩薩獅子吼菩薩陀羅尼菩薩虛空藏菩薩德藏菩薩寶藏菩薩金藏菩薩金剛菩薩山海慧菩薩光明王菩薩華嚴王菩薩衆寶王菩薩月光王菩薩日照王菩薩三昧王菩薩自在王菩薩大自在王菩薩白象王菩薩大威德王菩薩無邊身菩薩一、是二十五菩薩擁二護行者一、若行若住若坐若臥、若晝若夜、一切時一切處不レ令二惡鬼惡神得二其便一也

といつてゐるのがそれである。これは淨土の行者をして常に無病無惱ならしめ、惡鬼惡神の障害を免れしめんが爲に、二十五菩薩を派遣して其の身を擁護せしめるといふ說で、四天王經の善神營護の思想と少しも變らぬ。特に二十五といふ數が彼此同一であるのも甚だ面白いのである。但し觀無量壽經に無量壽佛は化身無數にして觀世音大勢至とゝもに常に此の行人の所に來至するといひ、又觀世音菩薩大勢至菩薩は其の勝友となるとも說いてあるから、此の經の說も全く由來のないわけではないが、然し二十五菩薩としたのは何といつても二十五善神說に導かれたものと認めねばならぬ。

開元錄の僞妄亂眞錄の中に阿彌陀佛覺諸大衆觀身經一卷と此の十往生經とを並べ擧げ、其の下に、此上二經余親見レ本但前廣後略、餘並無レ異と注してある。これは覺諸大衆觀身經と十往生經とは唯だ廣略の差に過ぎぬといふのである。燉煌出の中に此の覺諸大衆觀身經があるが、それには二十五菩薩を會座の大衆とし、菩薩名も多少異なつて居り、文も二品に分れて說述が廣く、開元錄の記事と合するのである。十往生經の後に至て更に妄作されたものであらう。

五

人の現在に於ける行爲の善惡に因りて壽命の長短が分れるとすれば、如何なる行爲が果して善であるかの問題が起らなければならぬ。道教に於ては清淨無爲を貴び、又地仙たらんとする者は三百の善を立て、天仙たらんとする者は千二百の善を立てねばならぬといひ、その善事をいろ〳〵と說いたものであるが、同時に亦一方に於ては錬丹の術によりて長生不死が得られると唱へた。四天王經等に三歸五戒を持てば善神の營護を蒙り、乃至華色奕奕として壽命益長しといつてゐるのは、三歸五戒を以て長壽を贏ち得る善行としたものと見ねばならぬ。佛敎側では錬丹の術は排斥したが、然しその代りに續命又は延命の法を頻りに唱道したやうである。

無量壽經の五惡段は殺生偸盜邪婬兩舌惡口妄言綺語及び飲酒の五惡を捨てゝ五善を持つならば、福德度世長壽が得られることを說いたもので、大體に於て四天王經と同說と見られる。四天王經に不レ濟二衆生之命一、穢濁盜竊、婬二犯他妻一、兩舌惡罵妄言綺語云云といひ、又灌頂經第一に五戒を說明して第一不殺、第二不盜、第三不邪婬、第四不兩舌惡口妄言綺語、第五不飲酒といつてゐるが、これは普通の五戒と異なる說で、而も無量壽經の五惡とは一致するのである。又五惡段に

今世爲レ惡福德盡滅、諸善鬼神各去離レ之、身獨空立無レ所二復依一

といふのは、五善を持つものには善神の擁護があることを豫想した說方である。然かのみならず彼の經に、頻に極長生を獲べしといひ、又福德度世長壽泥洹の道を獲しむといひ、或は福德度世上天泥洹の道を獲べしといつてゐるのは、四天王經に

華色奕奕壽命益長、生不レ更二牢獄一死得レ上二生天上一、福德所レ願自然飛行項有二日光一食自消化逢レ佛値レ法賢聖相連、力行不二與レ罪會一必得二泥洹一

といひ、又灌頂經第一（成六36ｂ）に人能止レ惡爲レ善者何憂レ不レ得二安穩富貴壽命延長解二脫衆難一者乎といふのに善く合する。又彼の文に天下和順日月淸明風雨以レ時災厲不レ起國豐民安等とあるのは、四天王經に

若有下改二邪行一就二正眞一者上帝釋四王譬レ不二歡喜一、日月卽淸明、星宿有レ常、風雨順レ時毒氣消歇、天降二甘露一地出二澤泉一、水穀滋味食レ之少レ病

といふのにほゞ相一致する。されば彼の五惡段は四天王經と大體同說であつて、共に道敎の長生思想の影響を受けたものと認められるのである。

續命法は灌頂經第十二拔除過罪生死得度經（卽ち藥師經）に說かれたもので、彼の經に

若族姓男女共有ニ危厄一、著牀痛惱無ニ救護者一、我今當下勸ニ諸衆僧一七日七夜齋戒一心受ニ持八禁一六時行道、四十九徧讀中是經典上、勸然ニ七層之燈一、亦勸懸ニ五色續命神幡一……神幡五色四十九尺、燈亦復爾、七層之燈一層七燈、燈如ニ車輪一、乃至應下放ニ雜類衆生一至中四十九上、可レ得下過ニ度危厄之難一不中爲ニ諸橫惡鬼一所上レ持

阿難又問ニ救脫菩薩一言、命可レ續也、救脫菩薩答ニ阿難一言、我聞世尊說有ニ諸橫一、勸造ニ幡蓋一令ニ其修一レ福、

又言阿難、昔沙彌救レ蟻、以ニ修福一故盡ニ其壽命一不ニ更苦患一、身體安寧福德力强使ニ之然一也

といつてゐるのが即ちそれである。これも長生思想の影響と見るべきものであるが、その後此種の說は益發達して延命に關する僞經が續出した。武周刊定衆經目錄の僞經錄に延壽經、續命經、益算經、益算神符經、度世不死經、灌頂度世招魂斷絕復連經等の名が列ねてあるが、その題目から見て此等は皆延年轉壽の法を述べたものであることが知られる。燉煌出の中に七千佛神符經、延壽命經、續命經、壽生經、救護身命經、保命眞經等の諸經があつて、これに依つて幾分其等僞經の內容を知ることが出來るのである。その後密敎に至つては普賢延命等の幾多の經軌を傳へて、その思想が益流行するやうになつた。

支那撰述の疑僞經

望月信亨（1869—1948）

《佛教學年報》2，1930

支那撰述の疑僞經

—特に南北朝時代に於ける—

望月信亨

一

支那に於て早い時代から僞經が製作されたことは事實で、苻秦道安(西紀三一四—三八五)の目錄には、疑經として寶如來經、毗羅三昧經、善王皇帝經、惟無三昧經等の二十六部三十卷の經名を出し、別に又譯者不詳の失譯經及び異經として、すべて三百九部の名を列ねて居る。之に依ると道安の頃に既に二十六部の疑はしい經があり、又譯者不明の失譯經等が三百餘部もあつたことを知るのである。又梁僧祐の編した出三藏記集第五新集疑經僞撰雜錄には、更に此外に疑經として比丘應供法行經、居士請僧福田經、灌頂度星招魂斷絕復連經、安墓呪經、藥師琉璃光經、提謂波利經等、合二十部二十六卷を列ね、又南齊江泌處女僧法尼の閉目誦出せる寶頂經以下二十一部三十五卷等を僞撰としてかゝげてゐる。又歷代三寶紀第十五に依ると、宋世衆經別錄(作者未詳)には疑經として十七部二十卷、李廓の魏世衆經錄には非眞經六十二部、非眞論四部、金非經愚人妄作十一部、法上の齊世衆經目錄には人作として五十一部一百六卷、寶唱の梁世衆經目錄には疑經として六十二部六十七卷を列ねてゐることを記載してゐる。又法經等の撰した隋衆經目錄には疑惑として仁王經、梵網經、占察善惡業報經、大乘起信論等すべて五十五部六十七卷、僞妄として寶如來經、老子化胡經、須彌四域經、梵天神策經、五凡夫論等、計一百四十一部三百三十五卷、疑僞合計一百九十六部四百一卷を出し、隋彦琮等諸學士の撰した衆經目錄第四には、疑僞合して二百九部四百九十一卷を列ね、唐道宣の撰した大唐内典錄第十、歷代所出疑僞經論錄には、安公疑經錄以下總じて一百七十餘部三百二十餘卷を擧げ、唐明佺等の撰した武周刊定衆經目錄第十五僞經目錄には、二百二十八部四百十九卷の經名を列ね、唐智昇の撰した開元釋教錄第十八疑惑再詳錄には十四部十九卷、同僞妄亂眞錄には三百九十二部一千五十五卷を出し、唐圓照の撰した貞元新定釋教目錄第二十八疑惑再詳錄には十四部十九卷、同僞妄亂眞錄には三百九十三部一千四百九十一卷の經目を揭げて居る。之に依ると疑僞經は後世になるに隨つて漸次增加したことを知るのである。就中、僞經と稱せられるものは全く梵本からの飜譯でなく、支那に於ける好事者の妄作に係るものであるけれど、疑經は眞僞未詳を意味するもので、必ずしも皆支那撰述と斷定することは出來ぬ。故に古い時代の目錄で疑經に編入したものを、後世に至つて眞經としたのもある。が然し一旦疑經とせられたものを今日調査して見ると矢張り疑ふべき點を有するものが多い。仁王般若經、梵網經の如きがそれである。又此他に經全部が僞作でなく、其の一部分が支那に於て附け加へられたものもあり、或は又西域傳來の材料があつて、それに基いて之を布衍し組織したものもある樣である。兎に角今日眞經として藏經中に收めてあるものの中でも、支那撰述と認むべきものが少くない樣である。

　蓋し疑僞經は斯樣に東晉頃より支那に於て製作されたことは事實で、隋唐以後に至つても尙それが行はれた樣であるが、就中、法經錄に記載せるものは、いふ迄もなく隋開皇十四年（五九四）以前に既に製作されたのである。されば同目錄記載の疑僞合計一百九十六部四百二卷中、道安目錄の二十六部を除いた以外は悉く南北朝時代に於て妄作されたものと認めることが出來るのである。但し此等の疑僞經は大部分散佚して今日傳つて居らぬのであるから、それに就て精細なる研究を遂げることは出來ぬが、然し少數殘つてゐるものもあり、又諸書に引用されてゐるものもあるので、それに依りて僞經なるものが如何なる性質のもので、又如何なる必要によりて造られたかを知ることが出來るのである。

二

多數の僞經中には靈感的に感得したものもあり、又單なる迷信の皷吹に過ぎないものもあるが、其の多くは或種の必要の下に製作された樣であつて、其中には時の王者等の措置に憤慨して其非を匡さんこし、或は又支那在來の儒道二教に對抗し、若しくは之こ調和して民心を善導せんこ企てたものもあり、或は佛教中の或種の教義を特に强調せんこするの意に出でたものもある樣である。就中、南齊江泌處女僧法尼の誦出せる寶頂經以下二十一部、並に北魏定州募士孫敬德が夢に教へられたこ傳ふる高王觀世音經の如きは、靈感的に感得したものであり、又仁王經梵網經等に記載する僧統反對、若しくは王者不敬の說の如きは、時の王者等の處置に反抗したものこ認められる。

蓋し東晋以後支那に於て僧侶の數が漸次に增加した結果、其中には非法非行を敢てするものもあり、又課稅等を免れんが爲に一時僧こなるものも續出した所から、北魏に於ては僧統制を設けて之を取締ることにした。魏書第一百十四釋老志に依るこ、北魏皇始二年（三九七）に太祖は詔して趙州の法果を道人統に任じて僧徒を綰攝せしめ、次で興安元年（四五二）に罽賓國僧師賢を以て道人統こし、和平元年（四六〇）師賢寂するに及んで曇曜をして代つて沙門統たらしめたことを記し、又梁高僧傳第六に依るこ、姚秦弘始七年（四〇五）姚興は詔して僧䂮を國內の僧主、僧遷を悅衆、法欽及び慧斌を僧錄に任じ、以て僧尼の過非を匡さしめたこいひ、又南朝に於ても僧主の官を立て丶僧尼を取締らしめた樣であつて、佛祖統紀第三十六には宋昇明元年(四七七)法持が天下の僧主となつたことを記し、梁高僧傳第八には南齊高帝は曇度に代りて道盛をして僧主たらしめたといひ、又僧慧を荆州の僧主に任じたといひ、同第十三には法悅は齊末勅して僧主となるといひ、又比丘尼傳第二に依ると、宋天安元年(四六六)尼寶賢は京邑尼僧正、尼法淨は京邑二都維那となつたことを記してゐる。之に依りて南北兩朝共に統官を立てゝ僧尼を監督したことがわかるのである。

又弘明集第十二に依ると、東晉隆安三年(三九九)四月支道林等は桓玄に上書して、沙門の名籍を求むるの不可を論じた書を揭げて居る。又魏書釋老志には北魏延興二年(四七二)四月浮浪の僧を檢し、無籍の者は精しく隱括を加へ有籍の者は州鎭に送附せしむといひ、又同太和十年(四八六)に愚民が入道と假稱し輸課を避くるを以て、無籍の僧尼は罷めて還俗せしめ、又道行精勤なるものは道に在るを聽すも、凡麤なるものは有籍無籍悉く罷めて齊民に歸せしむといひ、又太和十七年には詔して僧制四十七條を設けたことを記してゐるが、之に依ると當時北魏には僧籍を設け僧制を立てて、嚴に僧尼を取締つたことを知るのである。

然るに此等の制度は眞面目なる僧侶の自由を壓迫し、修道を妨害するものとも見られる所から、一部の者は之を憤慨して、仁王般若經、梵網經等の中にそれを非法非律として排難する樣になつたものであらうと思ふのである。仁王般若經囑累品に、未來世中に一切の國王太子四部の弟子、橫に佛弟子の爲に制戒を書記して、白衣の法の如く兵奴の法の如くならん。若し我が弟子比丘比丘尼、籍を立てゝ官の爲に使はるゝことあらば、都べて我が弟子に非ず、是れ兵奴の法なり。統官を立てゝ僧を攝し、僧籍を典主し．大小の僧統共に相攝縛して、獄囚の法、兵奴の如くならば、その時に當りて佛法久しからず。諸の小國王四部の弟子は自ら此罪を作り、破國の因緣身自ら之を受くこいひ、又國王大臣太子王子、自ら高貴を恃みて吾法を滅破し、明かに制法を作りて我が弟子比丘比丘尼を制して出家行道を許さず、亦復佛像形佛塔形を造作するここを聽さず、統官を立てゝ衆を制し、籍を安じて僧を記す。都べて吾が法に非ず等こ説いてゐるが、是れは卽ち前記の僧統僧籍制度を批難したものこ認められる。特に此中、自ら高貴を恃みて吾法を滅破すこいふのは、恐らく北魏太武帝が太平眞君七年(四四六)破佛を行つたここを指すのであらう。又制法を作り我弟子をして出家行道を許さずこいふのは、北魏に於て屢僧尼を淘汰し、特に太和十六年(四九三)詔して大州には百人を度して僧尼こし、中州には五十人、下州には二十人を常準こなさしめたここを指すのではないかこ思ふ。又佛像形佛塔形を造作するここを聽さずこいふのは、恐らく北魏延興二年(四七二)寺塔の造立を禁斷したここを指すのであらう。又梵網經にも之れこ同一の説が掲げてある、卽ち彼の四十八輕戒の第四十七戒に、若し國王太子百官四部の弟子、自ら高貴を恃みて佛法の戒律を破滅し、明に制法を作りて我が四部の弟子を制して出家行道を聽さず、亦復形像佛塔經律を造立するここを聽さず、統官を立てゝ衆を制し、籍を安じて僧を記せしむ等こ云つてゐるのがそれである。此記事中、趣意は勿論、文句までも全く仁王經こ同一であるのは、卽ち此戒が彼の仁王經の説から來たものであるここを證據立てるのである。

三

又東晋以後支那に於ては屢僧侶をして王者を拜せしめんこした。卽ち東晋成帝の咸康六年(三四〇)庾冰は政を輔け、詔を出して僧をして帝を拜せしめんこしたが、時に尙書令何充、尙書謝廣等が建議して其不可を論じたので、議は遂に止んだ。尋いで又安帝の元興二年(四〇三)太尉桓玄は震主の威を以て書を下して王者及び親を拜せしめんこしたが、時に尙書令桓謙、中書王謐等は抗議して之を諫め、又廬山慧遠は沙門不敬王者論を著し、其不可を論じた。又恭帝の元熙年中(四二〇)大夏の赫連勃々は二秦の地を略し、己れは人中の佛であるから僧の禮を受くるに堪へたりこし、自ら佛の畫像を其背に被ひ、沙門をして彼れを拜せしめ世の物笑こなつたこいふ挿話もある。其後宋武帝の大明六年(四六二)詔して沙門をして佛者を拜せしめたが、幾くもなく行はれないことになつた。蓋し當時の僧侶は己れを持することが高く、自ら人天の導師を以て任じ、王者は須らく來りて僧を拜すべきものであるこ信じて居たのみならず、僧侶は亦世外の人であるから、世間の王者若しくは父母等に向つて敬禮などを施すべきものでないこし、それを強ゐらるゝここは甚しき屈辱であるこ考へた樣である。梵網經の第四十二戒に、出家人の法は國王に向つて禮拜せざれ、父母に向つて禮拜せざれ、六親を敬せざれこ制して居るが、是れは明かに當時に於ける王者敬禮の指令に反抗したものこ認められるのである。

又當時僧侶が王者等に請待せられて說法する時、王者等は高座に坐し僧侶は下座に立つて說法した樣であつて、此事も亦僧侶間の問題こなつた樣である。彼の仁王經護國品に百法師を請じて百高座を敷くべしこいひ、又同囑累品に比丘は地に立ち白衣は高座す、都べて是れ吾が法に非ずこいひ、梵網經第四十七戒に、比丘は地に立ち白衣は高座し、廣く非法を行ひ、兵奴の主に事ふるが如くせば輕垢罪を犯すこいひ、又第四十六戒に、若し佛子、檀越貴人の家に入り、一切衆の中に立つて白衣の爲に說法することを得ざれ。應に白衣衆の前に高座の上に坐すべし。法師の比丘は地に立ちて、四衆の爲に說法することを得ざれ。若し說法の時は法師は高座し、四衆の聽者は下坐して、父母に孝順し師敎に敬順するが如くすべしこ云つて居るのは、共に其待遇に對して憤慨の意を表したもので、前の王者不拜論の餘波を受けたものこ認められるのである。

又當時は王者を始め一般に別請こいつて、特に一二の僧を指名し、之を招待して種々の供物金品等を施した樣であつて、是れも亦僧侶の間に物議を起し、その爲に二三の僞經が造られた様である。仁王經囑累品に兵奴が比丘こなりて別請の法を受くこ云ひ、梵網經第二十七戒に、若し佛子一切別請を受けて利養を己れに入ることを得ざれ。此利養は十方僧に屬す、而るを別に請けば卽ち是れ十方僧物を取りて己れに入るなりこ云ひ、又同第二十八戒に次第に請せば卽ち十方の賢聖僧を得べし。而るを世人、五百羅漢菩薩僧を別請するも、僧次の一凡夫僧に如かず。若し僧を別請せば是れ外道の法なり、七佛に別請の法なしこ云つてゐる如き、卽ち別請の慣習を排難したものこ見られる。出三藏記集第五疑經僞撰雜錄中に、比丘應供法行經、居士請僧福田經の二部を列ねて居るが、賢首の菩薩戒疏第三に引用する所に依れば、此二部の經中には主こして別請を非法こして居るのみでなく、其經の文句は今擧げた梵網經の文に殆んご全く一致してゐる。既に此二部の經は出三藏記集に僞錄に編してゐるのであるから、隨つて亦彼の梵網等の說も當時行はれた別請の風を攻擊したものこ認めなければならぬのである。

四

又儒道二敎に對抗し、若しくは之こ調和して民心を善導すべく製作された僞經も少くない。淸淨法行經は出三藏記集第四失譯雜經錄中に列ねてあるので、梁代以前に既に世に存したこを知るのであるが、其中には佛は摩訶迦葉を震旦に遣して老子こし、光淨菩薩を遣して孔子こし、月光菩薩を遣して顏回こしたこいふここが記してある。是れは此經が老子化胡經に對する佛敎側の應酬こして造られたものであるここを何人も認めるここが出來るのである。中につき月光菩薩に關しては、西晉竺法護の譯こ傳ふる申日經に、我れ般涅槃千歲已後、經法且さに斷絕せんこ欲するこき、月光菩薩あり當に秦國に出でて聖君こなり、我が經法を受けて道化を興隆すべしこ云ひ、隋那連提黎耶舍の譯した德護長者經下卷にも、此月光童子は我が涅槃の後、未來世に於て我が法を護持し、如來を供養し、佛法を受持し、佛法を安置し佛法を讃歎し、當來世の佛法末の時に於て閻浮提の脂那國内に於て、大國王となり、名けて大行と曰ふ。能く脂那國内の一切衆生をして佛法を信じて諸の善根を種ゑしむと云ひ、又出三藏記集第五疑經僞選雜錄には、觀月光菩薩記一卷並に佛鉢經一卷を出し、佛鉢經の下に甲申年大水及月光菩薩出事と注してゐる。之に依るに月光菩薩支那出現のことは、別に又早くより傳へられたることを知るのである。又須彌四域經は隋代頃に既に世に行はれたものであるが、其中には阿彌陀佛は寶應聲菩薩を支那に遣して伏犧とし、寶吉祥菩薩を遣して女媧とし、而して此二菩薩は相義して第七梵天の上から七寶を取り來つて、此世界の日月星辰二十八宿を造り、又春夏秋冬の四時を定めた。日月等が皆西に向つて行くのは、一切の諸天人民をして盡く阿彌陀佛に稽首せしめんが爲であると說いてゐる。此事は造立天地經にも記載されてゐると傳へられてゐるが、是れは前の清淨法行經の所謂三聖派遣說の餘波を受けて、支那の古代史に有名なる伏犧も女媧も亦佛の化身であることしたのである。

又出三藏記集第五疑經僞撰雜錄に、宋孝武の時(四五四—四六四)北國比丘曇靖が提謂波利經二卷を製作したことを傳へて居る。此經は今存しないが、然し諸書に引用して居る處を見ると、五戒を支那の五常に配當して、不殺を仁、不邪婬を義、不飮酒を禮、不盜を智、不妄語を信とし、且つ天台の仁王般若經疏第二に此經を引いてゐるのに依ると、提謂波利等は佛に對して、何故に我が爲に四六戒を說かざるやと問ふたところが、佛は五は天下の大數なり、天に在りては五星となり、地に在りては五嶽となり、人に在りては五臟となり、陰陽に在りては五行となり、王に在りては五帝となり、世に在りては五德となり、色に在りては五色となり、法に在りては五戒となると答へられたと云つて居る。是れは佛教の五戒を以て儒教の所謂五常に配當したので、明かに儒教の說を採用したものと認められる。又四十二章經に凡そ人は天地鬼神に事ふるよりも、其の二親に孝するに如かず、二親は最神なりといひ、四天王經に內以て淸淨に、外當に孝を盡くすべしといひ、又同經に民、佛教に違して孝子なければ、伺命算を減ずといひ、孝子經には子の親を養ふに、甘露百味以て其口を恣にせしむるも未だ孝となさず。能く親をして惡を去りて善をなし、五戒を奉持して三自歸を執らしむべしといひ、又梵網經には父母師僧三寶に孝順せよ、孝順は至道の法なり、孝を名けて戒となすといひ、又殺戒盜戒婬戒等の下にも、各菩薩は常住の慈悲心孝順心を起して常に一切衆生を救度すべしといひ、又四十八輕戒中にも、佛子は常に一切の願を發して父母師僧三寶に孝順すべしといひ、又父母恩重經には父母の恩の深重なることを說いてゐる。但し父母に奉事供養すべきことは諸律にも說く所であり、隨つて佛教中に孝養の說がないといふ譯ではないが、然し今擧げた諸經は多くは皆疑僞に涉る經であるから、それ等は支那儒教の孝說に影響せられたものではないかと思ふ。就中、四十二章經は出三藏記集以下諸錄に皆後漢攝摩騰の譯したものと傳へて居るけれど、道安錄には之を載せず。且つ其譯語も新しい樣であり、又後漢明帝代に斯の如き翻譯が行はれたとすることには幾多の疑難が伴ふので、今日では學者いづれも皆之を否定するのである。又四天王經は其中に道教の益算說も記載されてあるので甚だ疑ふべきであり、又孝子經は失譯、梵網經は別に論じた如く頗る疑ふべき經であり、父母恩重經は開元錄等に僞經に編入して居る。されば此等の經は南北朝時代に至つて製作されたものと認めなければならぬ。蓋し佛教が倫常を無視するものであるとして當時一般から批難されたことは事實で、牟子の理惑論には、孝經の所謂身體髮膚之を父母に受く、敢て毀傷せざるは孝の初なりといふの語を引き、沙門の剃頭は聖人の語に違し孝子の道に合せずといふ難を擧げ、又福は繼嗣に踰ゆるものなく、不孝は後なきに過ぐるものなしといひ、又孫綽の喩道論に、周孔の教は孝を以て首とす、孝は徳の至り百行の本なり。子の親に事ふるの道は、生前には則其の養を致し、歿後には則其の祀を奉ず。三千の責は無後より大なるは無しと云ひ、又作者不詳の正誣論にも、佛は其の婚姻を斷つて子孫なかしむといひ、南齊明徵の正二教論に、下妻孥を棄て、上宗祀を廢すといひ、南齊張融の三破論には佛は國に入れば國を破り、家に入れば家を破り、身に入れば身を破るといひ、就中、家に入れば家を破るとは、父子をして事を殊にし、兄弟をして法を異にし、二親を遺棄して孝道をして頓に絶せしむるをいふとしてゐる。斯樣に儒教側を始め、一般からも倫常無視の批難を被つた所から、斯かる諸經を製作して佛教中にも孝を貴び、五常を重んずることを主張し以て一面には彼等の難に酬ひ、他面には之に依りて佛教の弘通を圖つたものと認められるのである。

五

又道教と接觸の結果、製作された僞經も少くない。蓋し道教は長生不死を以てその理想とし、之を實現する爲には治病養生の法を教へ、鍊丹服藥の術を說き、又符呪祈禱の功德を鼓吹したものであるが、然し此等はいはゞ通俗的主張であつて、彼等は別に亦倫理的教條として、現世に於ける善惡の行爲に由りて人の壽命の長短が定まることを說いた。晉葛洪の抱朴子內篇第六に、易內戒及び赤松子經、阿圖記命符に皆云ふ、天地に司過の神あり、人の犯す所の輕重に隨つて其算を奪ふ。算減ずれば貧耗疾病あり、又屢憂患に逢ふ。算盡くれば則人死すと云ひ、又身中に三尸あり、三尸の物たる無形なりと雖も、實には魄靈鬼神の屬なり。庚申の日到る毎に、天に上りて司命に人の所爲の過失を白す。又月晦の夜には竈神天に上りて人の罪狀を白す。其罪過の大なるものに對しては紀を奪ふ、紀は三百日なり。小なるものは算を奪ふ、算は三日なりと云つて居るが、是れは罪を犯すことに由りて人の壽算が奪はれ、隨つて多病短命に終ることを說いたのである。此思想は夙に佛教中に混入し、劉宋元嘉四年(四二七)智嚴、寶雲の共譯したこ傳へられる四天王經中に慥に其說があらはれてゐる樣である。彼經に四天神王は忉利天の天帝因陀羅の四鎭王であつて、各一方を司り、月の八日を以て使者を下し、天下を案行して帝王臣民等の心念口言身行の善惡を伺察せしめ、十四日には太子を下し、十五日には四天王自ら下り、二十三日には又使者を下し、二十九日には太子を下し、三十日には四天王亦自下りて天下を案行し、人の善惡を伺察し、具さに之を分別して帝釋に申す。若し多くの者が德を修めて精進して怠らなければ、帝釋は諸臣こ共に喜び、司命に勅して其人の壽を增し算を益し、諸の善神を遣して其身を營護せしめる。若しも民が佛教に違し、又孝を盡さなければ、司命をして算を減じ壽を減ぜしめるこ云つて居るが、是れは四天王等が六齋日に天下を案行して人の善惡の行爲を伺察し、それに依りて壽命の長短を定めるこするの說で、全く彼の抱朴子の奪算說こ同一趣旨であるここを認めるここが出來る。但し四天王案行の說は、長阿含經第二十、樓炭經第四等にも出てゐるここであるが、然し此等の經には現在に於ける善惡の行爲に由りて壽算の增減が行はれるこいふ樣なここは說いて居らぬ。されば四天王經の說は長阿含等に基き、之に道教思想を織込んだものこ認めなければならぬ。

又法苑珠林第八十八所引の提謂經には、三覆八校一月六奏の說をなし、諸天帝釋太子使者日月鬼神地獄閻羅百萬神衆等は、倶に正月一日、五月一日、九月一日の年三齋の日を以て、四方に案行して帝王臣民八夷飛鳥走獸等の行の善惡を伺察し(三覆)、又立春春分、立夏夏至、立秋秋分、立冬冬至の八王日に於て、更に衆生の罪福の多少を校定し(八校)、四天王等の六齋日に於ける所謂一月六奏こ比校して毫も抂錯なからしめ、福多きものは即ち四鎭五羅大王司命に勅して增壽益算せしめ、又閻羅王は五官を攝して其罪名を除き、福祿を定めしめるこ云つて居る。是れは前の六齋日四天王案行の說に更に三覆八校を加へたもので、地方裁判の上に控訴院大審院を設けて寃罪なからしめるといふ遺方と同一である。又呉支謙譯と傳ふる三品弟子經にも、五戒を犯ずるものは四天王太子使者護佛道神一々之を記し、稍々として去つて之を離れ、伺命に勅して其の罪條を計集し積累して名錄に疏せしめ、上帝に白す。年壽未だ盡ざるも、頓に惡神を遣して其餘命を奪ひ、自然に泥犁の中に墮落せしめるといひ、同じく支謙譯の大阿彌陀經五惡段にも、今世に惡をなせば、天神、籍を別ち、壽終つて惡道に入ると云ひ、又神明記取し諸神攝錄すと云ひ、又名籍、神明の取に在りと云ひ、又其壽未だ至らざるも、便ち頓に之を奪つて下して惡道に入らしむと云つてゐる。此等も亦四天王經と同一思想であると認めなければならぬ。就中、三品弟子經は歷代三寶紀第五に支謙譯として居るけれど、出三藏記集第二所載の支謙譯經中には之を列ねて居らぬ。故に此經は支謙の譯でないかも知れぬが、大阿彌陀經は出三藏記集以下諸錄に皆支謙の譯とし、且つ彼の所謂五惡段は平等覺經並に無量壽經にも殆んど同一の文を揭げてゐる。されば四天王經以前卽ち三國時代に於て旣に道敎思想の混入が行はれたものとせなければならぬ樣である。

又續藏經に載錄せる淨度三昧經は、出三藏記集第四失譯雜經錄中に揭ぐる所の經で、梁代以前に流行したことは明かであるが、彼經に依ると、地獄の天子を閻羅王と名く、小王八王あり、復扶容(附庸の意)王三十國あり、各九十六の小國を統ぶ。又外監五官都督司察司錄等あり。天帝の符を承けて五道大王と共に八王の日に於て天下を案行し、人の善惡を蹹記して扶容王に奏す、扶容王は轉じて之を八王に奏し、八王は復大王に奏し、大王は復之を天子に奏す。斯くて其の功最を考校して福あれば壽を增し、罪あれば壽を減じ算を奪ひ、命の長短を制し毛分も差はずと云ひ、又灌頂經第十二藥師經にも、閻羅王は世間名籍の記を主領す。若し人惡をなし諸の非法を詐り孝順心なく、乃至五戒を持たず正法を信ぜざれば、地下の鬼神及び伺候者は之を五官に奏上す。五官は除死定生を料簡し、或は精神を注錄して未だ是非を判ぜず。若し已に定まれば閻羅に奏上す、閻羅監察して罪の輕重に隨つて之を考治す等と云つて居るが、是れは閻羅王を以て人の罪過を考治する判官とするので、上の四天王察行伺察の說の一轉したものと認められる。又北斗七星護摩祕要儀軌は唐代に至て製作されたものであるが、彼れに依ると、北斗七星は人の善惡を司り禍福を分つものであるとし、護摩の儀軌によりて供養すれば、彼の七星は人の死籍を削り生籍を還付すると記してゐる。是れは閻羅王の代りに新に北斗七星を立て、人の罪過を考治する判官としたので、皆道敎の謂ゆる司過神說の轉化したものと見なければならぬ。

又藥師經には續命の法を說いて居るが、是れ亦道敎の益算說を受けたものと認められる。藥師經は出三藏記集第五疑經僞選雜錄に宋孝武帝大明元年(四五七)秣陵鹿野寺比丘慧簡が經に依りて抄選したものだと記して居る。經といふのは恐らく八吉祥神呪經等を指すのであらうとおもふが、兎に角、劉宋代に此經が支那に於て撰述されたことは疑ふべくもないのである。續命法とは彼說に依つて見ると、若し男女其身が尫羸であつて常に病牀に惱む者は、當に衆僧を請じ、七日七夜齋戒して一心に八禁を受持し、六時に行道し、四十九編此經典を讀み、七層四十九燈を燃し、亦四十九尺の五色續命の神幡を懸け、四十九種の雜類の衆生を放たば、危厄の難を免れ、諸橫惡思の爲に害せられることがない。若し國王大臣輔相王子中宮綵女が病苦に惱まされる時にも、五色の綺幡を建立し、燈を燃し明を續け、諸の生命を救ひ、雜色の善を散じ、衆の名香を燒かば、病苦を除きて其命を續けることが出來るといつて居る。是れは五戒五善等によりて增壽益算が得られるとする四天王經等の說に對し、更に幡燈續命の法を唱へたのであつて、卽ち益算說の極めて深刻なる發展と認むべきものである。又法苑珠林第三十六所引の迦葉詰阿難經にも、阿育王が重病を得た時、金幡金華を取つて彼れが建立せる千二百の塔に懸けたので、王は二十五年の壽を延ばすことを得た。故に續命神幡と名けると云つて居るが、それ亦同一思想で、恐らく灌頂經と相前後して製作された僞經であらう。又出三藏記集第五疑經僞選雜錄に灌頂度量招魂斷絕復連經一卷を擧げ、又武周錄第十五僞經錄に延壽經、續命經、益算經、益算神符經、度世不死經、不死經等の名を擧げ、燉煌出土中にも延壽命經、壽生經、救護身命經、保命眞經等の諸經があるが、此等も皆恐らく今の續命法と同種のものであらうと思ふ。若し然りとすれば續命に關する僞經は隋唐代に至るも尙盛んに製作されたことを知るのである。

其他佛教內に於ける教義關係の疑僞經も少くないが、今は之を略する。

善導大師の遺文

望月信亨（1869—1948）

《今岡教授還暦記念論文集》1933

善導大師の遺文

望月信亨

善導大師の著述として古來傳つて居るものは觀經疏四卷、往生禮讃偈一卷、淨土法事讃二卷、觀念法門一卷、般舟三昧行道往生讃一卷の所謂五部九卷である。但し普通に五部九卷と云つてゐるけれど、觀念法門の初に觀念阿彌陀佛相海三昧功德法門一卷と題して、依觀經明觀佛三昧法一、依般舟經明念佛三昧法二、依經明入道場念佛三昧法三、依經明道場內懺悔發願法四の四項目を擧げ、其の一一の釋の終つた後に、更に依經明五種增上緣義一卷と題し、依無量壽經一、依十六觀經二、依四紙阿彌陀經三、依般舟三昧經四、依十往生經五、依淨土三昧經六の六項目を擧げ、所謂五種增上緣の義が釋してある。共に何々一卷と云ふ題號が置かれてあるのを見ると、此の觀念阿彌陀佛相海三昧功德法門と依經明五種增上緣義とは元と別の著書であつたものを一冊に合綴したものと認むべきである。さすれば五部九卷ではなしに六部十卷と云はなければならぬ樣である。

又道鏡善導の共集に係る念佛鏡の念佛得益の下に「善導闍梨の集に准ずるに念佛の法に惣じて二十三種の利益あり。何んが是れなる、一に滅重罪障の益、二に光明攝受の益、三に大師護念の益、四に菩薩冥加の益、五に諸佛保護の益、六に八部防衛の益、七に功德寳聚の益、八に多聞智慧の益、九に不退菩提の益、十に奉觀大雄の益、十一に感聖來迎の益、十二に慈光照觸の益、十三に聖友同讃の益、十四に聖友同迎の益、十五に神通空駕の益、十六に身色殊姿の益、十七に壽命長劫の益、十八に得生勝處の益、十九に面覩聖衆の益、二十に常聞妙法の益、二十一に證無生法忍の益、二十二に歷事他方受記の益、二十三に還歸本國得陀羅尼の益なり。此れは是れ西京善導闍梨念佛集中の利益なり」と記してある。これは善導大師の著作されたものに別に念佛集と云ふ一書があつたことを傳へるのである。念佛に二十三種の利益があるといふことは現存の所謂五部九巻には記載されてゐないのであるから、これは慥に未傳の書とすべきである。

又近年支那燉煌に於て唐法照の撰述に係る淨土五會念佛誦經觀行儀と云ふのが二巻發見せられた。是れは廣法事儀讃と稱せられるもので、元と三巻のものであることは、同じ法照の作つた五會法事讃の中に自ら記載して居る所である。處が此の書中には西方禮讃文、善導和上と題し、次の如き讃文が掲載してある。

西方禮讃文　善導和上

一切恭敬　至心歸命禮西方阿彌陀佛

欲知何處苦偏多　惟有泥犂更莫過　罪人一入逕塵劫　受苦從傾無奈何　渇飮融銅登劍樹

飢飡猛火渡灰河　願離此苦生安樂　求生淨土見彌陀　願共諸衆生　往生安樂國

至心歸命禮西方阿彌陀佛

普共道場敬三寶　地獄寒心不忍聞　一墮此苦恒沙劫　不知年歳永沈淪　遍身猛火讃心出

五百銅狗競來分　灰河一日千迴度　猶被拔舌絞刀輪　衆生如何不念佛　故故將身入苦門

願共諸衆生　往生安樂國
至心歸命禮西方阿彌陀佛
思惟餓鬼實堪怜　遍體由來猛焰然　兩耳不聞漿水字　一身唯有骨相連　値食將飡便作火
臨河欲飲見枯泉　願離此苦生安樂　長處西方坐寶蓮　願共諸衆生　往生安樂國
至心歸命禮西方阿彌陀佛
迷塗一配畜生身　遙歷多年受苦辛　嚴冬露地居寒雪　盛夏當衙臥闇塵　衣裳盡用皮毛覆
飲食唯將水草珍　願離此苦生安樂　長處西方坐寶蓮　願共諸衆生　往生安樂國
至心歸命禮西方阿彌陀佛
人身雖復甚難求　得已還生萬種憂　始見紅顏花欲茂　俄然白髮颯成秋　魂飛魄散身歸塚
命盡形消肉糞坵　如何不樂生安樂　永座金臺佛國遊　願共諸衆生　往生安樂國
至心歸命禮西方阿彌陀佛
五濁衆生難共語　十惡凡夫異種癡　貪愛眼前財色利　不覺此身霜露危　無常殺鬼臨頭上
忽被他將誰得知　不肯今時專念佛　臨終翻悔欲何爲　願共諸衆生　往生安樂國
至心歸命禮西方阿彌陀佛
大衆欲作西方業　有罪無罪自應知　聞身康強不修福　臨渴掘井水難期　舊日少年兇猛盛
如今日髮亂如絲　眼見死時歸大地　不修十善待何時　願共諸衆生　往生安樂國

至心歸命禮西方阿彌陀佛

觀彼彌陀極樂界　廣大寬平衆寶成　四十八願莊嚴起　超諸佛刹最爲精　本國他方大海衆
窮劫算數不知名　普勸歸西同彼會　恒沙三昧自然成　願共諸衆生　往生安樂國

至心歸命禮西方阿彌陀佛

釋迦慈心遍法界　蠢動含識普昏怜　意欲化令俱解脫　衆生罪業共無緣　所以總敎歸淨土
彌陀宿昔有深因　非但娑婆人獨往　他方去者亦無邊　願共諸衆生　往生安樂國

至心歸命禮西方阿彌陀佛

上輩上行上根人　求生淨土斷貪瞋　就行差別分三品　五門相續助三因　一日七日專精進
畢命乘臺出六塵　慶哉難逢今得過　永證無爲法性身　願共諸衆生　往生安樂國

至心歸命禮西方阿彌陀佛

中輩中行中根人　一日齋戒處金蓮　孝養父母敎迴向　爲說西方快樂國　佛與聲聞衆來取
直到彌陀花座邊　百寶花籠經七日　三品蓮開證小眞　願共諸衆生　往生安樂國

至心歸命禮西方阿彌陀佛

下輩下行下根人　十惡五逆等貪瞋　四重偸僧謗正法　未曾慚愧悔前愆　終時苦相皆雲集
地獄猛火罪人前　忽過往生善知識　急勸專稱彼佛名　願共諸衆生　往生安樂國

至心歸命禮西方阿彌陀佛

彌陀攝化無厭足　悲心常遊世間行　但有傾誠能念佛　毫光直照目前明　十方世界微塵衆
同時命盡願皆生　計彼衆生心樂欲　分身遍布一時迎　願共諸衆生　往生安樂國
至心歸命禮西方阿彌陀佛
菩薩道成皆爲物　衆生未熟道成難　爲待化緣兜率往　時時向下諦心觀　人年八萬方成道
三會逢緣證涅槃　且共迴心生淨土　臨時隨意往來看　願共諸衆生　往生安樂國
至心歸命禮西方阿彌陀佛
觀彼彌陀與眷屬　久於曩劫植洪因　凡聖等皆同相好　人天一種紫金身　寶樹寶樓飛寶閣
寶池寶地寶成蓮　地及虚空賢聖滿　花中總是化生人　願共諸衆生　往生安樂國
至心歸命禮西方阿彌陀佛
西方淨土甚精華　寶池寶岸寶金沙　天樂音聲常遍滿　寶渠寶葉寶蓮花　十二由旬皆正等
寶羅寶網寶欄遮　德水分流尋寶樹　聞波覩樂證恬葩　寄語有緣同行者　努力翻迷還本家
願共諸衆生　往生安樂國
至心歸命禮西方阿彌陀佛
十方三世聲聞衆　窮劫算數不能知　諸佛如來方便化　咸令至果斷貪癡　指示西方安樂國
聞名皆恨往生遲　解脫之人猶願樂　凡夫不去欲何爲　願共諸衆生　往生安樂國
至心歸命禮西方阿彌陀佛

樂何諦樂事難思議　無邊菩薩爲同學　性海如來盡是師　渇聞般若絕思漿　念服無生卽斷飢
一切莊嚴皆説法　無心領納自然知　七覺花池隨意入　八輩凝神會一枝　彌陀心水沐身頂
觀音勢至與衣披　欻爾騰空遊法界　須臾受記號無爲　如此逍遥快樂處　人今不去待何時

願共諸衆生　往生安樂國

此の中、觀彼彌陀、上輩上行、中輩中行、下輩下行、寶池寶岸、及び最後の無邊菩薩云々の偈讚は往生禮讚中の日中禮讚に揭ぐるものと同一であるけれども、餘の偈讚は現存の所謂五部九卷中には見當らぬのである。さすれば此の偈讚は從來未傳の大師の遺文として深く珍重せなければならぬものである。

又此の廣法事儀讚中には西方讚と題して、大師の日中禮讚も揭げてあるが、其の章句には多くの出沒異同がある。蓋し日中禮讚は觀經定善義及び散善義の中にも其の數偈が揭げてあり、又集諸經禮懺儀の上卷にも其の全文が載せてある。其の中、現今の往生禮讚及び集諸經禮懺儀上卷所載のものは全く同一であるけれども、他は異同が少くないから今之を左に對照して見やう。

往生禮讚偈	廣法事儀讚	定善義及散善義
觀彼彌陀極樂界	觀彼彌陀極樂界	
廣大寬平衆寶成	廣大寬平衆寶城	
四十八願莊嚴起	四十八願莊嚴起	
超諸佛刹最爲精、	超諸佛刹最爲精	

本國他方大海衆
窮劫算數不知名
普勸歸西同彼會
恒沙三昧自然成
地下莊嚴七寶幢
無量無邊無數億
八方八面百寶成
見彼無生自然悟
無生寶國永爲常
一一寶流無數光
行者傾心常對目
騰神踊躍入西方
地上莊嚴轉無極
金繩界道非正匠

本國他方大海衆
窮劫算數不知名
普勸歸西同彼會
恒沙三昧自然成
無生寶國永無常
一一寶流無數光
行著傾心常對目
騰神踴躍入西方

地下莊嚴七寶幢
無量無邊無數億
八方八面百寶成
見彼無生自然悟
無生寶國永爲常
一一寶流無數光
行者傾心常對目
騰神踊躍入西方

彌陀願智巧莊嚴
菩薩人天散華上
寶地寶色寶光飛
一一光成無數臺
臺中寶樓千萬億
臺側百億寶幢圍
一一臺上虛空中
莊嚴寶樂亦無窮
八種清風尋光出
隨時鼓樂應機音
機音正受稍爲難
行往坐臥攝心觀
唯除睡時常憶念
三昧無爲卽涅槃

寶池寶色寶光飛
一一光成無數臺
臺中寶樓千萬億
臺側百億寶幢圍

寶國寶林諸寶樹
寶華寶葉寶根莖
或以千寶分林異
或有百寶共成行
行行相當葉相次
色各不同光亦然
等量齊高三十萬
枝條相觸說無生
七重羅網七重宮
綺互回光相映發
化天童子皆充滿
瓔珞輝光超日月
行行寶葉色千般
華敷等若旋金輪
菓變光成衆寶盃

寶樹寶林諸寶樹
寶花寶葉寶根莖
或有千寶分林異
或有百寶共成行
行行相當葉相次
色各不同光亦然
等量齊高三十萬
枝葉相觸說無因

塵沙佛刹現無邊

寶池寶岸寶金沙
寶渠寶葉寶蓮華
十二由旬皆正等
寶羅寶網寶欄巡
德水分流尋寶樹
聞波覩樂證恬怕
寄言有緣同行者
努力翻迷還本家

一一金繩界道上
寶樂寶樓千萬億
諸天童子散香華
他方菩薩如雲集
無量無邊無能計

寶池寶岸寶金沙
寶葉寶渠寶蓮花
十二由旬皆正等
寶羅寶網寶欄遮
德水分流尋寶樹
聞波覩樂證恬怕
寄語有緣同行者
努力翻迷還本家

稽首彌陀恭敬立
風鈴樹響遍虛空
歎說三尊無有極

彌陀本願華王座
一切衆寶以爲成
臺上四幢張寶縵
彌陀獨坐顯眞形
眞形光明遍法界
蒙光觸者心不退
晝夜六時專想念
終時快樂如三昧

彌陀身心遍法界
影現衆生心想中
是故勸汝常觀察

彌陀本願花王坐
一切衆寶以爲城
臺上四幢張寶縵
彌陀獨坐顯眞形

彌陀身心遍法界
影現衆生心想中
是故勸汝常觀察

依心起想表眞容
眞容寶像臨華座
心開見彼國莊嚴
寶樹三尊華遍滿
風鈴樂響與文同

彌陀身色如金山
相好光明照十方
唯有念佛蒙光攝
當知本願最爲强
六方如來舒舌證
專稱名號至西方
到彼華開聞妙法
十地願行自然彰

觀音菩薩大慈悲

依心起想表眞容
寶容寶冂臨花坐
心開見彼國莊嚴
寶樹三身花遍滿
風鈴樂響與文同

彌陀身色如金山
相好光明照十方
唯有念佛蒙光攝
當知本願最爲强
十方如來舒舌證
專稱名號至西方
到彼花開聞妙法
十地願行自然彰

已得菩提捨不證
一切五道內身中
六時觀察三輪應
應現身光紫金色
相好威儀轉無極
恒舒百億光王手
普攝有緣歸本國

勢至菩薩難思議
威光普照無邊際
有緣衆生蒙光觸
增長智慧超三界
法界傾搖如轉蓬
化佛雲集滿虛空
普勸有緣常憶念
永絕胞胎證六通

法界傾搖如轉蓬
化佛雲集滿虛空
普勸有緣常憶念
永絕胞胎證六通

正坐跏趺入三昧
想心乘念至西方
覩見彌陀極樂界
地上虛空七寶莊
彌陀身量極無邊
重勸衆生觀小身
丈六八尺隨機現
圓光化佛等前眞

上輩上行上根人
求生淨土斷貪瞋
就行差別分三品
五門相續助三因
一日七日專精進
畢命乘臺出六塵

正座跏趺入三昧
想心來心至西方
覩見彌陀極樂界
地上虛空七寶莊
彌陀身量極無邊
重勸衆生觀小身
丈六八尺隨機現
圓光等示化前眞

上輩上行上根人
求生淨土等貪瞋
就行差別分三品
五門相續助三因
一日七日專精進
畢命乘臺出六塵

上輩上行上根人
求生淨土斷貪瞋
就行差別分三品
五門相續助三因
一日七日專精進
畢命乘臺出六塵

慶哉難逢今得遇
永證無爲法性身

中輩中行中根人
一日齋戒處金蓮
孝養父母敎回向
爲說西方快樂因
佛與聲聞衆來取
直到彌陀華座邊
百寶華籠經七日
三品蓮開證小身

下輩下行下根人
十惡五逆等貪瞋
四重偷價謗正法
未曾慚愧悔前愆

慶哉難逢今得遇
永證無爲法性身

中輩中行中根人
一日齋戒處金蓮
孝養父母敎迴向
爲說西方快樂因
佛與聲聞衆來集
直到彌陀花座邊
百寶花籠經七日
三品蓮開證小眞

下輩下行下根人
十惡五逆等貪瞋
四重偷僧謗正法
未曾慚愧悔前愆

慶哉難逢今得遇
永證無爲法性身

中輩中行中根人
一日齋戒處金蓮
孝養父母敎回向
爲說西方快樂因、
佛與聲聞衆來取
直到彌陀華座邊
百寶華籠經七日
三品蓮開證小眞

下輩下行下根人
十惡五逆等貪瞋
四重偷僧謗正法
未曾慚愧悔前愆

終時苦相如霻集
地獄猛火罪人前
忽遇往生善知識
急勸專稱彼佛名
化佛菩薩尋聲到
一念傾心入寶蓮
三華障重開多劫
于時始發菩提因
彌陀佛國能所感
西方極樂難思義
渴聞般若絕思漿
念食無生卽斷飢
一切莊嚴皆說法
無心領納自然知
七覺華池隨意入

終日苦相皆雲集
地獄猛火罪人前
忽遇往生善知識
急勸專稱彼佛名
化佛菩薩尋聲到
念一傾心入寶蓮
三花障重開多劫
于時始發菩提因
樂何諦事難思議
無量菩薩然同學
性海如來盡是師
渴聞般若絕思漿
念服無生卽斷飢
一切莊嚴皆法說

終時苦相如雲集
地獄猛火罪人前
忽遇往生善知識
急勸專稱彼佛名
化佛菩薩尋聲到
一念傾心入寶蓮
三華障重開多劫
于時始發菩提因

八背凝神會一枝　無心領納自然知
無量菩薩爲同學　七覺花池隨意入
性海如來盡是師　八背凝神會一枝
彌陀心水沐身頂　彌陀心水沐身頂
觀音勢至與衣被　觀音大聖與衣披
欻爾騰空遊法界　欲然騰空遊法界
須臾授記號無爲　須臾授記號無爲
如此逍遙無極處　如此逍遙快樂處
吾今不去待何時　人今不去待何時

之に依つて見ると廣法事儀讃所載のものは、往生禮讃偈に比して頗る省略せられてあることを知るのである。

又集諸經禮懺儀上卷には、前揭の日中禮讃の下に哀愍覆護我、乃至普爲師僧父母等の文、並に至心懺悔及び發願文を擧げ、更に其の次に左の如き偈文を揭げてゐる。卽ち

至心歸命禮阿彌陀佛
大衆欲作西方業　初夜獨坐自思量　莫言久住閻浮地　會有一日卽無常　命如當風一條燭
亦如石中一電光　聞身康强不苦行　臨渴掘井水難望　願共諸衆生　往生安樂國
今觀此身實可厭　種種不淨假名身　三百碎骨相支柱　遍體何曾有片眞　香粉塗身無厭足

畢竟地下成灰塵　煩惱熾盛何曾歇　終是流浪三塗因　普勸道場諸衆等　眞心念佛入眞門
願共諸衆生　往生安樂國
貪瞋六賊無虛假　妄想悠悠循臭身　夢裏種種縱横去　忽覺寂滅並虛然　四大無常歸糞土
魂魄零落若个邊　生時財物他人用　自身唯得紙泥錢　爲此佛在西方國　努力相勸用心鐫
願共諸衆生　往生安樂國
至心歸命禮西方阿彌陀佛
發願生佛國　聖衆善應知　今生蒙佛敎　不敢更生疑　一日七日專精進
定得西方花上期　願共諸衆生　往生安樂國
淨土快樂無人去　地獄苦報競攢頭　聞惡一聲不惜死　善法未肯至心求　死墮阿鼻十八獄
輪廻受苦何時休　願共諸衆生　往生安樂國
歸去來　魔鄉不可停　曠劫來流轉　六道盡皆經　到處無餘事
唯聞生死聲　爲此生平後　入彼涅槃城　願共諸衆生　往生安樂國
觀彼彌陀極樂界　廣大寬平衆寶城　雲華作行無有數　擬待此地善衆生　五濁欲修十善業
第一專誦彌陀經　心口稱佛無厭足　命終菩薩自來迎　願共諸衆生　往生安樂國
至心歸命禮西方阿彌陀佛
諦觀西方有一國　其國有佛號彌陀　一坐說法恒沙劫　普爲世界斷諸魔　極樂城中登聖座

諸天園遶悉來過　八萬四千菩薩衆　奉持花果散娑婆　願共諸衆生　往生安樂國

普爲梵釋四王天龍八部帝主人王師僧父母及善知識法界衆生斷除三障同得往生阿彌陀佛國歸命懺悔

此の偈讃には作者の名は掲げてないけれども、其の中の第六偈は觀經定善義水觀釋の下に出す所と全同であり、又第七偈の初の二句は日中禮讃の第一偈の文と同一であるから、是れも亦恐らく善導大師の作られたものであらうと思ふ。蓋し集諸經禮懺儀の上卷なるものは、開元釋教錄の作者智昇が當時三階宗の敎徒の用ひつゝあつた行事の儀別を集めたもので、其の事は此の上卷の終りに

觀二此七階佛一如レ在二目前一、思二惟如來所有功德一、廣作二如是淸淨懺悔一。上來布置禮佛綱軌次第多少悉、是故信行禪師依レ經自行二此法一、於レ今徒衆亦常相續依行不レ絕、但以三現無二正文流傳一、恐レ欲二學者無所二依據一、是以故集二此文一流二通於世一、願後學者、依レ文讀誦、不レ增不レ減

と記するに依りて知ることが出來る。此の上卷の中には今擧げた讃文等の外に、尙ほ善導の往生禮讃中に揭ぐる日沒禮讃即ち十二光佛禮拜の文等も載せてある。されば三階宗の徒が善導大師の六時禮讃等を採用して之を日常の行事としたことを知ると同時に、大師の感化が當時及び後代に普及した事實の偉大なるに驚かされるのである。